大展好書　好書大展
品嘗好書　冠群可期

大展好書　好書大展
品嘗好書　冠群可期

武術特輯 160

太極內功心法全書

（上卷）

錢惕明 著

大展出版社有限公司

作者近照

著名書法家錢小山先生題詞　　　　　全國著名書法家費新我先生題詞

著名畫家莫靜坡先生題詞

著名畫家范石甫先生題詞

前《武當》雜誌社負責人黃學民先生題詞

1982 年在南京國際武術邀請賽上與老武術家合影。前排左起：李天驥、張文廣、張山、何福生。後排左起：吳志泉、沙明熙、錢惕明、費玉俠、張深根、常明祥

1991 年，與時任中國武術院院長徐才先生合影

1991 年，與時任中國武術院副院長蔡龍雲先生合影

1986 年，與著名武術家
劉玉華（中）合影

1982 年，拜訪著名
武術家沙國政先生

1986 年，向著名武術家
何福生先生請教

1982 年，拜訪著名太極拳家
顧留馨先生

武當丹派第十一代宗師　　　　　武當丹派第十代宗師
楊奎山（林甫）像　　　　　　　李景林（芳宸）像

武當丹派國內師徒合影（2005 年）。前排左起：常明祥、錢惕明、沙明熙。
後排左起：涂岳平、黃宏偉、石國元、錢新天、王小明、吳志軍、夏瑞平。

2002 年，國際武當武術協會在美國西雅圖成立。錢惕明任會長

與部分海外學員在美國西雅圖表爾威市合影（2001 年）

2004 年秋，在西雅圖 BBC 大學任教時與部分學生合影

作者
簡介

　　髦耋之年，依然能黏手即發，可見其太極內功之精湛。

　　英姿勃發，多種體檢指標與年輕人一般，令醫生咋舌，可見其深諳太極養生之道。

　　作為近代武林宗師李景林的再傳弟子，錢惕明先生一直致力於推廣和發展中華武術。現為國際知名武術家，在西雅圖任國際武當武術協會會長，並任武當山武當拳法研究會顧問，在武當丹派列為第十二代傳人。

　　近年來，錢先生領導美國西雅圖國際武當武術協會發揚中國武術，收受入室弟子，舉辦培訓班，先後任西雅圖 BCC 大學、華盛頓大學太極拳教授，從學者已逾千人。

　　錢先生可謂能武能文，先後發表了二十多篇武術論文，頗具影響。在美國，《太極》雜誌特約其撰稿，已發表《太極之魂——陰陽中和之道》《武當劍真諦》等 4 篇論文，並被推為 2005 年 2 月美國《太極》雜誌封面人物。當地媒體對他作了專門報導。

　　數十年來，錢先生用我國古代的太極哲學觀及傳統的人文思想，探索太極拳的宏觀

心法與微觀心法，對以往祕不外傳的太極拳內功心法有獨到的體悟與描述，而且破譯《易經》八卦與太極八勁八法相互對應的心法奧祕，明確了修練太極內氣、內勁的途徑與具體方法，可謂明珠在握。

錢惕明先生 1929 年出生，江蘇無錫人。自幼習武，後 1952 年得緣入室武當丹派近代宗師李景林的衣缽傳人楊奎山（林甫）門下，修練武當劍、武當太極拳、太極陰符棍、八卦掌、形意拳及太極靜坐法、易筋經等武藝功法，得師真傳，已臻佳境。曾於 1986 年獲全國武術觀摩交流大賽雄獅獎、1991 年獲武當山首屆武術文化節優秀大獎。

從 1980 年起，錢先生與幾位同門在市體委領導下聯手組建常州市武術協會，歷任副主席、主席等職 19 年，後又任常州市武術協終身會名譽主席，卓有成效地開展了群眾性武術運動。

錢先生 1949 年 5 月入蘇南新聞專科學校，畢業後從事新聞媒體工作 45 年。錢先生的事蹟，入編《中國武術名人辭典》，又入傳《中華武林著名人物傳》，為世人矚目。

細品心法
靈性來（代前言）

修練太極五十載，
細品心法從不悔。
詳推用意終何為，
恢復天性春常在。

　　這首歪詩，寄託了筆者五十多年來的感懷。

　　余自幼體弱，少時從鄉村武師習武健身，惜未得其法。及至外出謀生，體質日衰，患神經官能症，幾乎無法工作。幸而1952年春，在常州市入先師楊奎山（林甫）門下習練太極拳等藝，健康狀況才能日趨好轉，於是興趣大增，欲罷不能。時至今日，雖屆望八之年，自感健康狀況尤勝早年，並滿懷信心地追求青春常駐，故而又自吟：太極妙悟春常在。

　　悟到什麼？悟到古人說的一句話：「為將之道，當先治心。」

　　心者，並非心臟之心，乃心術、心法也。其實，無論為將為政、還是為商為學等等，皆必須治心為先，方能成功。練太極拳當然也應治心為先。

　　太極拳的治心之道，就是治內功心法，它包含了宏觀心法與微觀心法。前者指修心練性，即古人所言「修齊治平」的為人之道；後者指一門一派、一招一式的行功心法，即為拳之道。把人道與拳道結合起來修練，才是完整的太極拳內功心法。

　　就微觀心法而言，不僅指一招一式的內在功夫的心理法則，更包含修練意、氣、神、勁、靈的心理法則，這樣才能把練拳與練人結合起來，以達修心養性、恢復明德、完善人生之目的。

　　練拳之初，筆者並不知曉治心之道，也不知內功心法為何物，只是跟隨先師依樣畫葫蘆地習練拳架動作。大約兩年下來，雖然形體動作練得還不差，但總感到內心似乎缺少什麼，好像很彆扭。後經師父點撥，才知道這是缺少內涵的表現，是不懂內功心法造成的。當時，師父給我一冊老書《王宗岳太極拳經》，囑咐必須學理論，明心法，才能掌握太極真諦。

　　我原本涉獵過哲學，自看到那冊拳經中有關太極哲學的內容後，就進一步學習《周易》開創的太極學說，並把讀書心得與先師傳授的武當丹派武功心法相互印證。經過一段時間的學理、印證、體悟，逐漸明白了內功心法的原理與法則，促進了外形動作的提高和內在神韻的增長。

　　於是，筆者萌生出一個想法：如果學拳一開始，就能用內功心法給予指導，不是可以收事半功倍之效嗎！

　　當然，練拳程序是由外及內、由淺到深逐步進行的，

內在功夫不可能一蹴而就。但是，外形動作與內在功夫不能因先外後內而截然分開。尤其對初學者，在著重規範其外形動作的同時，必須說明內功的原理與方法，使其及早確立內外兼練（形神同修）的觀念，便於逐步深造。而且有些動作，如果不按內功心法操練也難以規範。因此要幫助初學者一開始就明白心法，至少知道個大略，否則很可能會忽視太極心法，導致太極拳淪為一套體操式的空架子，那就是等於是沒有靈魂的軀殼。

為此，筆者早在 20 年前就計劃寫一本關於內功心法的書，以便為同道提供一點訊息。那時，中國正當在全國範圍內開展空前規模的武術挖掘整理活動，很需要此類書稿，所以國家體委和江蘇體委相關領導，都很支持，希望早日成稿。但是，當時筆者尚未離休，加上俗務繁忙，所以寫寫停停，遲遲未能脫稿。及至離休後，後來又去了美國，在課徒之餘，才有時間整理舊文，撰寫新稿。

此書並非單篇文章講義的結集，而是集中地、系統地總結自身修練心得的著述。開初只打算寫十幾萬字，後來想想自己年事已高，沒有必要再保留什麼了，應當把五十多年來所學、所練、所悟、所得，毫無保留地和盤托出，所以內容越寫越多，索性暫緩課徒，停止辦班，杜門寫作，歷時兩年有餘，經數易其稿，總算初成，名曰《太極拳內功心法全書》（以下簡稱《全書》）。

取名《全書》，是因為所寫內容涵蓋了太極拳的宏觀心法及微觀心法的方方面面。就為人之道的宏觀心法來

說，既有「哲源篇」「心法篇」的專論詳述，又在各篇各章中具體闡發。就為拳之道的微觀心法來說，還包括哲源、鬆靜、內氣、內勁、神意、靈性乃至一招一式的行功心法、用法、實例以及師門的各項功法，諸如放鬆功、練氣功、練勁功與身法、步法、眼法等功法及其心法，統統包羅在內，算得上是全面的了。

同時又努力推陳出新，站在天道、人道、拳道相結合的新的高度，縱論太極人生，新釋心法奧秘，進行武學研究，提出新的理念與新的觀點。例如，首次提出太極拳有宏觀心法與微觀心法的命題，並提出「太極拳之魂是陰陽中和，太極拳之道在明明德」的全新理念。前者援引古今學者闡發中和哲學是我們的民族精神的精當論述，並解剖中和哲學作為太極拳之魂的三大要素：即修陰陽中和之氣，練中和一體之術，做致力於中和之人；《中庸》說：「中也者，天下之大本也；和也者，天下之達道也。致中和，天地位焉，萬物育矣。」故這三大要素是太極拳的最高心法。至於後者「在明明德」句，出自儒家經典《大學》，是太極拳心法的目的，意為新時代的太極人士，不要僅僅停留在「武」的層面上，而應「在明明德」，淨化心靈，止於至善。

實用性是不容忽視的重要問題，為此《全書》處處注意身、心、靈整體健康及拳技拳法的實用介紹。前者介紹修心練性、開發人體潛力，激發青春活力的有效功法與心法；後者介紹練氣、練勁、用勁及推手防身的具體心法，

例如對「太極腳」「太極手」「太極身」等要害作了具體描說，力求可操作性。

所謂內容全面、推陳出新及實用性，都需要詳盡的剖析才能實現，所以每章、每節、每目都盡力作了精細的描繪與闡述。例如對放鬆問題，詳細介紹了放鬆原理七點、放鬆心法六法、放鬆功法九式，還剖析了鬆靜的六個層次，使人一目了然。再如詳細解剖了太極內勁的本勁、首勁、螺旋寸勁以及種種用勁之道，闡述了太極內勁是人體潛能中開發出來的一種超常的新能量。即使一招一式的過渡動作也努力細部描述，尤其注意那些微小的又容易一滑而過的過渡動作的描寫。例如「搬攔捶」一式的「搬」，細分「搬臂、搬拳、搬腕」三搬齊發，以及前搬、側搬、變勁搬的分別；「攔」，有前攔、左攔、右攔；「捶」，有化中捶、螺鑽捶、整勁捶及出捶吐勁三要素的細說。這樣滿篇的精細描述，目的是要使本書章章精微，節節實用。

理論是心法的樞機。因此，武術不僅是「武」，而且是「學」，學問的學；太極拳不單是「拳」，亦是學，即太極拳學。我們不僅要學習拳法，更應把它作為一門學科來學習與研究。為此，筆者盡可能以我國傳統文化觀念作指導，對太極拳的理法與拳技作學術性探索。例如用古代太極學說剖析太極拳的起源，引出了新的起源說；再如論證中華文化元典是太極心法的源頭與主宰；又如破譯《易經》八卦對應太極八勁八法的奧秘；還從人體科學角度、從剖析人體六種功能態入手，探究開掘人體潛力，練出太極內勁，激發青春活力

的規律，等等。凡此種種探索雖然淺陋，但它表明武學研究是十分必要的，也是有廣闊前景的。

為了全面、求新、詳細地寫內功心法，也為了便於學術性探索，故在寫作體例及寫作方法上作了革新。寫作體例從兩方面著手創新。一是在縱的方面，設置哲源篇、心法篇、鬆靜篇、行氣篇、內勁篇、套路篇及源流篇等篇章。一是從橫的方面，設章列節橫向展開，並對每一拳式進行剖析，分置「拳招釋義」「行功口訣」「動作分解」「呼吸行氣」「內功心法」「實用舉例」等欄目。這種縱橫交錯、篇目別緻的結構，便於全方位，多角度，多側面地闡述太極拳內功心法。

例如，每一拳式的「拳招釋義」，是對該拳式的淵源、原理、特點及功能的解釋。

「行功口訣」，是各該拳式練功走架的心法精髓的概括，如預備勢──無極樁的口訣為：「無形無象混濛濛，虛靜無為心中空，道法自然萬般鬆，神聚氣合靈犀通」。

「動作分解」，是將每個拳式的動作過程分解成若干過渡性動作，並一一列出名目，使之眉目清楚、過程明確、敘述精細，便於學習。

「呼吸行氣」與「內功心法」，本屬同一內功範疇，為了方便敘述，才把它們分開設目，以便各有側重地予以說清。

就行氣來說，太極拳是高級氣功，所以既有「內氣篇」的綜述，介紹修練陰陽中和之氣的原理、要則、法

門，又有各拳式「呼吸行氣」的橫向分述，具體介紹每一拳式中的一般呼吸、拳勢呼吸、臍輪調息三個練氣要素。其中的臍輪調息，是師門獨特的練氣法門，對練氣、練勁、練神乃至性命雙修、開發青春活力，都積極有效，並設置「返老還童不是夢」的專章進行介紹。

至於「內功心法」這一欄目，乃是各該拳式的心法詳解，把心法的普遍原理化作各個拳式的具體法則，寓普遍性於特殊性之中，使得本來難以理解的問題變得明白易懂，容易操作。

話又說回來，練太極，要靠靈性，靈性來自天賦、明師指點及本人的自悟。同樣的天分，若明師有差異，效果必然見高下；同一明師，同樣天分，若不勤悟，也是枉然；即使天賦較差，若能勤研心法，細細品玩，必能靈性自現，日日進步，所謂「勤奮出天才」「福至靈性」是也。有鑒於此，筆者才以「細品心法靈性來」為題，寫此前言。

《全書》全部脫稿之時，正值 2008 北京奧運會倒計時一週年紀念之日。俗話說：來得早，不如來得巧。筆者適逢盛世盛會盛舉，特以此書作為迎奧運的一個小小紀念，聊表寸心。

筆者學識有限，體悟不高，敬請同道指正。

錢惕明
寫於美國西雅圖

目錄

上卷

第一篇·哲源篇

第二篇・心法篇

第三篇・鬆靜篇

第四篇 · 身法篇

第五篇·內氣篇

第六篇・內勁篇

下卷

第七篇 · 拳術套路篇

第八篇 · 源流篇

第一篇

哲源篇

引　言

　　「請問，太極拳為什麼取名太極？」記得初到美國西雅圖授拳時有學生這樣提問。當時我略作思索後說：「你們這個問題提得很好！它涉及到太極拳的根本問題。太極，原本是中國古代學者探索宇宙和人類生成及衍化的一種學說，也是指導人們趨吉避凶的學問。

　　「後來，武林先賢依據太極學說的原理，總結以往武術經驗，加以改進發展，創造出一種嶄新的拳種，而這一新拳種的理論、技法、心法，又無一不體現太極學說的原理。因此，武林先賢就以『太極』來命名，稱它為『太極拳』。這叫名副其實。

　　「這就是太極拳冠名太極的由來。它表明了太極學說孕育了太極拳，而太極拳之名又符合太極學說之實。因此，可以毫不誇張地說太極拳就是哲學拳。」

　　滴水見太陽。這個提問，反映了現今人們學習太極拳不僅僅滿足於拳腳功夫，還要透過學練太極拳，瞭解太極哲理，以獲得文化滋養和精神享受。一些外國朋友鍾情太極拳，多半是衝著太極文化來的。

　　其實，過去在國內也碰到過類似問題，因此筆者早在20世紀80年代中期就開始探索太極拳的哲理，並撰寫論文，已有5篇先後發表在《武林》等雜誌及全國性研討會上。今天本書又以「哲源篇」作為全書的開篇，以便與同道進一步探討太極拳之哲理內涵與太極文化的源淵，從而探尋太極拳起源的哲學因子。

第一章
太極學說概述

第一節　◆　太極的來歷

　　從字義說，太者，太也；極者，無窮無盡也。太極，即無限之意，包括時間的無限和空間的無限。據蔡清解釋：「太字是大字加一點，蓋大之有加焉者也，既曰極矣，而加以太，蓋以此理，至廣至大，至精至微，至中至正，一極字猶未足以盡之，故加太字於極之上，則至矣，盡矣，不可復加矣。」（《太極圖詳解》孫國中序）

　　從名字來說，「太極」一詞，早見於《莊子・太宗師》：「夫道……在太極之先而為不高，在六極之下而不為深……」但是莊子此語，是作為語義詞使用的，並非範疇詞，更非哲學概念。

　　真正把「太極」一詞作為哲學範疇的，是始於我國古代的哲學巨著《周易》。《周易・繫辭上傳》說：「是故易有太極，是生兩儀，兩儀生四象，四象生八卦，八卦定吉凶，吉凶生大業。」這段話描繪了宇宙生成的過程。由此而起，「太極」成為探索宇宙人類生成衍化的哲學概念。

　　但是，「太極」究竟是精神實體還是物質實體，《周易》作者未作具體說明，沒有給予明確的界定。於是，歷代學者圍繞「易有太極」，以注「易」的方式，對「太極」範疇的內涵進行了深入的探索，甚至展開了激烈的爭

鳴，終於建立了世人矚目的太極學說。

如果我們能夠簡要地回顧一下歷代學者的卓越研究，則可以開闊我們的視野，看到太極拳蘊涵的哲理，是何等的發人深省，從而或多或少、直接間接地得到心法的啟示。

歷代學者對「繫辭上傳」那段話的研究，基本上從兩方面解釋與探索。一是認為它講的是卜筮預測的法則，即揲著或畫卦的過程，此說與後來形成的易學上的象數派有關。另一種認為它講的是宇宙生成過程，即講的世界觀，此說後來演變成易學上的義理派。本書並非易學專著，只能就與太極拳有關的擇要而言之。

第二節 ◆ 太極是宇宙生成的本原

「繫辭上傳」那段話道出了宇宙的本原。什麼叫本原？本是木之根，原是水之源，本原就是事物的起源。宇宙起源是什麼？是太極。

太極這個本原是天地陰陽未分時的混沌狀態，然後由太極生兩儀（天地陰陽），又生出稱為四象的春夏秋冬四時，再產生代表萬物的八種不同性質的八卦符號，即乾、坤、震、巽、坎、離、艮、兌，並以此表示天、地、風、雷、水、火、山、澤八種自然現象。八卦定吉凶，是八卦衍繹成六十四卦，透過卦爻變動，可預測吉凶。吉凶判定以後，乃沿著規律繁衍發展，遂生成了萬物豐富的大業。這是一幅天、地、人生成的繁衍圖，表示太極是宇宙的本原，是宇宙最初的實體。

第三節 ◆ 太極是元氣

太極，宇宙的本源，又指的是什麼呢？

漢代易學家大多認為，太極是元氣，即宇宙本原的那種氣叫做「元氣」。這在學術上稱為元氣本原論，又稱元氣一元論。

西漢末年，劉歆以太極解釋曆法，提出「太極元氣，函三為一」說，認為太極元氣未分之前，即包含著天、地、人生成的元素，合而成為一個統一體。

東漢哲學家鄭玄、虞翻等人，都吸收了劉歆之說並有新的闡述。鄭玄說：「極中之道，淳和未分之氣也。」（王應麟《鄭氏周易注》引）淳和未分之氣，即元氣，元氣即原始的統一體。

東漢另一個著名的哲學家王符（自號潛夫）對元氣本原論作了系統的論述。他在《潛夫論・本訓》中說：「上古之始，太素之時，元氣窈冥，未有形兆，萬精合併，混而為一，莫制莫測，若斯久之，翻然自化，清濁分別，變成陰陽，陰陽有體，實生兩儀，天地壹鬱，萬物化淳。和氣生人，以統理之。」

他明白無誤地說明，在上古之世，最初的宇宙只有渾沌的元氣，經過漫長的變化，才分出陰陽，出現天地，化生出萬物來。而在漫長的「翻然自化」過程中，出現了一種新的氣，叫做和氣，然後由「和氣」生出人類，由人類統理天地萬物。

王潛夫的「和氣」觀是太極學說中的一項創見，催生了後世的「太和元氣」說。

但是，到了魏晉南北朝時期，由於受到玄學的影響，太極元氣論受到了衝擊。王弼等人用「無」解釋太極，即所謂太極是虛無實體，這樣太極實體就被觀念化了。這一時期，圍繞以太極為元氣，或以太極為虛無實體，或以太極為天地展開了激烈的辯論，直到唐代的大學者孔穎達著《周易正義》，才否定了虛無實體論，捍衛了太極元氣論。

孔穎達說：「太極謂天地未分之前，元氣混而為一，即是太初，太一也。故老子云：『道生一。』即此太極是也。」（《周易正義》卷七）

由《周易》開創的、經漢唐學者闡發的太極元氣論（元氣本原論），對世人影響深遠。就養生來說，「元氣」及元氣的作用，已是眾所周知的了，不論是否練拳練功，幾乎每個人都知道，若要健康長壽，必須培本固元。

第四節 ◆ 無極而太極

宋、元、明時期，易學昌盛，流派繁多，學者把太極學說推向了新的高峰。

首先，北宋著名學者周敦頤，集先秦以來太極學說之大成，繪太極圖、撰《太極圖說》，提出「無極而太極」的全新命題。古今學者對此有不少精妙論述，認為「無極」是指宇宙萬物的根本實體，是早於「太極」的獨立存在的形式，這種存在形式是無方所、無形狀、非目力所及的，是惟恍惟惚一片虛空的宇宙實體。

正如當代著名哲學家張岱年先生所說：「有象有形的

二氣五行和萬物，都出於原始統一體『太極』，而太極出於無象無形的『無極』，『無極』是宇宙萬物最根本的實體，天地萬物從『無極』來。」（《中國哲學史科學》）

那麼這「無極」是否指什麼也沒有的無呢？張岱年先生認為「無極」雖然無形無象，但它是確實存在的物體，是有實而無形，雖存在而非感覺所覺察罷了。

周敦頤提出「無極」，又賦予了「太極」以新的涵義。當代易學家梁紹輝說：「作為宇宙萬物的起源畢竟要有一個基本點——大致相當於現代宇宙學的『奇點』，而這個基點，或說『奇點』，在周敦頤的思想體系中就稱之為『太極』。（《太極圖說通書義解》）。周敦頤不但把『太極』視為混而為一的元氣，而且把它作為無形到有形的聯結點，即太極由無極而來；它又是陽動陰靜的基點，也是分陰分陽的起點，故是陰陽的母體，天地（陰陽）出自太極，太極是宇宙萬物生成的原始物體，即宇宙生成的『奇點』。」

「無極而太極」的命題，不僅在哲學等許多領域中產生深遠影響，對修道練武也有直接的啟示作用。就太極拳來說，周子一圖一說是太極拳的催生劑，也是最高心法範疇之源。這一問題，容筆者在以下的章節中展開。

第五節　◆　心為太極

北宋開始，出現了「心為太極」之說。北宋數學派創始人邵雍是此說之代表人物。他「以太極為一……而此太極之一的內容即是人心，所以又說『心為太極』。心無思

無為，不起念頭，形如止水，一而不分。當其發作，念頭興起，即是動，動則變，為奇數；停頓下來，就是靜，靜則變為偶數。奇偶之數及其變化的法則，就根源於這未動之心。」（朱伯崑《易學基礎教程》）

南宋學者陸九淵創立了「心學」。他在《漁樵問答》中說：「天地生於太極，太極就是心。」又說：「宇宙便是吾心，吾心即是宇宙。」（《陸九淵集》卷 22）他把「心」作為宇宙統一性的實體。後來心學派解易，都以人心或道心為太極。

到了明代，心學派的繼承人王守仁（號陽明）及其弟子又提出「太極良知說」，即以人心的良知為太極。王守仁將世界萬物統一於心，他說：「心外無物，心外無事，心外無理，心外無義，心外無善。」又說：「言心，則天地萬物皆舉之矣。」（《王文成公全書》。轉引自周桂鈿《中國傳統哲學》）

第六節 ◆ 太和之氣

學者們在探討太極學說過程中，依據《易經‧乾彖》的一段話，闡發了太和之氣（太和元氣）的重要理論。

《易經‧乾彖》說：「乾道變化，各正性命，保合太和，乃利貞。」大意是，乾道（指大自然）的變化導致宇宙萬物各得其性命而自全，使陰陽會合的太和元氣能夠保全常和，持盈保泰，永遠和諧，那就大吉大利了。

前節提到的東漢王符，應該說是較早詳述太和之氣的學者，他在《潛夫論》中的那一段精妙論述，已引錄於本

章第三節，他那「和氣生人」的命題，至今還發人深省，令人神往。

發展到北宋，出現「氣學派」，其代表人物張載（世稱橫渠先生）發展了太和觀，他以太極為太虛之氣。他在《正蒙・太和篇》中說：「太虛無形，氣之本體，其原最散，變化之客形爾。」又說：「太虛不能無氣，氣不能不聚而為萬物，萬物不能不散而為太虛。」這是什麼意思呢？當代學者鄭萬耕教授在《易經學》專論中解釋道：「張載有本於此，以氣處於最高的和諧狀態為太和。在氣化的過程中，陰陽二氣處於高度和諧的最佳境地，所以太和也可以稱為道。道即是氣化的過程……不處於此種氣化的最佳境地，不足以謂之太和。」

這氣化的過程又是怎樣的呢？南宋的朱熹解釋道：「太和，陰陽會合，沖和之氣也。」（《周易本義》卷一乾象）朱熹此說著重於陰陽二氣的會合交感而成為中和之氣，這才是氣的最高和諧──太和狀態。

明代的王廷相及清代的王夫之在繼承張載學說的基礎上，都有新的發展。

王廷相認為太極、元氣、陰陽「三合為一」，三者名稱雖不同，實質上只是一個元氣，「元氣之上無物、無道、無理」（《雅述》上篇）。而且認為，宇宙只有一種氣，這就是元氣，又稱「太虛之氣，清虛之氣，元始之氣」，這氣是不生不滅的，是「無所始，無所終」的。（《道體篇》，轉引自周桂鈿《中國傳統哲學》）

王夫之則以陰陽二氣合一的實體為太和之氣，並提出「太和絪縕之氣」，用來解釋太極的本體內涵。他帶有總

結性地說：「天地以和順為命，萬物以和順為性。」
（《周易外傳・說卦》）有的學者認為，王夫之此說是太
和範疇所表示的根本觀念。

當代易學家對「保合太和」有更清楚、明白的解釋。
老哲學家金景芳說：「保為常存，合為常和。保合太和，
使太和之氣常運不息，永遠融洽無偏，萬物得此以生
成。」

國學大師南懷瑾在敘述了「保合太和」那一段話後解
釋道：「這裡明白地告訴我們生命的根源、儒家的思想、
諸子百家、中國文化講人生的修養，都從這裡出來……中
國文化中道家研究兩個東西──性與命。性就是精神的生
命，命就是肉體的生命……懂得了《易經》，自己就曉得
修養，自己調整性與命，使它就正位……於是保合太和。
中國人道家佛家打坐，就是這四個字，亦即是持盈保
泰……什麼是大吉大利，要保合太和啊！」（《易經雜
說》）

由此得知，道、醫、武諸家的性命雙修的哲學源淵，
均由此而來。本門武當丹派奉行的「修陰陽中和之氣」的
練功總訣，也源於這「保合太和」的太和觀。

第七節 ◆ 太極是理

北宋的二程（程顥、程頤）建立了理學。發展到南
宋，朱熹集理學之大成，人稱程朱理學。朱熹用「理」來
解釋太極。他在《周易本義・周易序》中說：「太極者，
道也。」又說：「太極者，其理也。」他在《太極圖說

解》中說得更透明：「總天地萬物之理，便是太極，太極盡是一個實理，一以貫之，……無極而太極，正所謂無此形狀而有此道理也。」（《周濂溪全集》卷一）他並且在《太極圖說注》說：「太極理也，陰陽氣也。」

　　由於朱熹在學術上享有崇高地位，此說影響甚巨，及至清代學者編印的《周濂溪全集》中收錄的諸子之說，多半與朱熹亦步亦趨。如學者薛文清說「無極而太極，理也；陰陽五行，氣也。」（卷四）

　　理為太極，與心為太極有著千絲萬縷的聯繫，如全集收錄的北溪陳氏一文說「萬物統體渾論，又只是一個太極。人得此理，聚與吾心，則心為太極。所以邵子曰，道為太極，又曰心為太極。」

第八節 ◆ 人人物物一太極

　　朱熹在以理解釋太極的過程中，提出了一個十分醒目的命題。他說「太極只是一個極好至善的道理，人人有一太極，物物有一太極。周子所謂太極，是天地人萬物至善至好的表德。」（《朱子語類》卷三）他又在《太極圖說解》中進一步說：「自男女而觀之，則男女各一其性，而男女各一太極也。自萬物而觀之，則萬物各一其性，而萬物一太極也。合而言之，萬物統體，太極也；分而言之，一物各具一太極也。」

　　從此，「人人物物一太極」的理念風行於世，影響各方。例如醫、武各家，都把人體及人體各部比擬為太極、八卦，用以指導修道練功，祛病養生。在《太極拳譜》中

就有「大小太極解」「人身太極解」兩文，把人之周身內外各部位都比作太極、兩儀、四象、五行、八卦，然後說：「天地為一大太極，人身為一小太極。人身為太極之體，不可不練太極之拳。」

第九節 ◆ 太極，一也

在太極辨說中，學者們的說法雖各有不同，但內容都有「太極即一」的涵義，只不過有的直說，有的含蓄而已。

漢代的虞翻說：「太極，大一也，分為天地，故生兩儀也。」許慎在《說文解字》中解釋「一」字時認為就是太極。他說：「惟初太極，道立於一，造分天地，化成萬物。」

上文引用的唐代孔穎達的話也是這個思想，他說：「太極為天地未分之前，元氣混而為一，即是太極，太一也。」

當時有人問朱熹，太極有分裂乎？朱熹答曰：「本只是一太極，萬物各有稟受，又各自全一太極耳，如月在天，只一而已，及散在江湖，則處處皆見，不可謂月分也。」提問的薛文清恍然而悟說：「正如天地間，總是一月光，萬川雖各得一月光，又總是一月光也。太極不可分，於是可見矣。」（《太極圖詳解》）這「月映萬川」的比喻，形象地說明太極是一，雖分猶一也。

對此，當代易學家張岱年、金景芳、黃壽琪、呂紹綱等也有精妙的論述。張岱年老先生說：「太極，即是天地

未分的統一體。」（《中國哲學發微》）黃壽琪和張善文在《周易譯註》中說：「太極，即太一，指天地陰陽未分時的混沌狀態。」

　　這太極是一、雖分猶一的原理，成為太極拳修練整勁的內功心法。例如太極內勁以混元勁為本，以掤勁為首，其他各勁是混元勁在不同態勢下散在全身的不同顯現，好比是「月映萬川，萬川一月」之理。只要循此「一」的理法，就能助君煉成內外渾然為一的原始統一體，練出渾然一體的太極整勁。

　　武當丹派第九代宗師宋唯一在《武當劍譜》中繪製的「太極八卦歸一圖」，簡直是「萬川一月」的生動寫照。如此看來，我們練太極拳的高峰境界，就是進入「萬川歸一」，恢復先天本性，返回到人體原始的最佳健康狀態，這或許就是階及神明的妙境吧。

第二章
太極圖與太極拳

　　太極學說是《易學》的精髓，而太極圖又是太極學說的重要組成部分。所以，討論太極學說與太極拳的關係，不能不探討太極圖的來龍去脈。

　　所謂太極圖，乃是古人用特定的圖像或象徵的方法，將天地萬物（人）的生成演化過程簡易而又深奧地描繪表達出來。也可以說，太極圖是太極觀念的圖像示意。由於它將古代哲學、自然科學、社會科學和思維科學融為一

圖，成為我國文化史、哲學史上的瑰寶。千百年來，中國許多傳統文化學科似乎都與太極圖有關，所以被人們稱為「天下第一圖」。

為了便於討論太極圖與太極拳的關係，現將太極圖的起源、種類、內容分述如下。

第一節 ◆ 伏羲氏有否繪製太極圖

現今流行的雙魚形太極圖，傳說是七千年前伏羲氏繪製的。究竟如何？1991 年筆者曾在《武林》雜誌發表「古代四種太極圖的來歷及其內容」一文，對伏羲氏有否繪製太極圖的問題做過分析，認為這僅僅是傳說而已，史籍上查無實據。論據如下：

（1）太極圖是太極學說的產物，而太極學說的發端始自《周易‧繫辭上傳》。作為《周易》古經的《易經》經文中還沒有「太極」一詞的提法，因此伏羲不可能畫出太極學說的太極圖。直到孔子時代，才有解釋《易經》的《易傳》問世，其中才提出太極學說的明確概念。

（2）太極圖是《易圖》的重要圖形，而《易圖》晚在宋代才形成。

所謂《易圖》，是學者們研究與解釋《周易》而繪製的種種圖形。《周易》由《易經》與《易傳》兩部分組成。《易經》又稱《周易古經》，古經中只有經文與八卦、六十四卦符號，並無後世出現的稱之為易圖的圖形。在史籍和易學著作中僅有伏羲作八卦的記載，而沒有伏羲繪製太極圖的記載，也未見到伏羲氏繪製的太極圖，直到

宋代才有《易圖》中的太極圖問世。這已是易學家們的共識。黃壽琪、張善文先生說：「宋以前的《易》注，未嘗有圖。自周敦頤傳陳摶太極圖並為之說以後，漸開《易》圖之先例。」（《周易譯註》）

清代《四庫全書》編者在劉牧撰的《易數鈎隱圖》提要中說：「漢儒言易，多主象數，至宋而象數之中，復出圖書一派。」

（3）胡煦新補的伏羲初畫的圖形中也無古太極圖。胡煦是清代研究《易圖》的傑出學者，他在所著《周易函書約存》一書中，就補了兩幅圖，一為「新補伏羲初畫先天小圓圖」，胡煦自註：「以伏羲初畫之本圖，以黑白二色，分別陰陽，其畫久已失傳，今新補之。」一為「新補伏羲初畫先天大圓圖」，胡煦自註：「此初畫之本圖，以黑白為文，其畫一百二十六，然久已失傳矣，今新補之。」這兩幅新補的圖，雖然多層圓圈內的中心圈內標有「太極」字樣，但畢竟不是單獨的太極圖。為此，胡煦特意把上述先天圓圖之虛中圓圈拆析出來，單列一圖，命為「拆先天圓圖之虛中而為太極圖」。其圖如下。

太極

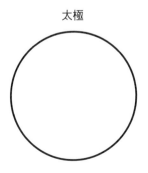

拆先天圓圖之虛中而為太極圖

胡熙註：此圓圖之虛中，《繫辭》稱為太極者也。在《乾》則未亨之元，在《復》則所見之心。周子命為無極，邵子擬為天根者是也。

胡煦的拆圖及他的自注，再次證明了後世出現的雙魚形古太極圖並非當初伏羲所繪。

（4）不但未見伏羲所畫的古太極圖，連邵雍公開於世的伏羲先天八卦圖次序圖等四圖，歷來也有不少學者持懷疑態度，甚至提出異議，認為不是伏羲所繪，而是後人所作。當代易學家呂紹鋼先生撰《周易闡微》有精彩的論述。他說：無論先天八卦還是後天八卦，都不是周易原有的東西。實際上，先天之學與後天之學都出自邵雍的《皇極經世》，是邵子之「學」「純係陳搏、邵雍諸人的發明」。有些學者甚至認為《河圖》《洛書》也不是伏羲所畫，而是邵雍等根據周易有關論述，「發千古之幽思描繪出來的」。

這一點，宋代理學大家朱熹也已心存疑慮。他曾在《答袁樞書》中道出了他的疑點，但因顧慮太多，不得不將邵雍諸圖列於《周易本義》的卷首。

上述情況表明，七千年前的伏羲氏並沒有繪製那種太極圖，現在流行的古太極圖乃後人所畫，即使河、洛兩圖是否是伏羲所畫，後世不少學者也表懷疑。

第二節 ◆ 先民太極圖（原始太極圖）

當我提筆寫這個問題時，不禁想起了自己童年時期村上的老人經常向孩子們講述的「盤古開天闢地」的神話故

事。後來我才知道，這則神話故事是遠古時代先民的「太極觀念」的反映。那時沒有文字，沒有科學，面對日出日落的自然景象，先民們不得不問自己：這日月星辰、天地山川等等是從哪裡來的？於是先民中的菁英發揮奇特的想像，逐步編出了「盤古開天闢地」的故事，從而獲得了關於宇宙形成的答案。

隨著社會的進步，出現了簡單的圖形符號以及結繩記事等文字的前身。於是，遠古的人們可能用簡單的符號圖形反映他們的太極觀念。中國陸續出土的古代陶器上的許多圖案符號，其中就有太極圖的原形（現今稱為「彩繪」「彩陶紡輪」）。這些原始圖形，可稱作先民太極圖，也可稱為原始太極圖。

在眾多彩陶紡輪中，有兩幅較有代表性。一幅是在甘肅天水附近的永青出土的、距今 6500 年前的雙龍古太極圖的彩陶繪。可惜此物不在我國，現館藏於瑞典遠東博物館。現據胡昌善《太極圖之謎》所附圖形轉錄如下。

原始太極圖（一）　古代陶器彩陶壺

　　另一幅是「屈家嶺文化」中出現的原始太極圖。這幅圖較上述雙龍太極圖彩陶繪更接近於現今流行的太極圖，現據柳村《周易與古今生活》所附圖形轉錄如下。

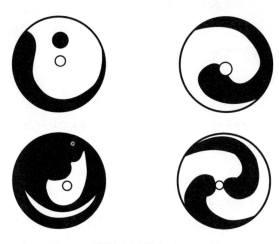

原始太極圖（二）

　　屈家嶺文化，1954 年發現於湖北京山屈家嶺。據考古學者考證，屈家嶺出土的文物包括那幅原始太極圖，大約在公元前 3000 年至 2600 年，出於當地先民之手。

　　當然，那時還沒有文字，先民們手繪的圖形，不可能命名為太極圖。現今稱它為太極圖，那是比照後來流行的太極圖而說的。真正以「太極」命名的太極圖，是《周易》問世後的事，此乃後話。

第三節 ◆ 劉牧太極圖

　　此圖出於北宋學者劉牧撰《易數鈎隱圖》一書。該書

共列 63 幅圖，其第一圖就是這幅太極圖，自稱「太極圖第一」。劉牧自註：「太極無數與象，今以二儀之氣混而為一以畫之，蓋欲明二儀之所以而生也。」太極是天地未分前的元氣混而為一的狀態，即劉牧所謂「無數與象」的性狀。劉牧畫此圖的目的是為了說明二儀（陰陽）由太極生成而來。

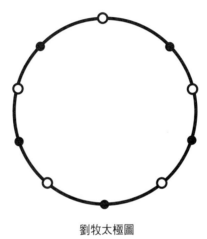

劉牧太極圖

看其圖，一個大圓圈表示太極，圓線上的五個黑（陰）白（陽）小點，象徵陰陽由太極而生，並且生生不息。這一生生不息、變化無窮的哲理，在太極拳理論中體現得很充分。可惜此圖歷經滄桑，幾乎湮沒，僅為清代《四庫全書》收錄，以致後世不少學者幾乎不知有劉牧太極圖。《四庫全書》編纂稱劉牧為北宋圖書派的首倡者。

第四節 ◆ 周敦頤太極圖

周子此圖，一說傳自北宋著名道教思想家、易學家陳

搏，一說周子根據陳搏的《無極圖》改造而成。這幅圖的內容，有從上往下（順時）和從下往上（逆旋）兩種推演。

其順時，即描述宇宙（人類）的生成和演化，講的宇宙生成發展的過程大體經歷無極——太極——陰陽——五行——萬物生化——萬物生生不息等階段，把宇宙萬物乃至人類都包括進去了。因此，周子此圖被官方認可為標準圖樣，宋、明時代人們談論的太極圖就是周子的這幅太極圖。

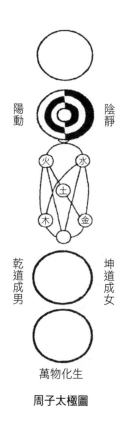

周子太極圖

其逆旋，即可作為道家內丹修練術，歷來被丹家視為丹家之秘。有些得道道長，把周子太極圖改造成煉丹圖。當代一些易學家經過考證，已發現四幅。

例如，南宋保慶年間，道人蕭應叟把周子圖改造成丹圖，取名「太極妙化神靈混洞赤文圖」。元代陳致虛在他的名著《金丹大要》中，將周子圖改為「太極順逆圖」。南宋末年，道士蕭廷芝將之改為無極圖。元代的東蜀道士衛琪也將周子圖改為無極圖，雖圖形未變，註釋心法卻有很大不同。

因限於篇幅，此四圖不再一一列舉。

周敦頤的太極圖及太極圖說，是中國哲學史、文化史上的瑰寶，是太極拳世界觀的哲源，因而是太極拳內功心法最高範疇之源。這將在第三章專題論述。

第五節　◆　空心圓形太極圖

自劉牧、周敦頤以後，有些學者用一個空白圓圈來表示太極，似乎更為簡明。

雖然這種圖形是從劉、周的圖形蛻化來的，並無特別之處，但是由於作者不同的說明，表達了不同的見解，仍予轉錄，以供參考。

空心圓形太極圖（一）

這是南宋學者俞琰在他的《易外別傳》中的畫圖。他崇尚邵雍（康節）的「心為太極」說，所以旁註「邵康節曰：心為太極。」

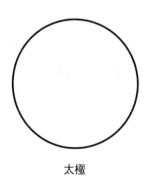

太極

空心圓形太極圖（二）

此圖是元代學者張理在他的《易象圖說》中的畫圖，他旁註「朱紫陽曰：太極，虛中之象也。」

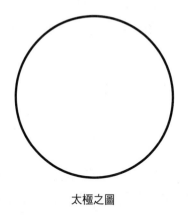

太極之圖

俞琰、張理的兩幅圖，同樣都是一個空心圓圖，由於冠名不同，旁註各異，寓意也就不一了，可謂仁者見仁，智者見智。但它們萬變不離其宗，都是取意太極。

其實，這空心圓圈不少學者稱之為無極圖。周敦頤太極圖的第一個圓圈，就是空心圓圈，注名無極。很明顯，

這是「無極而太極」之意。

第六節 ◆ 六經太極圖

　　此圖見於南宋初年楊甲著的《六經圖》。此圖非楊甲自創，他說：「舊有此圖，可能出於北宋，但來源不詳。」筆者稱它為六經太極圖。現據《易學基礎教程》附圖轉錄於下。

六經太極圖

　　據《六經圖》的解釋，這個太極圖表達的意義是：太極只是一氣，輕清者上為天，重濁者下為地，就是太極生兩儀。兩儀生四象，就是金木水火。水數六，居坎位而生乾；金數九，居兌位而生坤；火數七，居離位而生巽；木數八，居震位而生艮，就是四象生八卦。這樣，就把太極、兩儀、四象、八卦以及元氣運化、陰陽五行化生萬物

的過程統一於一圖。

　　此圖影響很大，曾為許多易學著作所轉載。

第七節 ◆ 天地自然之圖（古太極圖前身）

　　明代初年，趙謙著《六書本義》，公佈了這幅圖，他取名為「天地自然河圖」。世人稱之為陰陽魚圖，也有人稱之為古太極圖。今轉錄如下。

天地自然之圖

　　趙謙為何把這幅圖命名為「天地自然河圖」，他解釋說：「天地自然之圖，伏羲氏龍馬負之出於滎河（黃河），八卦所由以畫也……熟玩之，有太極含陰陽、陰陽含八卦之妙。」原來他認為伏羲時代從黃河出來的龍馬，

背負的就是這張圖，八卦也是根據這幅圖繪製的，是造化的樞紐。

清初，胡渭在他的《易圖明辨》中既稱它是「天地自然之圖」，又稱作「古太極圖」。他不認為這幅圖是「河圖」，應是「太極真圖」。

現代易學家杭辛齋認為此圖「深得陰陽造化自然而然之妙，已非太極之真相，不當稱之為太極圖，今北方俗稱此圖為陰陽魚兒。魚字實儀字之誤。因此他認為應該「稱之曰陰陽儀圖，或曰兩儀圖，名實相符矣。」《易學藏書》杭氏著眼於陰陽造化自然之妙，可備一說。

至於這兩幅圖的來歷，趙謙說：「世傳蔡季通得於蜀隱者，秘而不傳。趙氏得之於陳伯敷氏。自明洪武以後，此圖遂盛傳於世。」對此，杭辛齋用按語形成給予補充：「蔡氏晚年得此圖，未久即病卒，故朱子亦未見之也。蔡死後，秘藏於家，至其孫始傳佈之，已是宋亡之後，故元一代尚鮮稱述。」

從趙氏和杭氏的論述中，可以看到這幅圖的來龍去脈以及太極陰陽造化的主要意義。

第八節 ◆ 古太極圖──太極拳的心法指南

這是目前流行的太極圖，它以陰（黑）、陽（白）互回的陰陽魚為特徵，稱古太極圖，也有人稱它為雙魚形太極圖。

很明顯，這幅圖是從趙氏公佈的「天地自然河圖」變化而來的。它是什麼時候、由什麼途徑變化的？杭辛齋作

古太極圖

了考證，他說：「至明初，劉青田取以繪入八卦之中，遂風行海內，幾乎家喻戶曉，無人不知有太極圖矣。」（《易學藏書》）

不過，劉青田繪製的應是先天八卦太極圖，還不是目前流行的雙魚形太極圖。何人何時把它從先天八卦圖中獨立出來尚不清楚。有些易學著作，在介紹趙謙公佈的「天地自然河圖」時，乾脆把雙魚形太極圖作為趙氏公佈的天地自然河圖。清初胡渭在《易圖明辨》中，既稱它是「天地自然之圖」，又稱它「古太極圖」。可見，學者們似乎不想去仔細分辨。

從流行情況看，古太極圖與先天八卦太極圖目前都是常見的圖，唯前者的流行面更廣一些而已。因此，我們暫時不必拘泥於這些，而把主要精力放在探討此圖的內涵及與太極拳的關係上。

古太極圖的涵義，歷代學者解說破釋者頗多，尤其是清初學者胡渭在廣採舊說的基礎上，自為一說，較為詳

盡。他說：

「其環中為太極，兩邊黑白回互，白為陽，黑為陰。陰盛於北。而陽起而薄之；震東北，白一分，黑二分，是為一奇二偶；兌東南，白二分，黑一分，是二奇一偶；乾正南全白，是為三奇純陽；離正東，取西之白中黑點，為二奇含一偶，故云對過陰在中也。陽盛於南，而陰來迎之；巽西南，黑一分，白二分，是為一偶二奇；艮西北，黑二分，白一分，是為二偶一奇；坤正北全黑，是為三偶純陰；坎正西，取東之黑中白點，是為二偶含一奇，故云對過陽在中也。坎離為日月，升降於乾坤之間，而無定位，故東西交易，與六卦異也。」（見《易圖明辨》）

細看古太極圖和胡渭之說，可明瞭圖中黑白互回表示陰陽二氣的運行情況，有太極生陰陽、陰陽生八卦之妙，表達了陰陽造化自然而然之妙。

這幅蘊蓄宏深的太極圖，對太極拳的生成與發展所起的作用是不言而喻的。

綜觀諸家之說，這幅古太極圖以簡潔的圖像和象徵的手法，表達了太極學說的幽深內涵：

（1）**象徵宇宙——太極**

整幅圖是一個太極，如胡渭說「其環中為太極」。表明太極是宇宙生成的本原，是天地未分之前的混而為一的原氣。

這給我們啟示，我們自身是一太極，透過修練培本固元，以恢復先天本性之元氣。

（2）**象徵乾坤定位**

圖中黑白，白為陽、黑為陰。陽為乾，乾為天；陰為

坤，坤為地。如胡渭所說：「乾正南，全白，是為三奇純陽。坤正北，全黑，是為三隅全陰。」這是乾坤定位於上下的狀況。乾坤（天地）定了位，萬物才能各正其位。胡渭接著描述坎離（水火）並列在東西、震巽艮兌（雷風山澤）分佈於四角的具體位置，這樣，天地萬物就各定其位了。

如果再讀一讀《周易》有的關章節，就可以進一步明白乾坤定位的內在大義。

《周易·繫辭上傳》第一章開宗明義說：「天尊地卑、乾坤定矣。卑高以陳、貴賤位矣。」就是說，乾坤定了位，萬物的卑低尊高，事物的顯貴低賤，也就各就各位了，《周易·說卦傳》說得更具體：「天地定位，山澤通氣，雷風相薄，水火不相射……」看，天地上下定位以後，高山與水澤雖然一高一低卻能溝通氣息，風與雷各自興動又能相互潛入應和，水與火雖然異性卻不相懨棄反而相資相助，宇宙間是多麼和諧有序啊！

所以黃壽琪等當代哲學家認為，乾坤定位是宇宙間不可更易的法則，天道沿著這個法則演變，導致了萬物「各正性命，保合太和，乃利貞」。

我們修練太極若能遵循這個法則，那麼，我們的性與命必然能回歸原初（母胎中）確定的太和狀態，而且持盈保泰，生生不息。

（3）象徵陰陽消長規律

圖中黑白多少，表示陰陽消長。陰陽消長的分量不同，代表萬物的八卦位置也不同。以坎離（水火）為例，胡渭說：「離正東、取西之白中黑點，是為二奇含一偶，故云對過陰在中也。坎正西，取東之黑中白點，是為二偶

含一奇，故云對過陽在中也。」他接著說：「坎離為日月，升降於乾坤之間，而無定位。」這體現了萬物的生長本於陰陽的消長互變規律。例如圖中的兩個「魚眼」，既表示「陰中含陽，陽中含陰」，又象徵陰陽消長、剛柔相摩的狀態。

《周易‧繫辭上傳》第一章說：「是故剛柔相摩，八卦相盪。鼓之以雷霆，潤之以風雨；日月運行，一寒一暑，乾道成男，坤道成女。」這段話大約有兩層意思，一是說，陰陽剛柔的相互摩切交感，生成八卦，八卦又相互推移變動，出現了寒暑、雷霆、風雨和日月運行等，這些是在天成象的陰陽變化。一是說，陰陽變化又構成了乾男坤女這些在地成形的物體。可謂深得陰陽造化自然而然之妙。這就告訴我們，陰陽變化是事物發展的普遍規律。

眾所周知，修道練拳也必須遵循陰陽變化之道，方能得道懂勁。如王宗岳的拳論所說：「欲避此病，須知陰陽……陰陽相濟，方為懂勁。」

（4）象徵太極與陰陽、四象、八卦的關係

一幅圖象徵一太極。太極是陰陽未分混而為一的元氣，太極與陰陽等等的關係是合一的、不可分裂的關係。當太極生出了陰陽、四象、八卦等萬物後，太極不是不存在了，不是滅亡了，而是仍然在萬物中，好比是「月映萬川，萬川一月」的狀態。

太極拳不也是這樣嗎，從拳論、心法到招式，處處都是「太極無不在」，甚至每一個動作都是一個小太極。如果能練到內內外外、上上下下、周身渾然一太極，那就登堂入室了。

（5）象徵宇宙萬物圓轉不息以及螺旋式的發展方式

　　圓形結構的太極圖，象徵圓形運動是宇宙萬物普遍的運行方式，大至太陽、地球、月亮是圓球體，小至樹木花草果實也大多是圓形體，人體生命活動的基本運動形式，也是圓形的，可以說宇宙間圓形運動無處不在。

　　而且，這種運動是圓轉不息、循環無端的。圖中陰陽兩條魚的魚尾交尾互回，此消彼長，彼長此息，生氣勃勃，象徵生命生生不息。

　　圖中陰陽魚交尾的走向呈一個 S 曲線，象徵天體運行及世間一切事物的發展均是螺旋式、波浪形發展的，而其發展的總趨勢又是上升的、前進的，具體道路又是迂迴曲折的。

　　這麼一幅貌似簡單的圖形，卻蘊含著如此幽深的哲理，真是天下奇圖啊！

　　無怪乎太極拳要走圓形，要螺旋纏絲，原來其源、其理就在這圓轉不息之中。而且，從整幅圖的象徵意義看，它無疑是太極拳的心法指南。

　　不過要附帶說明一點，即這幅圖的雙魚黑白互回的方位必須擺正。

　　目前見到有些武術書刊中出現的一些古太極圖，其黑白互回的方位不一，有的陰盛於東，陽衰於西；有的陰盛於西，陽盛於東，有的陰盛於西南，陽盛於東北。這些方位均與古太極圖的原意不合。其原意與邵雍傳伏羲八卦（即先天八卦）圖相悉合，其方位是陰盛於北，陽盛於南，即本文所列圖像，不少易學家著作中所列的古太極圖也都如此，稱為先天太極圖。

第九節 ◆ 來氏太極圖

見到兩個版本，一為來知德著《易經集注》原圖，一為杭辛齋著《易學藏書》列圖，分別引錄如下。

《易經集注》原圖

《易經藏書》列圖
來氏太極圖

此圖是明代知名學者來知德（號瞿塘）所繪，是由古太極圖改造而成的。來氏精研易理，閉門著書，歷 29 年而成其《易經集注》，自成一家。此圖為該書所列首圖，自題「梁山來知德圓圖」。後人稱之為來氏太極圖。

來氏在自序中敘述了他繪製此圖的用意：「注既成，乃潛於伏羲文王圓圖之前，新畫一圖，以見聖人作易之原。」來氏又在圖旁加注謂：「此聖人作易之原也。理氣象數，陰陽老少，往來進退，常變吉凶，皆尚乎其中……蓋伏羲之圖，易之對待，文王之圖，易之流行，而德之圖，不立文字，以天地間理氣象數不過如此。此則兼對待、流行主宰之理而圖之也，故圖於伏羲、文王之前。」

來知德很自負，認為他的圖既包括了伏羲的「對待」，又包括了文王的「流行」，所以超越了伏羲、文王。

杭辛齋認為，來氏太極圖的寓意是：「以居中之黑白

二線，代兩點以象陽方盛而陰已生，陰方盛而陽已生，有循環不絕之義。留中空者，以象太極，其陰陽之由微而顯，由顯而著，亦悉合消息之自然，與《河圖》陰陽之數，由微而著，由內向外，亦適相合。」「來氏此圖，蓋亦悟太極之非圖可狀，非語言可能形容，故留其外之黑白回互者為兩儀，而空其中以為太極。」

來氏太極圖雖然在易學史上頗有影響，但流傳範圍不廣，不如古太極圖那麼普及，但其對太極拳也有一定的影響。例如《陳氏太極拳圖說》中所列太極圖的圖形與解釋，有些頗與來氏太極圖相似。

第十節 ◆ 循環太極圖

清代胡煦在《周易函書約存》中，還繪製了一副「循環太極圖」。他為何要新訂此圖呢？他說：「此與『河圖』及先天八卦相似，然非聯為此圖，則其中循環不息之機，與名為先天之義，皆不可得而見也。」

原來他是為了突出先天諸圖中渾淪圓轉、活潑流通之妙而創作此圖的。

胡煦在論述「循環太極圖」的作用時進一步提出：「以此一圖，分注七圖，莫不各具此圖之妙。」哪七圖？即比象「河圖」之圖，比象先天八卦之圖，比象先天六十四卦之圖，有卦象之圖，有歲令之圖，有月窟之圖，有天根之圖。可見，循環太極圖的內涵是十分豐富的。

其實上列九圖中，均有渾淪圓轉、循環不息之象意，不同之處是有的明顯、有的含蓄而已。不過「循環太極

圖」更能使人直觀地看到事物圓轉不息、生生不已的象徵
意義，對於我們領會太極拳螺旋圓轉、循環無端的原理、
心法是很有裨益的。

　　總之，歷史上出現過多種太極圖，今擇其比較著名的
十類十二圖奉獻給同道。若能細細把玩諸圖，則能直接或
間接地、或多或少地得到啟示。尤其是周敦頤太極圖及古
太極圖，是太極心法最高範疇之法，是心法指南，更須心
領神會。

　　循環太極圖轉錄如下。

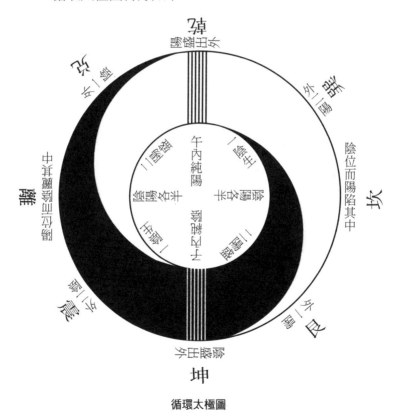

循環太極圖

┃第三章
太極拳起源的催生劑

　　「周敦頤的《太極圖》及《太極圖說》，是中國哲學史、文化史的瑰寶，是太極拳世界觀的哲源。」這是筆者在 1993 年提出的論點，是在全國首屆麥積山武術研討會上發表的獲獎論文《周敦頤太極圖及其圖說是太極拳世界觀的哲源》中提出的。經過十餘年的繼續學理及體悟，進一步認為周子一圖一說是太極拳起源的催生劑。

　　這一新說，當然直接涉及太極拳的起源問題。但是，這僅僅是從太極拳的哲學源頭進行考察，無意介入「誰是太極拳創始人」的懸案之爭。

　　當然，整個太極學說及各種太極圖對太極拳的起源都有直接或間接的啟示作用，而周子一圖一說為最直接，所以說它是催生劑。

第一節 ◆ 周子一圖一說在哲學上的新貢獻

　　周敦頤，字叔茂，號濂溪，又稱元公。北宋知名學者，世稱「北宋五子」，遺《太極圖》《太極圖說》和《通書》等著作。他在哲學上的貢獻，古今學者均給予高度評價。黃百家說：「孔孟而後，漢儒止，有傳經之學，性道微言之絕久矣。元公崛起……聖學大昌……若論闡發心性義理之精微，端數元之破暗也。」（《宋元學案・濂溪學案》）為何周子一圖一說在哲學上有「破暗啟明」的

意義呢？

（1）它是易學昌盛的新品，是先秦至宋的太極學說的集大成者

太極圖，是易學研究的產物，而易學研究有一個歷史發展過程，自《周易》問世後，便出現了研究《周易》的易學。古代易學源遠流長，大體有象數、義理兩大流派。至宋代，從象數派中衍化出圖書派，即用圖式和數字講解宇宙構造的流派。

生於宋初的周敦頤在繼承易學研究成果的基礎上，率先用圖式解「易」。易學家黃壽琪、張善文說：「宋以前的『易』，未嘗有圖。自周敦頤傳陳摶太極圖並為之說以後，漸開『易』圖之先例。」（黃、張《周易譯註》）「至此，易學歷史上形成了一占主導地位的流派──圖書派」。（孫國中《太極圖詳解》）

周敦頤的《太極圖說》全文雖只二百餘字，卻是提綱挈領地闡述了宇宙發生、發展的過程。在《太極圖說》出現以前，中國哲學史上還沒有哪一部著作把宇宙生成發展問題闡述得如此系統、完整、深刻，把太極學說提高到一個新的高度。

當然，周敦頤繪圖撰說不是偶然的，是他苦心研究了先秦以來太極學說的研究成果，在易學繁榮的基礎上產生的，是易學的新品。

（2）周子一圖一說，是一幅宇宙萬物生成序列圖

周子太極圖，有上下五層，大小圓圈十個。上層圈為「無極而太極」，次圈為「陽動陰靜」，第三圈為「五行各一性」，第四圈為「乾道成男，坤道成女」，最下圈為

「萬物化生」。整幅圖是宇宙萬物生成序列圖。這幅圖描述了宇宙萬物生成有六個序列，即無極——太極——陽動陰靜——五行各一性——乾道成男，坤道成女——萬物化生。

周敦頤在《太極圖說》中對宇宙生成又作了言簡意賅的論述，並把宇宙論和人生論結合起來。《太極圖說》謂：「惟人也、得其秀而最靈，形既生矣，神發知矣，五性感動而善惡分矣，萬事出矣。」這段話提出了人類道德起源說。

緊接著又提出了人生論總綱：「聖人定之以中正仁義而主靜，立人極矣，故聖人與天地合其得，日月合其明，四時合其序，鬼神合其吉凶。君子修之吉，小人悖之凶。」這段話說明，中正仁義是修養的核心內容，「主靜」是最高原則，「與天地合期德」「君子修之吉」等語是這種方法指導下修養成功的典範。

這樣，周敦頤把宇宙論和人生論結合起來，從而形成了完整的、系統的、嶄新的宇宙萬物（人）生成的理論體系，揭開了我古代哲學史上的新篇章，被學術界譽為中國哲學史上的旗手。

（3）「無極」是宇宙萬物的根本實體，是宇宙生成的一個單獨序列

周子《太極圖說》首句提出的「無極而太極」的命題，是周子哲學思想的根本特點。歷代學者都對這個深奧難懂的命題進行了種種探索，甚至爭論不已。筆者認為，問題的關鍵在於對「無極」一詞作何理解。

首先要嚴格區分「無極」一詞的語詞義和範疇義。

《老子》的「無極」是作為語詞義使用的，並非範疇義。
南宋朱熹認為《老子》的「無極」是表示範圍的「無窮」
之意。著名哲學家張岱年在《中國古代哲學範疇》一文中
開列的周敦頤的哲學範疇有：無極、太極、陽陰、五行、
中正、人極等範疇，而在開列的《老子》的哲學範疇中，
並沒有「無極」這個範疇。足見張先生嚴格區分了無極一
詞的語詞義和範疇義的。

　　那麼，誰是首先把「無極」一詞作為哲學範疇使用的
學者，是周敦頤。正如朱熹所謂：「包犧氏未嘗言太極，
孔子言之。孔子未嘗言無極，周子言之。」（《宋元學
案》卷十二）這正是周敦頤理論的創新所在。

　　那麼，作為哲學範疇使用的「無極」一詞究竟何所
指，古今學者對此有不少精彩論述。認為「無極」是指宇
宙萬物的根本實體，是早於「太極」的獨立存在的形式，
這種存在形式是無方所、無形狀，非目力所及的。「無
極」雖然無象無形，但它是確實存在的物體，不過沒有在
形態上表現出來，人們的感官無法覺察罷了。

　　只要仔細研究周敦頤《太極圖說》原文，就能看出
「無極」是指有實而無形的宇宙萬物的根本實體，且是宇
宙生成的一個單獨序列。這正是周敦頤哲學的最高範疇，
也是他的理論體系的出發點和歸宿點。

　　（4）「太極」是宇宙起源的「奇點」

　　上文提到作為宇宙萬物的起源，畢竟要有一個基本點
——大致相當於現代宇宙學的「奇點」，而這個基本點或
說「奇點」，在周敦頤的思想體系中就稱之為「太極」。
周敦頤不僅把「太極」視為混而為一的元氣，而且進一步

把它作為無形到有形的聯結點。

從太極的來源說，它是從無極發展而來的；從太極的發展說，它是陽動陰靜的基點，也是分陰分陽的起點。有太極然後才有陰陽，而太極所以能分出陰陽，則在於自身的動靜，所以太極不僅是動靜的實體，而且是陰陽的母體，陰陽（天地）出自太極。因此太極是宇宙方物生成的原始物體，是宇宙生成的「奇點」。

周敦頤在「無極而太極」的前提下，對動靜、陰陽、五行、中正、人生、人極等等問題展開了系統的論述，把太極學說提高到前所未有的高度和深度，對包括武學在內的各個學術領域產生了不可磨滅的啟迪和推動作用。

第二節　◆　周子一圖一說是三教合流的成果

周子圖及圖說能對各個學術領域發生啟迪作用，原因還在於它是儒、道、釋合流的新品。儒、道、釋三教問世後，雖然曾經彼此長期攻伐，但從隋、唐起，出現了三教合流的思潮，到了北宋，這一思想潮流又有新的發展。周敦頤的太極圖及《太極圖說》，就是三教合流的成果。

一、周子太極圖源於道教的煉丹圖

周子太極圖源於道教秘不外傳的煉丹圖，其圖式就是《道藏》196 冊《上方大洞真元妙經》中的《太極先天之圖》，由著名道人陳摶傳下。

周敦頤得圖後，融入儒家學說，全面加以改造。煉丹圖是從下而上推演（逆推），即逆而成丹。周子把它改為

既可逆推，又可順推（從上而下推演），所謂逆推成丹，順推生人，而且更易其名，甚至把所用概念及理論體系都改了。

他是如何改的？他把煉丹圖的最上圈「煉虛還神，復歸無極」改為「無極而太極」；把次圈「取坎填離」改為「陽動陰靜」；把第三層原來的「五氣朝元」改為「五行各一性」；把第四層圈原有的「煉精化氣，煉氣化神」改為「乾道成男，坤道成女」；把最下層第五圈原來的「玄牝之門」改為「萬物化生」。經過這一番改造，便把煉丹圖改成了宇宙萬物生成序列圖，而且撰《太極圖說》，詳說太極圖內涵，把宇宙論和人生論結合起來，構建了宇宙萬物生成的理論體系。

周敦頤雖然把煉丹圖改成了太極圖，但由於其逆向推演可以煉丹，所以後世有些得道道人仍視其為丹家之妙，加以運用。如南宋道人蕭應叟和蕭廷芝、元代道人陳致虛和衛琪，都把周子太極圖作煉丹之用，並更易其名（這在第二章中已有介紹）。可見源於道教煉丹圖的周子太極圖，既為儒、道所認可，又為兩家所共用。

二、「無極」一說，是三家的共論

上文說到，首先把「無極」作為哲學範疇詞使用的是周敦頤，學者們認為這是周敦頤的理論創新。

其實，在周敦頤之前，儒、釋、道均使用過「無極」，或作語義詞，或作範疇詞。《莊子・在宥》說：「入無窮之門，以遊無極之野。」《列子・湯問篇》說：「革曰：『無則無極，有則有盡，朕何以知之？然無極之

外復無無極，無盡之中復無無盡』。」《大正藏》《超日
明三昧經》說：「爾時世尊，與無夾數百千之眾眷屬圍
繞，而為說法，講大乘業無極之慧。」《肇論》卷下說：
「然則物不異我，我不異物。物我玄會，歸乎無極。」而
《道藏·上方大洞真元妙經》云：「上方開花無極。」
《道藏·靈寶自然經訣》說：「大上玄一真人曰：太上無
極大道，無上至真。」

當代易學家張立文對這個問題曾作詳細考察。他說：
「無極這個概念見於道家、道教和佛教諸家，斷定周敦頤
《太極圖說》中的『無極』概念（單）承自道家則不妥，
而應說是儒、釋、道合一的概念。」又說：「如果說在
《莊子》《列子》《逸周書》中『無極』主要指無可窮
極、無邊際或無限之意的話，那麼《肇論》《三昧經》和
《靈寶自然經訣》則具有本體論的意義。周敦頤以『無
極』為最高本體，則與《肇論》《三昧經》《靈寶自然
經》的思想更相近，是佛、道思想的融合。」（引自《周
易研究論文集》第三輯，《周敦頤「無極」學說辨析》
1990 年北師大出版社）

三、「無極而太極」是儒、道哲學的昇華

作為周敦頤哲學最高範疇的「無極而太極」的命題從
何而來，前文已提到主要來自儒、道兩家學說。如果進一
步分析，就可以看到周敦頤是在「用道說易」，即借用丹
圖道學，講述周易儒學。何以見得？

首先，周敦頤自幼好「易」。他出身書香門弟，自小
受到良好教育。其父周輔成乃北宋真宗進士，其母鄭氏乃

龍圖閣學士鄭向之妹，頗賢惠。周十五歲那年，其父去世，他舅舅鄭向就把妹妹接回，周敦頤也隨母入京。從此在舅父嚴格督促下，攻讀經史，尤其好「易」，並能博學力行。五年以後，居然「行誼早聞於時」，名噪一時。可見周敦頤從小奠定了深厚的儒學基礎，故能闡發孔孟精微，終於成為著名學者，名列北宋五子之首（周敦頤、邵雍、張載、程顥、程頤）。

其二，周敦頤又好「道」學。當時，他志趣高遠，不滿足於傳統官學的影響，故而兼收並蓄，一心創新。時值朝庭排佛崇道，給周敦頤吸收道家思想提供了客觀環境，因而周敦頤不僅好「易」，而且好「道」。他不僅從道教那裡得到了煉丹圖，改造成為太極圖，還獲得了《道藏太極先天圖》的圖文，融入儒學，寫成《太極圖說》，並撰《通書》等著作，形成了新的學術理論，後世尊他為理學開山祖師。

理學這門學問，表面上看似乎與太極拳關係不大，實際上很有關連。因為「《太極圖說》乃北宋儒建設宇宙論與人生論第一篇最重要之文字」（戴景賢《周濂溪之太極圖說》原載《易經研究集》台灣 1981 年出版）。這篇重要文字，不僅是儒家的宇宙論和人生論，更是儒、道兩家學說的創新。

當代易學家梁紹輝經深入考證研究後說：「周敦頤把道家研究宇宙萬物本原、探求人的心身如何與大自然保持平衡的理論引入儒學，並從中引出治國治民的方法論，即所謂『援道入儒』，這是周敦頤學術的突出特點。」而且，「《太極圖說》最後完成了道家弟子千數百年來對宇

宙本體的探索，提出了『無極而太極』的著名命題，將我國傳統的宇宙本原學說推進到一個嶄新的階段。」（《周敦頤評傳》南京大學出版社 1984 年 8 月版）

周敦頤「援道入儒」的結果是他儒道哲學的昇華。而且完成了道家長期以來對宇宙本體的探索，更受到道家的重視。由於這個重要原因，使周子一圖一說能催生太極拳於道教聖地大岳武當。

第三節 ◆ 周子一圖一說是太極拳的催生劑

一、周子的宇宙論是太極拳的世界觀

世界觀，也稱宇宙觀，它是人們對世界（自然界、社會和思想）的總的、根本的看法。每個人都有自己的世界觀，都會自覺不自覺地在某種世界觀的支配下觀察和處理種種問題。任何拳種，都在各自世界觀的支配下，形成各自的理論與追求的目標及方法。作為以「太極」命名的太極拳，它的世界觀是什麼，這是研究太極拳內功心法的一個首要課題。

上文說到，周敦頤「無極而太極」的宇宙觀，是易學研究的新發展，是哲學上的創新。王宗岳直接繼承了這一哲理，他著的《太極拳論》開宗明義地說：「太極者，無極而生，動靜之機，陰陽之母也。」像周敦頤那樣，王宗岳論太極，先說無極，指出太極之前有無極，而且用更明白的語言說明，太極是由無極而生，而太極又是陰陽的母體，無太極則無動靜，無動靜則無陰陽。

　　這就證明了王宗岳把「無極而太極」作為太極拳的世界觀，並以這個世界觀為核心建立了一套理論、心法及技法體系。這一理論體系，閃爍著哲理的光芒，既是拳術經典，又是哲學精品。

二、周子學說催生太極拳的概況

　　雖然王宗岳並非太極拳創始人，但自從王宗岳的拳論問世後，才開創了太極拳的新局面，這是有目共睹的事實。我們不妨簡略地回顧一下，太極哲理催動太極拳產生的大體過程。

　　周子一圖一說提示的太極哲理不僅具有創造性和客觀性，而且具有普遍性，受到儒、道兩家的推崇和應用。長期以來，這一哲理與我國古代的許多學科互相滲透著，當它滲入武術文化並與武術實踐結合，經過武術先哲的長期實踐和研究，以周子一圖一說為啟迪，合以老、莊之道，參以兵家之謀，經絡之說，導引之法，技擊之術，由一代始祖集前人成果之大成，終於創造出太極拳術及完整的理論和技法、心法體系。

　　這一點，一代宗師孫祿堂 1919 年在《太極拳學‧自序》中直截了當地說：「元順帝時，張三豐先生修道於武當，見修丹之士兼練拳術者，後天之力用之過當，不能得其中和之氣，以致傷丹，而損元氣。故遵前二經之義，用周子太極圖之形，取河洛之理，先後易之數，順其理之自然，作太極拳術，闡明養身之妙。」

　　孫公又說：「其（指太極拳）精微奧妙，山右王宗岳先生論之詳矣。」

　　嗣後，諸多太極先輩，莫不對周子一說一圖推崇備至。許禹生在 1921 年出版《太極拳勢圖解》一書中，專列《太極拳合乎易象》一章，其謂：「易也者，包羅萬象者也。而其扼要之哲理，不出太極一圖。太極拳之言陰陽、剛柔、動靜之處，無不則之。但世傳太極圖有二，一為周濂溪所遺，一則流傳之雙魚形圖也。雙魚形圖，除可籍表明雙搭手時陰陽虛實、盈縮進退外，餘無可取。至周氏圖，則所具之理甚深奧，其圖說一篇幾盡可為習太極者所取法焉。」

　　還有個歷史片斷，也與周敦頤太極圖催生太極拳有關。那是 1929 年 11 月，全國首屆打擂比武大會（浙江國術遊藝大會）在杭州舉行，與會許多武林名宿曾討論太極拳的淵源問題。

　　時任大會籌委會主任兼評判委員長、武林泰斗李景林特委派武術名家傅劍秋去武當山實地調查考證。當時武當山道總徐本善熱情接待，並提供不少資料。傅劍秋滿載而歸，向李景林詳情匯報，並呈交資料。

　　據當時陪同傅劍秋去武當山的傅的門徒裴錫榮說：「徐道總介紹說，張三豐根據宋代周敦頤發明的『太極陰陽圖』（註：此圖史稱周敦頤太極圖），創編了八門五手十三勢太極拳。」

　　他又說：「當時，李景林副館長召集了楊澄甫、孫祿堂、張兆東、杜心武、劉百川、高振東、黃文叔、褚桂亭、王薌齋等武術名家作了研究，把該拳命名為「武當太極拳」。研究後拍了集體照片，保存至今。」（裴錫榮《武當太極拳之淵源》人民體育出版社）

三、周子的人生論與太極拳的修心養性、恢復天性

周敦頤的《太極圖》及《太極圖說》既論「太極」，又論「人極」。「太極」說的是宇宙論，「人極」說的是人生論，包括人的起源及做人的標準、修養的方法。對照太極拳經典和實際修練，可以明顯地感到，太極拳的修心養性直接源於周子的人生論。

關於人的起源，周敦頤認為在宇宙化生萬物過程中化生了人類。他在太極圖第四層圈畫一大白圓，旁註：「乾道成男，坤道成女」。

這是什麼意思？他在圖說中作瞭解釋：「無極之真，二五之精，妙合而凝，乾道成男，坤道成女，二氣交感，化生萬物，萬物生生而變化無窮矣。」此處所說乾男坤女，並非單指男人女人，而是泛指萬千物體，因為在萬物化生過程中，自然也包括人類的化生。

那麼人類是如何化生出來的呢？周子在圖說中概括為一句話：「唯人也，得其秀而最靈。」這句話是緊承上述「無極之真，二五之精……」那段話而來的，意思是說，在二五之氣的化合凝聚過程中，唯人得到了真精之秀，才成為萬物之靈的。這萬物之秀的「靈」，是「心靈」之靈，即先天本性之靈及先天的秉性智慧。

接著周敦頤又說：「形既生矣，神發知矣，五性感動而善惡分，萬事出矣。」就是說，人的形體既已生成，人的思維精神也就相繼產生。有了思維，必然在認識上、行為上、道德上產生諸多差距，於是分出了善惡，生出了萬事，使人類社會變得極為複雜。

　　面對複雜的人類社會，該如何做人呢？周敦頤在太極圖說中提出了「人極」觀。他說：「聖人定之以中正仁義，而主靜，立人極矣。」聯繫上句「五性感動而善惡分」的分析，「五性」是五常之性，即三綱五常的道德規範，它是聖人依據人性所定的「人極」標準，以此來修心養性，原始反終，達到聖人之道，並提醒人們「君子修之吉，小人悖之凶」。周子此說，當然是儒家的心性論，即孔孟之道。

　　太極拳先賢受周敦頤人生論和人極觀的啟迪，把修心養性、原始反終、還我固有、恢復天性列為修練太極拳的最高目標。

　　王宗岳在《太極拳論》說：「雖變化萬端，而理唯一貫。」按上下文理解，這個「理」，就是周敦頤的宇宙論和人生論。在談到懂勁問題說：「陰陽相濟，方為懂勁。」這陰陽相濟，不僅指拳技內勁上的陰陽相濟，還包括心靈上的修心養性、陰陽中和、返歸先天。所以王宗岳在《十三勢行功歌》中總結性地說：「詳推用意終何在，延年益壽不老春。」

　　所謂「不老春」，既指延長生理年齡（命功），更指淨化心靈（性功），以便返回先天，長生不老。《太極拳譜》中有篇論文「固有分明法」，對此有精妙論述：「蓋人生降之初……皆無然知覺固有之良……因人性近習遠，失迷固有。要想還我固有，非乃武無以尋運動之根由，非乃文無以得知覺之本原。」（《太極拳譜》，沈壽考釋，人民體育出版社，1991 年版）。

　　此論明確指出，練拳的目的是「還我固有」。人的固

有，就是先天本性，即在母胎之中和降生之初的狀態。古人說：「人之初，性本善。」又說：「性相近，習相遠。」由於後天的社會原因，使人們「習相遠」，分出了善惡，迷失了先天之固有。為了還我固有，恢復先天本性，就要乃武乃文地進行修練。「文者，內理也；武者，外數也。」乃文乃武，即內外兼練，性命雙修，才能還我固有不老春。

其實，張三豐對此早有明示。他在《大道論》《玄機直講》《玄要篇》中，講窮盡性命歸真之道，發微聖賢道釋之理，把儒家的心性之理與道家煉修之道融合起來，還把道家的內煉與儒家的道德學說融合為一。他認為五行的金、木、水、火、土，周子的五性，儒家五德的仁、義、禮、智、信，與人體五經的肺、心、肝、腎是一一對應的。仁，屬木，屬肝；義，屬金，屬肺；禮，屬火，屬心；智，屬水，屬腎；信，屬土，屬脾。他在《五德篇》中論述了心有五德，身有五經，天地有五行，皆缺一不可，所以要及時修練。為此，他在《無根樹》中反覆論說要「覆命歸根還本原」「會合先天了大還」。

四、周子的二氣妙合說與太極拳的陰陽中和

周子《太極圖說》論述萬物化生過程時，很重視「陽變陰合」「二氣交感」的作用。它說：「陽變陰合，而生水火木金土。」「無極之真，二五之精（二、指陰陽二氣；五、指五行），妙合而凝，乾道成男，坤道成女，二氣交感，化生萬物。」就是說，陰陽二氣必須透過「妙合」「交感」才能化生萬物。如《周易・泰卦》所言：

「天地交而萬物通也，上下交而其聲同也。」

這種二氣妙合的哲理，其他幾種太極圖都有表達，而以周子一圖一說為最。它表示五層意思，一是陰陽對立，二是陰陽交合，三是陰中有陽，陽中有陰，陰陽不相分離，四是陰陽相易，即在一定條件下陰陽各自向其對立方面轉化，五是陰陽始終處在彼消此長、彼進此退的動態平衡之中。

一圖一說象徵的陰陽觀念是全面而且具體的，特別是關於陰陽始終處在動態之中的哲理尤為重要。這恰恰是太極拳論的重要特色。

這一重要特色，主要表現在兩方面。

一是陰陽無同位，太極無不在。練拳行功時把自身作為一小太極，未動時抱元守一，心中泰然，處處是太極狀態；動則變，變生陰陽，如拳勢之一舉一動，皆分陰陽，無論如何變化，內中皆含一太極之〇 環形。拳譜說：「故動靜不動時，陰陽無同位，而太極無不在焉。」

二是陰陽相濟，渾然一體。這一特色在王宗岳拳譜中有鮮明的論述，他告誡學子必須悟通「陰不離陽，陽不離陰，陰陽相濟，方為懂勁」的道理。濟者，濟渡也，陰陽相濟就是陰陽濟渡已成，中和為一，渾為一體，復歸太極，並循環往復。

據筆者數十年的體悟，這陰陽相濟並不是凝固的，而是動變的，舊過程結束之際，就是新過程開始之機，陰陽相濟是無窮盡的。正如《周易》六十四卦中既濟卦和未濟卦那樣，既濟表現過程的結束，《雜卦傳》說：「即濟定也。」但似結束又未結束，所以《周易》把未濟卦放在最

後一卦，表示事物發展變化是無窮盡的。故孔子說：「物不可窮也，故受之未濟終焉。」因此太極拳的陰陽相濟觀是辯證統一、不斷變易的。

至於太極拳的虛實、剛柔等問題，則是指陰陽在不同問題上所表現的不同特性，是陰陽對應關係。以虛實言，陽為實，陰為虛，故而要求「處處總是一虛實」；以剛柔言，則陽為剛，陰為柔。《周易正義》說得更簡明：「剛柔，即陰陽也。論其氣，即謂之陰陽，語其體，即謂之剛柔也。」這一哲理對於練好太極拳至關重要。

五、周子的動靜觀與太極拳的「靜中觸動動猶靜」

變易，是太極圖的主要哲學原則。變是由動引起的，所謂動則變，但動又離不開靜。周子《太極圖說》精闢地論述了動靜互根的辯證關係：「太極動而生陽，動極而靜，靜而生陰，靜極復動，一動一靜互為其根。」

太極拳理論述充分發揮了動靜互根的辯證觀點，而且有獨到的提法，這就是王宗岳拳譜所言：「靜中觸動動猶靜。」有的太極拳家對這一名理未能全面領會，或者單單強調「一動無有不動」，或者片面強調以虛靜為本。所謂一動無有不動和主靜當然是對的，問題是動與靜是辯證的。太極拳要求一動無有不動，但靜中含動動猶靜。周敦頤在《易通》中進一步論述了動靜關係的辯證統一，他說：「動而無靜，靜而無動，物也。動而無動，靜而無靜，神也。動而不動，靜而無靜，非不動不靜也。」後來，王夫之進一步提出：「靜者靜動，非不動也。」

但是，動靜行止都要適時而定。「如果動靜不得其

時，就會有得失的後果，得之大者為吉，失之大者為凶」（鐘啟錄《易經十六講第十二講》）。

所謂「時」在太極拳理論中稱為「得機得勢」與「因敵變化」。兩人對手，何時該動，何時該靜，應由臨場變化所出現的「機勢」決定，適時動靜。正如《周易・繫辭上傳》說：「動靜有常，剛柔斷矣。」

六、太極圖的圓轉不息與太極拳的圓形螺旋

上述各種太極圖，都是以圓圈為形象的，從外形上看，圓圈是簡單的、穩定的；從內容上看，它是圓轉不息的、易變的。如周子《太極圖》，從圖面看只五個大圈和五個小圈，從內涵解，則有無窮的圓圈在旋轉。先儒蔡清說：「今學者但知○之為太極耳，而不知此個圈子，周子本欲團圓旋轉千百萬周而不已，乃形容其動靜無端，陰陽無始之妙也。」

太極圖所象徵的圓形運動，是自然萬物的普遍運動形式，也是人體生命活動的基本運動形式。太極圖的圓形結構本質，決定了太極拳是一種奇妙的圓形組合運動。這個圓不單是平面圓，還是立體圓，四面八方都是圓，要求「活似車輪」及「有圓活之趣」「一動無有不動，一圈無有不圈」。

其運動路線有小圈、大圈、橢圓、半圓、圓弧形等等。在劃圈時，外形上手、腕、肘、胸、脛、腰、胯、膝、足等都有圈形或圈意；在體內，則是以心為令，氣流旋轉，內外一致，式式相連，循環無端，以至進入有圈之形、無圈之意的化境。

　　太極圖圓圈之中的螺旋形旋轉，是太極拳螺旋勁（纏絲勁）的哲源。無論是周子太極圖的十個圓圈，還是古太極圖的雙魚 S 形曲線原理，都是標示事物的螺旋波浪式發展規律，都「暗含著天體運行及人世間一切事物的螺旋式波浪式發展，表示著事物曲折前進的過程。S 形曲線，旁視之為波浪式，俯視之為螺旋體，可以說 S 曲線是否定規律的代號，它表示了事物發展的基本方向和道路。」（胡昌善《太極圖之謎》）

　　太極拳的運動也是螺旋形和波浪形的，宛似太極圖的圖像那樣。所以拳家說：「太極拳，螺旋也。」

　　總之，周敦頤的《太極圖》及《太極圖說》是太極拳的直接哲源。上節引用的孫祿堂《太極拳學・自序》中的那段話，足以說明張三豐確實受到周子太極圖的啟示，至於王宗岳《太極拳論》「太極者，無極而生，動靜之機，陰陽之母也」，更是周敦頤《太極圖說》的繼承與發揮。

　　所以，我們說周子一圖一說是太極拳起源的催生劑並不為過。今將周敦頤《太極圖說》原文附錄於後，供同道閱讀。

周敦頤《太極圖說》原文

　　無極而太極，太極動而生陽，動極而靜；靜而生陰，靜極復動。一動一靜，互為其根。分陰分陽，兩儀立焉。陽變陰合，而生水、火、木、金、土。五氣順布，四時行焉。五行，一陰一陽也；陰陽，一太極也；太極，本無極也。五行之生也，各一其性。無極之真，二五之精，妙合而凝，乾道成男，坤道成女。二氣交感，化生萬物。萬物

生生，而變化無窮焉。惟人也，得其秀而最靈。形既生矣，神發知矣，五性感動而善惡分，萬事出矣。聖人定之以中正仁義，而主靜，立人極焉。故聖人與天地合其德，日月合其明，四時合其序，鬼神合其吉凶。君子修之吉，小人悖之凶。故曰：立天之道，曰陰與陽；立地之道，曰柔與剛；立人之道，曰仁與義。又曰：原始反終，故知死生之說。大哉易也，斯其至矣！（據《周濂溪全集》）

第四章
學拳與學哲學

　　綜上所述，太極拳是我國古代哲學與武術運動實踐相結合的產物。其拳、拳理、拳法莫不閃爍著哲學智慧的光芒，照耀著代代太極人士的前進方向，故而人稱太極是「哲學拳」「文化拳」。

　　正由於太極拳的哲學內涵散發出來的哲理韻味，吸引了國際友人的嚮往與追求。我在美國教授太極拳數年，感受最深的就是學員們對我國太極文化的熱愛。在學拳過程中，他們時不時會提出一些哲學性的問題，有些人很會想問題，而且想得很深，甚至提問：學太極拳與人生有何關係？

　　面對這些提問，自豪和興奮感油然勃發。外國人對我國傳統哲學如此嚮往，作為炎黃子孫的一員，那份自豪感不用說了，簡直有些自傲了。但同時又陷入沉思，人家對太極拳想得那麼深，求得那麼高，我們自身又如何呢？

回想自己學拳之初，單單是為健身而學。當然，一旦學開去，就感到此拳蘊涵著深奧的太極哲理，於是來了興趣，就順藤摸瓜地讀一些有關太極學說的書籍，直至學習太極學說的發源處《周易》。雖然學得不怎麼樣，但已明白太極拳是哲學拳，而哲學的根本問題是宇宙論與人生論，關係著每個人的世界觀與人生觀。

例如周敦頤《太極圖說》，自首句「無極而太極」至「變化無窮焉」，這半段，是講的宇宙論；自「惟人也」以下至尾句這下半段，是講的人生論。當然，兩者有聯繫。

人生論的中心是「立人極」，其內容是：「惟人也，得其秀而最靈。形既生矣，神發知矣，五性感動，而善惡分，萬事出矣。聖人定之以中正仁義（原註：聖人之道，仁義中正而已），而主靜（原註：無慾故靜），立人極焉。」這是論述儒家的人生觀。既是聖人立的人極，自當人人恪守，所以又說：「君子修之吉，小人悖之凶。」只要依照「人極」去修養，就能成為君子，就能吉祥；反之，則淪為小人，陷入凶邪。

清人張伯行編輯的《太極圖詳解》對此有詳盡的解釋。在解釋「立人極」這一節時，說了一句重話：「人極不立，而達禽獸不遠矣。」（該書卷一第 18 頁）話說得的確很重，足見古人重視人性的修養為修身齊平的頭等大事。

其實，日常生活中處處存在著哲理，人們自覺或不自覺地按照某種哲理在行事為人，只不過自己不太明白罷了。正如《繫辭》所言：「百姓日用而不知。」就說太極

拳，從哲學角度看，它好比是一部哲學著作，其拳架、推手都是太極，陰陽、五行、八卦的變化，一舉一動都滲透著哲理的韻味，一切都在「一陰一陽之謂道」「唯變是適」的太極思維中進行。

換句話說，是透過太極拳這一載體，用哲學的思維探求人與人的奧秘，即探索身、心靈整體健康，探求青春常駐，返老還童；探求修心煉性，確立人極，完美人生，乃至探求心靈昇華的奧秘。

一句話，被稱為哲學拳的太極拳，實在是一部哲理與拳法融為一體的哲學教材。

因此，練太極拳宛似學哲，但為了學得好，又必須讀一點哲學書，懂一點春秋之道。要把學太極拳的過程作為學習傳統哲學的過程，作為接受中國優秀文化薰陶的過程。人們說，學練太極拳能改善人的氣質，其原因就在於傳統哲學有潛移默化的育人魅力，故而練拳就是練人。

可能有人會說：我只喜歡練拳，並沒有學哲學，拳不是照樣練得很好嗎？不錯，你的拳是練得好，功夫高，但不能滿足於停留在「武」的層面上，應當提高自己的價值取向。值此新時代的盛世，要提升自己的人生品位，爭取成為一個知書達理、德藝雙全的智者，否則充其量也不過是「一介武夫」而已。

寫到這裡，想起了一代宗師孫祿堂在記載他專程到山西請教宋世榮前輩的故事。當時孫先生的武功已達化境，小腹堅硬如石，能仆人於尋丈之外。

他問宋前輩：「鄙人可謂得拳術之內功乎？」不料宋前輩卻答：「否！否！汝雖氣通小腹，若不化堅，終必為

累，非上乘也。」孫祿堂馬上追問：「何以化之？」宋世榮從儒家的「中和」「仁義」等問題談起，然後說：「拳術中亦重中和，亦重仁義。若不明此理，即練至捷如飛鳥，力舉千鈞，不過匹夫之勇，總不離外家。」孫祿堂聞聽之下，大為感慨，他說：「余敬聆之下，始知拳道即天道，天道即人道。」表示要記取「前輩之教訓」。（見孫祿堂《論拳術內家外家之別》）

　　這則故事的主人翁，都是名動一時的武林大豪，尚且津津樂道要讀書明理，要知天道與人道，不可逞匹夫之勇，何況我等練武大眾，更應奮發圖強，不斷提升自己的品位。

　　而且，如今時代不同了，更應有新的作為。在這裡，我想借用武派太極拳當代傳人吳文翰先生的一段話。吳先生說：「由於時代之不同，今天的太極拳家以及研究者，應不同於舊時代的太極拳家和研究者，所以還要加強自身政治方面的修養，才能使太極拳更好地為中國社會主義建設服務。」（《武派太極拳體用全書》北京體育大學版）

　　時代的不同，給太極人士提出了新的課題，這就是學拳應與學文化哲學結合，練拳應與練人結合。練拳不能單單侷限在「拳」上，還應從拳的哲理中吸取養料，陶冶自己，叫做練拳又練人。當然，練拳的直接作用是養生健身，但健身的目的是為了更好地行事為人，所以「練拳又練人」是當代太極人士的新課題。

　　為此，我們應當用人文的視野看待太極拳，用哲學的思維練習太極拳，用哲學的鑰匙開啟太極心法之門。

第二篇

心法篇

心法總論（代引言）

習武練功者，莫不重視心法，「內功心法」一詞早已膾炙人口。然而何謂心法，說法較多。有說是拳術之魂魄，不肯輕傳之精華；有說是修心之法；有說是打拳時的精神面貌和心理狀態；有說是意識指導行動，「先在心，後在心」；有說是心理思維之法。

這些說法雖然不錯，但有的語言不詳，有的似有保留，未盡其意；有的僅提數句拳經名言，未做詳釋。有鑒於此，筆者悟有一得，與同好共研之。

古人說：「為將之道，當先治心。」心者，並非心臟之心，乃性也，心法也。心法者，治心之內容和方法也。道家講修心練性，儒家講存心養性，釋家講明心見性，三教雖法不同，皆從心性入手。

太極拳的治心之道，即內功心法，有宏觀與微觀兩面。宏觀心法，指「誠意、正心、修身、齊家、治國、平天下」的心性修養法則和目標，即為人之道；微觀心法，指一派一拳一功的內心的行功法則，即練拳之道。

微觀中又有一體兩面之意，即心理與生理兩面。修練心理之法，道家內丹功稱為「性功」，是修練精神世界的法門；修練生理之法，道家內丹功稱為「命功」，是修練人體生理領域的法門。這心理與生理的作用，是二而一、一而二的一體兩面的作用，相互影響，所以道家稱之為性命雙修。太極拳屬於道家性命雙修中的動功，理所當然要講究治心煉性之道。

　　現今談論的太極拳內功心法，是屬於一派一拳的微觀範圍。但微觀（個性）寓於宏觀（共性）之中，微觀範圍的心法，從屬於宏觀的指導，只有把宏觀心法（為人之道）與微觀心法（為拳之道）結合起來修練，才是完整的太極拳內功心法。

　　有鑒於此，本書才在「哲源篇」之後設置「心法篇」，論述中華文化元典是太極拳心法之源，在明明德是太極心法的目的，性命雙修是太極心法的法則，陰陽中如是太極心法之魂，拳術套路是心法的載體，從而把宏觀心法與微觀心法結合起來修練。

第一章

練拳之道，當先治心

宋代知名字者蘇洵在他的軍事論文「心術」中開宗明義地說：「為將之道，當先治心。」（《古文觀止・宋文》）

其實，無論為政、為軍、為民，乃至為拳，都應當先治心。所以借鑑蘇洵「心術」作為論述治心之道的開篇。

蘇洵的「心術」是他一組軍事論文中的一篇。該組論文共十篇，分治心、尚義、養士、智愚、料敵、審勢、出奇、守備八方面，「治心」為主腦，故題「心術」。

心術，即治心的內容與方法，主要指將帥的思想修養和軍事修養。

從「心術」中看到了治心的內容有知理、知勢、知節以及軍事修養四點，可以作為我們的借鑑。

第一節 ◆ 知理知性思想正

蘇洵提出：「凡主將之道，知理而後可舉兵，知勢而後可以加兵，知節而後可以用兵。」這知理、知勢、知節，大有學問，雖然說的是兵事，但對練拳、為人同樣適用。

知理，即知書達理、讀書明理。有天理、人理、事理乃到拳理等。此等大理，可以歸結為《大學》倡導的「意誠、心正、修身、齊家、治國、平天下」。其中心在於修

養自身的品德。

所以《大學‧經一章》提出：「自天子以致於庶人，壹皆以修身為本。」壹是，即都是。就是說，從天子直到平民，人人都要以修養品德作為做人的根本。我們練太極拳，當然不能忽略這個做人的根本。

蘇洵把崇尚正義作為修養品德、純正思想的重要標準。說：「凡兵上義；不義，雖利不動。」「夫惟義可以怒士，士以義怒，可與百戰。」上字，通尚，即崇尚正義。「怒」字，激發之意，只有用正義才能激發士氣，士卒一旦被正義激發起來，就可以百戰而不殆。而且打了勝仗，還要「既勝養其心」。可見知理修性、純正思想，應是練拳為人之道。

第二節 ◆ 知勢明志順勢上

勢者，時勢、氣勢也。要洞悉當時的政治形勢、軍事形勢、部隊態勢、天文地理之勢，以及雙方將士的氣勢等等，才能決定作戰方案和作戰行動。

這是就兵勢而言，借用到練拳為人，就是要知理、知勢以明志。知理，上節已談。知時勢，即知天下大勢，也就是人們常說的「大勢所趨」「歷史潮流」等等。在知理的基礎上，又知曉了大勢，就能明確志向，確定進取目標，一切均要順勢而行，不可背道而馳。

這一點對我們練拳的人是很重要的。就拿推手來說，也有順勢與背勢的問題，做人同樣有順勢與背勢的問題，要看準機會，順勢而上，方可獲得成功。

第三節 ◆ 知節律己的紀律

蘇洵提出的「知節而後可以用兵」，是說將帥指揮要懂得節制約束，嚴明紀律，做到「欲智而嚴」「智則不可測，嚴則不可犯」，才能取得戰爭的勝利。

能律己，又能嚴明紀律，是做領導者的重要品德。我輩太極人士之中，也有當領導的，能律己的也不在少數，相信透過太極養性，定當好上加好。即使暫時未當領導的，也可以培養律己之德。

第四節 ◆ 養技自愛又愛人

蘇洵接著指出：「夫惟養技而自愛者，無敵於天下。故一忍可以支百勇，一靜可以制百動。」養技，是指善於治心又能愛護士兵以保養力量的人，只有這樣的將帥，才能無敵於天下。

「養技而自愛」的觀點，很能啟發人，很具普遍性，能適用於任何人，人人皆要養技而有愛。練太極拳也是養技。養技者，務求精通，淺嚐輒止，非「養技」也。最難能可貴的，是在一旦養技有成、身懷「絕技」之時，能夠自愛愛人，愛自己養技來之不易，愛同門、愛下屬、愛家人、愛朋友、愛事業，甚至愛對手，如此才能使拳技、做人、事業立於不敗之地。

總之，這知理、知勢、知節以及養技而自愛等人生哲理，啟示我們修練太極拳雖然只是修身一技，但同屬立身處世之道，不能不講究治心之法。

　　當然，治心的深度還不止於此，還要從中華傳統文化著手，因為傳統文化是心法的源泉及主宰。正如明代著名學者王明陽所說：「聖人之學，心學也。」（《象山全集》）

┃第二章
《周易》是太極心法的源頭及主宰

第一節　◆　從太極歌說起

　　《太極歌》雖只七言四句，但涵蓋了太極拳內功心法（以下各章皆簡稱太極心法或心法）的源頭及主要內容，可以毫不誇張地說，《太極歌》是太極心法的總綱，請看：

太極歌

太極原生無極中，
混元一氣感斯通，
先天逆運隨機變，
萬象包羅易理中。

　　「太極原生無極中」，說的是《周易》開創的太極學說原理。此說體現了王宗岳《太極拳論》以易理為一貫的精神。

　　第二句說的是太極拳練的內氣是混元一氣，換句話說，學練太極拳必須學練混元一氣，因為它是太極混元內勁之本。

　　「先天逆運」是道家修練內丹性命雙修的妙法。太極拳是性命雙修之學，故以性命雙修為心法。

　　最後一句是說，太極拳的一切，都包羅在《周易》的義理之中，所以易理是太極心法的主宰。

　　這首《太極歌》較早見於姜容樵、姚馥春的《太極拳講義》（1930 年上海版）根據師門所傳心法及本人體悟，對上述《太極歌》的文字作了某些潤改，今錄如下，供同道一哂。

太極歌（潤改本）

　　　　太極原生無極中，
　　　　混元一氣中和通，
　　　　性命雙修隨機變，
　　　　萬象包羅易理中。

　　潤改說明：此歌七言四句只改了第二句及第三句，其餘未動。

　　為何把第二句後面三字「感斯通」改為「中和通」？因為「感斯通」的意思是說，修練混元一氣時須感應到陰陽二氣的交感變化，才能通曉明白，練有所成。這無疑是正確的。但是，從混元一氣（太極一氣）的演變過程來說，由太極混元一氣生陰陽二氣，經過二氣交感中和為一，復歸太極一氣，並循環往復，不斷昇華。這混元一氣

通變的過程，就是陰陽中和的過程，即《周易》所言「一陰一陽之謂道」的過程。而且陰陽中和之道又是太極心法之魂，再說本門練功總訣中也明確是「修陰陽中和之氣」。因此把「感斯通」改為「中和通」，以示混元一氣須經陰陽中和之變才能通達。

第三句把前頭四字「先天逆運」改為「性命雙修」。先天逆運是性命雙修的修練妙法，但尚不是性命雙修的全部。而太極拳乃是性命雙修之學，一切都要依性命雙修的要求去修練，有鑒於此，才把它改為「性命雙修隨機變」。

筆者為何膽敢潤改？

因為姜容樵的太極拳曾得益於李公景林（芳宸）。姜在《太極拳講義》的自序中說：「猶憶數年前，遇吾師芳宸先生，日相過從，於武當劍、太極拳之道，循循善誘，不憚繁瑣……為人和藹可親，足為治技者之楷則。」若論師門淵源，姜老應是我等師叔一輩。既是同門，所傳心法相同，所以有據可改。

這樣的改動，筆者認為更能體現太極心法的主要內容，並且據此設計了「心法篇」的內容章節，把「包羅萬象易理中」列為太極心法的源頭及主宰，依次是性命雙修等等內容。

第二節 ◆ 《周易》是中華文化的最高元典

所謂「聖人之學」，就是中華傳統文化，主要內容是指儒、道、釋三家的文化元典。其中有孔孟之道等儒家文

化元典；有《道德經》《南華真經》等道家文化元典；至於佛教雖然是外來文化，但早已中國化了，成為中華文化的組成部分，《金剛經》等經典就是釋家的文化元典。

在群星燦爛的文化元典中，《周易》被尊為「群經之首」，即元典的元典。時至今日，這一最高文化元典的地位在國人的心目中並未動搖，而且舉世聞名。

《周易》之名，是《易經》和《易傳》兩部分的合稱。《易經》又稱本經，成書於西周末年，距今三千多年。《易傳》相傳為孔子所撰，是對《易經》最權威的解釋與發揮，也可以說是孔子研究《易經》的心得報告。兩者以《易經》為中心，《易傳》是圍繞著《易經》展開的。數千年來，歷代學者對《周易》進行孜孜不倦地深入研究，作出了精彩紛呈的解釋與註釋，經史留名的學者不下三千餘家，形成了浩瀚的易林體系，成為研究《周易》的專門學問，史稱「易學」。

易學主要有義理與象數兩大派。這易經、易傳、易學三大部分，共同構建了中華民族的傳統文化寶庫。

《周易》能夠成為最高文化元典，是由於它是中華文化的源頭，是我國哲學、自然科學、社會科學相結合的寶典，其內容涉及到我國的哲學、文學、史學、兵學、醫學、自然科學，乃至政治、宗教、人倫等等。舉凡老子、孔子、儒家、道家以及諸子百家思想，都從《易經》文化中來。清代《四庫全書總目提要》評介《周易》是「易道廣大，無所不包，旁及天文、地理、樂律、兵法、韻學、算術，以逮方外之爐火，皆可援易以為說。」

孔子指出：「易與天地準，故能彌綸天地之道。」

（《易經・繫辭傳・上》）

　　這就是說，《易經》這部書所載的法則，是宇宙萬物一切學問的標準，不論人事、物理，無論自然科學、人文科學，也不管軍事、政治、經濟、社會、文學、藝術等，都以此為法則。

　　國學大師南懷瑾說得更透徹：「《易經》這部書在我們中國文化中的地位，有幾句名言可以形容，就是『經典中的經典，學問中的學問，哲學中的哲學』。最高的思想，四書五經一切中華文化思想，都來自《易經》《易經系傳別講》。」（中國世界語出版社 1995 年版）

第三節　◆　百姓日用而不知

　　所謂易道廣大、無所不包，是指《周易》既講宇宙萬物本體之道，又講應用之道。這應用之道包羅萬象，無所不在，人們處世行事，天天在用道，而自己卻「看不到道」，所以孔子說：「百姓日用而不知，故君子之道鮮矣！」（繫辭傳・上）

　　《周易》之道確實影響深遠，千百年來不知不覺已成為國人行事為人的準則，《周易》的許多語言已成為人們的日常用語，例如自強不息，保合太和，進德修業，同聲相應，同氣相求，各從其類，仁者見仁，智者見智，厚德載物，否極泰來，三陽開泰，大吉大利，不速之客，無妄之災，風雷激動，防微杜漸，小人勿用，密雲不雨，反目成仇，物極必反，謙謙君子，君子有終，虎視眈眈，突如其來，以及天尊地卑、物以群分等等不計其數，皆來自

《周易》。

所以，《周易》與人生息息相關，它啟示人們如何趨吉避凶、完美人生。我們習練太極，也是為了完善人生，所以不能不學一點《周易》。

第四節 ◆ 拳道從易道來

太極拳可以稱為太極拳道，拳道從易道來。上一篇「哲源篇」中，筆者已提到太極拳來自《周易》開創的太極學說，太極拳是太極學說與武術運動實踐相結合的產物，所以說拳道從易道來。

王宗岳《太極拳論》「太極者，無極而生……」那一段話，明白無誤地表明太極拳是從易道中產生的。也可以說易道的太極學說是太極拳的基因和心法。

始祖張三豐在《大道論》中闡述了道與練拳修道的關係後說：「余也不才，竊嘗學覽百家，理綜三教，並知三教之同此一道也。」道是什麼？始祖接著說：「夫道者無非窮理盡性、以致於命而矣。」（《張三豐全集》浙江古籍出版社，1990 年版）張三豐認為「儒離此道不成儒，佛離此道不成佛，仙離此道不成仙，而仙家特稱為道門，更是以道自任也。」

原來我們常說的拳以載道、以拳演道、拳道合一的「道」，就是「窮理、盡性、知命」之道，就是道家修練的丹道，即是性命雙修之道。

而中華文化元典對此道闡發詳盡，理所當然地成為心法的源泉及主宰了。

第五節　◆　未有神仙不讀書

「易與天地準」這句名言，經千百年的實踐檢驗，證明是正確的。凡用得好的德高功深，反之則歲月耗去，收效甚微。因此學習文化元典，主宰習拳之人，是我輩太極人士應當身體力行之事。

新近讀到香港易學研究會會長謝寶笙的新著《周易智彗——宇宙的模型》，書中論述了心法的內容與來源。他說：「性功或真正的心法之主要內容，是中華文化哲學的學習，特別是中華元典的學習……例如《易經》《道德經》《金剛經》就分別代表了儒、道、釋的最高元典……最高元典是心法能量的最高載體。」（花城出版社，2005年5月版）

綜觀歷代武林聖賢，莫不從易道中吸取心法能量而成大業。武當丹派第九代宗師宋唯一在《武當劍譜》中說：「易道備矣，三豐祖師取之作為劍法，所以劍法通乎易術也。」又說：「劍術變化多端，皆合易理，若不知此道奧妙，則劍法不得其門矣。」

事實上，如果不知易道，不僅拳術劍法不得其門而入，甚至連行事為人也會因此而缺乏主心骨。因為易道的中心是「誠意、正心、修身、齊家、治國、平天下」，簡言之，正心修身為國家。如果連這一基本點尚未確立，還能遑論其他嗎？

謝寶笙先生還擔任香港氣功太極社顧問，對習武練功與學習文化元典的關係有深切的體會，他在書中總結了正反兩方面的經驗。他指出：

　　「一些人雖然非常努力練功，可是卻從不學習文化，特別是中華元典，這就非常容易走偏……而那些傳授氣功的師傅本身亦很少研究文化哲學，特別是中華元典的學習……在沒有完整心法的情況下，在市場上吸引了大量弟子，又在沒有完整『心法』的情況下去傳授氣功。如是者一代傳一代，誤差以幾何級數地擴展，最後毀滅了氣功本身。」

　　他痛心地說：「這是一件很可惜的事。」

　　寫到這裡，記起了著名道人呂洞賓的詩句：「由來富貴原是夢，未有神仙不讀書。」連神仙都不能不讀書，何況凡夫俗子乎。

第三章
在明明德是太極心法的目的

第一節　◆　「不老春」新解

　　為什麼要練太極拳，最終目的是什麼？王宗岳回答說：「詳推用意終何在，延年益壽不老春。」（《十三勢行功歌》）這句名言幾乎婦孺皆知。但一般僅把注意力放在「延年益壽」上，對於「不老春」則想的比較少，有的甚至以為不過是形容詞而已。其實不然，「不老春」是很有深意的。

　　「不老」者，即長生又不老，是指道家內丹修練的主

要目標，這是大家都知道的。而「春」，其義頗多，在這裡是借「春」喻義。

「春」者，乃萬物資始，元始也。《易經》乾卦彖辭所謂的「大哉乾元，萬物資始，乃統天」，就是把春與元始連在一起的，有點像同義詞。朱熹的解釋也是如此：「元者，生物之始，天地之德莫先於此，故於時為春，於人則為仁，而眾善之長也。」（《周易本義》）

以春（元）比喻修練太極的目的，有兩層含義。

一是喻人體生理要永遠像春天那樣生機勃勃，不但壽命延長，而且青春常駐。

二是用春天的原始，象徵人之元初，比喻人的心理（心性）要返回到先天本性、即「人之初」的佳美的境界。

「不老春」三字連在一起，組成一個美好的辭彙，它描繪出一幅既延長人體肉體生命、又延長精神生命的畫圖，而精神生命是長生的、永生的，所以稱之為「不老春」。

第二節 ◆ 完善人生

「武術助你完善人生」，這是前國家武術院徐才院長於 1989 年為美國的《中國武術》雜誌寫的一篇文章。曾載《中華武術》，主題發人深省。徐院長在文章中引用一位美國朋友來中國旅行習武的體會為例，說明要「把武術的拳技、哲理和文化傳播開來，使武術的追求者習武健體，修身養性，完善人生。」所以練拳的目的，不僅僅為

了掌握拳腳功夫，更要完善人生。

當然，完善人生的養料，來自中華文化元典，來自中國的人文哲學。世人稱為「哲學拳」的太極拳，理應擔負起這個責任，成為助君完善人生的良朋好友。

因為太極拳心法之源的《周易》早已提出了天道「四德」。即《易經》六十四卦的首卦乾卦的卦辭所說：「乾：元、亨、利、貞。」乾，象徵天，它的本義是說，「天」具有元始、亨通、和諧有利、貞正中堅這四種德性，制約並主宰著整個大自然，所謂「萬物資始，乃統天。」這是指它的本體而言。

孔子則把這四德完全納入了人文哲學的範疇，作為人生修養的重要標準。他在《易傳》的《文言》中說：「元者，善之長也。亨者，嘉之會也。利者，義之和也。貞者，事之干也。」

孔子的意思是說，凡是原始的都是好的、是善的尊長，萬物能有好的開始，才稱得上「元」。嘉，良好之意，把眾多良好的因素會合起來，才能「亨通」。利者義之和，是說天、地、人之間的利益，應是和諧的利，不是損人利己的利，而且是彼此互利的利，現在時髦的說法叫做「雙贏」。至於貞，則指事物的中心，喻人的中正堅貞，意志堅定。

孔子說：「君子行此四德者，故曰乾元、亨、利、貞。」

意思是說，人們接受四德的教育，修身養性，具備了這四德的人，才是君子，才是完善的人生。所以修練太極，要在太極哲理的薰陶下完善人生。

第三節 ◆ 在明明德

　　人生本來是完善的，人的善德是先天固有的，是自身的本來面目，所謂「人之初，性本善也」，只是由於後天的環境使然，才產生了種種問題，所以透過教育和修心養性，恢復先天固有，還我本來面目。

　　儒家元典之一的《大學》說：「大學之道，在明明德，在親民，在止與至善。」此話，道出了恢復先天「明德」的重要性。

　　其第一個「明」字是動詞，第二個「明」字是名詞。意思是人與生俱來就具有光明高尚的德性，稱之為「明德」，入世後由於境遇不同，「明德」被掩蓋了，甚至泯滅了，必須透過「大學之道」的教育，重新恢復原初的德性，使之重新明亮起來，即「在明明德」也。

　　其實善與惡並非絕對的，即使惡人，其心靈深處仍然有善性，所謂天良未泯也。同樣，善德者的內心深處隱藏著某些罪性，如果不警惕，不防微杜漸，在一定的氣候、土壤中，就會滋生發酵，甚至墮入罪惡的深淵。因此，《易經》乾卦九三爻辭說：「君子終日乾乾，夕惕若，厲無咎。」就是說坦坦蕩蕩的君子，從早到晚都須健強振作，警惕慎行，才能免遭咎害，防止中邪，保持明德。由於善惡常在一念之間，更由於「性本善」，所以一切正派的宗教莫不勸人向善。至於邪教，那又當別論。

　　太極人士亦是世間的一員，無論你信仰如何，都不可避免地面臨著善惡問題，都有個「在明明德」的問題。太極聖賢都把恢復和發揚「明德」——先天的美德列為心法

修練的最高境界。

武當派創世人張三豐在《以武事得道論》中，從無極、太極、陰陽之道談起，論及人之降生，得到了乾道坤道的命性，所以始祖問道：「安可失性之本哉！」即怎能失去本性呢？萬一本性有失怎麼辦，始祖說：「然能率性，則本不失。」「率性」源於《中庸》：「天命之謂性，率性之謂道，修道之為教。」天命，即天理，儒家認為上天把天理交付於人，形成人的仁、義、禮、智、性的品德，這就是人的本性。率，遵循之意，即遵循天命決定的人性去行動，就稱之謂道。按照道的原則修養自己就可以達到教化的目的。

三豐始祖認為，只要能率性之謂道，就不會迷失本性，即使一度失去本性，只要修身為本，就可以良能還原。他接著說：「故曰自天子以致於庶人，壹是皆以修身為本。」此語出自《大學‧經一章》。「壹是」，即都是，意為人人都要以修養品性為根本。那麼如何修身呢？始祖援引《大學》提出修身的八個步驟，著重於「致知、格物、意誠、心正」。

接著始祖把儒家之道引入太極修練，他說：「心為一身之主，正意誠心，以足蹈五行，手舞八卦，手足為之四象，用之殊途，良能還原……」又說：「目視三合，耳聽大道，良能歸本，共為太極。」最後總結性地說：「如是表裡精粗，無不到豁然貫通……所謂盡性立命，窮神達化在茲矣，然天道人道一誠而已矣！」（《張三豐以武事得道論》，引自吳公藻《太極拳講義》）

顯然，始祖在此向太極弟子發出「修身為本，良能還

原」「良知歸本」的呼喚，要求把返歸先天、良知還原作為太極心法修練的目的。

第四節　◆　從有意入無意──心靈的修練

在明明德，良知還原，恢復本性，從修練心靈入手。關於靈修問題，可以涉及的範圍很廣，話題也很多。在這裡，我們不談其他的靈修，只論太極修心。

太極的修心問題，從根基上說是道家性命雙修的性功，或說是性命雙修的動功（將在下一章展開），也屬於儒家心性之學的範疇（前面的章節已有所述）。在這一節裡，主要談盤架子過程中的修心問題。

行動走架過程中的修心，總的說是修心與拳技需融為一體，它集中體現在「有意與無意」的修練上。

「有意」是指遵循「用意不用力」這一太極拳的重要守則。其中要分清「用意」與「不用力」兩個含義不同但又相互關聯的概念及法則。

所謂「用意」就是在打拳時，「先在心，後在身」，即有意念指揮形體各項動作及修心練性。所謂用力，就是手足在動作時不可用拙力。但是人們的習慣，一舉手一投足沒有不用力的，尤其是雙手，明明知道不可用力，卻老是用力，而且很僵很硬。怎麼辦呢？只有一個辦法，就是周身要放鬆，尤其要鬆開腰、胯及鬆開兩條手臂，節節鬆開了，才能節節貫通，才能由腰、胯帶動雙手運動。其運轉程序是：心意發令，腰胯先動，帶動四肢，雙手不得擅自妄動，一旦妄動，必然用力。

　　由此看來，「不用力」是以放鬆為前提的，只有周身放鬆了，才能節節貫穿，才能使「心為令」發出的命令四通八達，宛如政通人和。關於放鬆的原理、心法、功法，將在「鬆靜篇」中詳介。至於「無意」乃是從「有意」演進過來的。

　　因為心意不單要用於指揮外形動作，更要用於煉氣、煉勁、煉神、煉性，因此用意既要在周身放鬆的條件下進行，更要在心理安靜乃至虛靜無為的「靜態」下進行，才能把天賦於人的暗藏於體內的潛力開發出來，成為內勁，才能使修心煉性進入高層次，智慧也要靠靜中的靈光一現而得到。所以「用意」的高層次是「無意」。

　　從有意到無意的演進過程大體上是：「從用意」初期的分散雜亂，進至中期的意念集中，一心一意，再進至中後期的若有若無，繼而再登上後期的虛靈境界。當然，這虛靈的「虛」，並不是什麼都沒有的虛，而是有意無意的意，虛而不空的虛，到此地步，就能進入太極修心的「無意」之境了。說到這裡要補充一句，「用意」千萬不能執著，長期執著必生偏差，甚至產生心魔，務必用平淡之心避免之。

　　對於太極修心，金庸大俠有精當的見解。1980 年，吳公藻把於 1935 年出版的《太極拳講義》在香港再版，名為《吳家太極拳》，金大俠於 1980 年 1 月為之寫了一篇跋，其最後一部分，就是講的心靈功夫。轉錄如下。

　　金庸說：「練太極拳，練的主要不是拳腳功夫，而是頭腦中、心靈的功夫。如果說『以智勝力』，恐怕還是說得淺了，最高境界的太極拳，甚至不求發展頭腦中的

『智』，而是修養一種恬淡平和的人生境界，不是『以柔克剛』，而是根本不是求『克』。頭腦中時時存在著一個『克制對手』的念頭，恐怕練不到太極拳的上乘境界，甚至於頭腦中存在著一個『練到上乘境界』的念頭去練拳，也不能達到這個境界。」

金大俠的見解值得太極人士仔細研究。從中可以看到從「有意」進入「無意」（無念頭）境界的妙處，也可看到良能還原、恢復本性的方向。

第五節　◆　在止於至善

上節提到的張三豐對練拳者發出「良能還原」「良知歸本」的號召，最終要落實到「至善」的境界。

《大學》所說的在明明德那段話的最後一句是「在止於至善」，這是繼承孔子衣缽的曾子對「善」的進一步發揮。孔子在《周易‧繫辭傳‧上》提出了「善」的概念。孔子說：「一陰一陽之謂道。繼之者善也，成之者性也。」孔子在這裡用陰陽的變化來解釋天道，凡是能繼承此道並加以發揚光大的，就是「善」（指用陽）；凡是能順承此道而蔚然育成萬物的，就是萬物之「性」（指用陰）。這善與性都是人們修養的目標。曾子則在「善」前加了一個「至」字，成為「至善」。這一加，意義更豐富，也更高了。

一般認為，至善即完善，就是要恢復和發揚光明的德性，使之達到完善的境界。但南懷謹先生的見解卻與眾不同，他說：「什麼叫至善呢？至善是沒有善，也沒有

惡。」他進一步解釋道：「形而上的道，是沒有善惡是非
的，形而下的用，就有善惡是非了。」接著，南先生加重
語氣說：「在人類世界裡，善惡卻又是絕對的，所以必須
用陽的一面；至少，不管你用陰或者用陽，要能『繼之者
善也』，本著最善的出發點，不論善於用陰或者善於用陽
都成功。」最後南先生總結說：「因此，繼之者善也，成
之者性也，完成善的大業，在人來講是人生的最高點。」
（《易經・繫傳別講》第五章）

　　縱觀太極拳等內家拳歷史，其中不乏攀登人生最高點
的得道聖手。眾所周知，孫祿堂前輩集太極、形意、八卦
三家之長，成為一代宗師，而且是攀登人生最高點的楷
模。他說：「余練拳亦數十年矣。初蒙世俗之見，每日積
氣於丹田，小腹堅硬如石，鼓腹內之氣，能仆人於尋丈
外，行止坐臥，無時不然。」可是當他與宋世榮前輩面對
面探討後，改變了自己的看法。

　　為此，孫公特著《論拳術內外家之別》一文，詳細記
述了他與宋前輩討論的內容與觀點。這是非常精彩，非常
深刻，又發人深思的文字。雖然上篇簡單提到過，今因與
本題直接相關，特較多地摘錄如下。

　　文中記述，孫、宋會面的起因：「一日，山西宋世榮
前輩以函來約，余因袱被往晉。」原來兩人早有交往，此
次是孫公應宋前輩之邀而去的。文中說，兩人見面寒暄
後，即就內家與外家以及練拳得道的問題深入討論。

　　孫公首先提問：「內外之判。」宋前輩當即回答：
「呼吸有內外之分，拳術無內外之別。善養氣者即內家，
不善養氣者即外家。故善養浩然之氣一語，實道破內家之

奧義。」

　　接著孫公聯繫自己的練氣情況，進一步問道：「余曰：然鄙人可謂得拳中的內勁手？蓋氣已下沉，小腹亦堅如硬石矣。」不料宋前輩不留情面地說：「否，否！汝雖氣通小腹，若不化堅，終必為累，非上乘也。」奇怪，孫公自負的、鼓動腹內之氣仆人於尋丈之外的上乘功夫，在內家聖手宋前輩眼裡卻是「否，否！」連續兩個否！這是怎麼回事呢？孫公當然要請教所以然了。

　　該文記述：「余又問：何以化之？先生曰：『有若無，實則虛。腹之堅，非真道也。』孟子言『由仁義行，非仁義也』，《中庸》極論中和之功。須知故人所言，皆有體用。拳術中亦重中和，亦重仁義。若不明此理，即便練至捷如飛鳥，力舉千斤，不過匹夫之勇。若練至中和，善講仁義，動則以禮，見義必為，其人雖無百斤之力，即可謂之內家……吾人本具天地中和之氣，非一太極乎。《易經》云：『近取諸身，遠取諸物。』心在內而理周於物，物在外而理具於心，內外一理而矣。」

　　宋前輩這番高論，發人猛醒，頓使孫公轉變思路，認識上升到新的高度。孫公記述說：「余敬聆之下，始知拳道即天道，天道即人道。又知拳之形式名稱雖異，而理則一……由是推之，言語要和平，動作要自然。吾人立身之地，處處皆是誠中形外，拳術何獨不然。試觀古來名將，如關壯穆、岳忠武等，皆以識春秋之義，說禮樂而敦詩書，故千秋後使人敬仰崇敬之心。若田開強、古冶子輩，不過得勇士之名而已。」這是多麼豪邁的氣概，已經突破了一般的練武境界，上升到致中和，講仁義，識春秋大義

的崇高境界。

筆者亦「由是推之」。武功是暴力的一種手段，但不是目的，目的是致中和，重仁義，講春秋大義。如果僅僅為武功而武功，就是為暴力而暴力，結果是為拳而拳也，宛如由「仁義行，非仁義也」。退一步說，為拳而拳也不可能達到真正意義上的上乘功夫。正如宋前輩所言：「腹之堅，非上乘也，非真道也。」

重文輕武之風延續了千百年，練武者只落得「一介武夫」之稱，最高也不過「勇士」而已，其原因就在於僅僅是「武夫」，未重仁義，未重中和，更不重春秋大義。當今盛世，習武之士應立志提升自己，知書達理，甩掉「一介武夫」的雅號。

太極人士更應如此，因為太極拳根據自身的特性，能導致練拳者陶冶性情，改善氣質，只要再前進一步，識大道，明心法，就能「在明明德」，而且把「在明明德」落實到「在止於至善」上，攀登人生的最高點。

▌第四章
性命雙修是太極心法的法則

第一節 ◆ 道家的生命觀

返歸先天，屬於道家生命觀的範疇。道家的生命觀，源於我國易經文化的「生生之謂易」的思想。那是站在

「生」的一端而不是「死」的一端說話，認為生命是無限的，於是提出了「我命在我不在天」的響亮口號，並且朝著長生不老的目標作了前赴後繼的努力，經千百年的積累形成了完備的道家養生學，成為中華文化的一寶而舉世聞名。

道家（道教）人士，先是設鼎爐，煉外丹，意圖服食丹藥求得長生。後因外丹的副作用很大，不少人因誤服外丹而導致早亡，此方法便逐漸衰落，於是內丹修練代之而起。

東漢末年，魏伯陽的《周易參同契》問世（後世稱之為「萬古丹經王」），極大地推動了內丹功的發展，至隋唐時期內丹功法日趨完備，直至明清時期益加成熟。

所謂內丹功，就是以人人俱備的自身的精、氣、神為藥物（即上藥三品，精氣神耳）經過煉精化氣、練氣化神、煉神還虛三個階段的修練（稱作不二法門的修練程序），達到身心健康，返老還童，心靈昇華，長生不死，乃至解脫而飛昇成仙的目的，因此又稱神仙丹道派，簡稱丹道。

千百年來，雖然沒有人真正見到世界上存在著長生不死的人（傳說中的神仙除外），但是在追求長生不老的修練中，確實能使人祛病健康、壽登天年，而且青春常在。追求長生不老的價值，不在於死不死的問題，而在於在修練過程中能夠發掘人體的潛力，包括生理（肉身）和心理（精神）兩方面的潛力，恢復青春活力，從而延長青春歲月。從這個意義上說，長生不老並非神話。

第二節 ◆ 性命雙修的貢獻

道家內丹功，雖然聽起來很玄乎，究其修練內容其實只有性與命兩樣而已。不過真的要實際修練，卻又奧妙無窮。

先說明一點，此處所說的性，並非男性女性的性；性命雙修，也非旁門左道的男女間的陰陽雙修。

所謂性，是指精神的生命，即心理健康成長；所謂命，是指肉身的生命，即生理健康。所謂性命雙修，就是把精神與肉身、心理與生理結合起來一同修練，不可偏廢。

性，又稱人的本心之性，人的天性。此說源於《易經》和《中庸》，前者說：「繼之者善也，成之者性也。」《中庸》則進一步發揮說：「天命之謂性，率性之謂道，修道之為教。」

認為要透過教育修養，恢復人之明德的本性。因此道家把儒家的這種經世致用之道列入了修性的目標。所以得道者說：「積善成德，神明自得。」

性，在道書中又有很多別稱，如天心、道心、本來真性、元性、元神、天命之理、一點靈光等等，就是張三豐曾描繪的「萬念俱泯，一靈獨存」的境界。

命，又指氣，人之原氣，練功之氣。全真教創始人王重陽說：「性者是元神，命者是元氣，名曰性命也。」（《重陽真人授丹陽二十四訣》）

元朝的李道純則認為：「夫性者，先天至神一靈之謂也；命者，先天至精一氣謂也……性無命不立，命無性不

存，其名雖二，其理一也。」（《中和集》卷四性命論）

雖然性命一家，但「性」與「命」的概念畢竟有所差別，修練重點也各有側重。性功重視本性的修養，進行明心見性、煉神還虛的修練，以求精神的長生不老。命功則注重煉精、煉氣，改善生理機能，以求延長肉身生命。兩者結合來性命雙修，就是道家內丹修練的不二法門──煉精化氣、煉氣化神、煉神還虛，乃至煉神合道、得道成仙。

內丹功在發展過程中，由於對性、命兩功誰先誰後的問題功法不一，形成了許多派別。到宋、金時期，南北兩大宗派，以張紫陽為代表的南宗，主張先命後性；以王重陽為代表的北宗，主張先性後命。在元朝統一全國後，北宗南移傳道，終於完成南北合併歸一，成為性命雙修之道。

值得一提的是，主張性命雙修的全真道在發展過程中，改變了初期修道成仙、肉身飛昇的觀點，轉變為肉身留寄塵世而神遊仙界，為此王重陽提出了超越「三界」的要求。他說：「心忘慮念即超欲界，心忘諸景即超色界，不著空即超無色界。」（《重陽立教十五論》）

王重陽認為，能離此「三界」者，便是居臨仙境。這一新的要求，鼓舞了修練者的信心和熱情，得道成仙，不再是可望不可及的事了，只要修得心明於物外，便是神仙。所以民間過去流傳一句口頭禪：「跳出三界外，便是活神仙。」

內丹修練雖然在元朝實現了南北歸併，但進入明朝以後，又出現了不少新興的派別，其中影響較大的有張三豐

的隱仙派、陸西星的內丹東派、李西月的內丹西派等，其中以張三豐的隱仙派又稱三豐派影響最大。

據張興發的《道教內丹修練》記載：至清末時，追奉張三豐為祖師的道派達十七個，其中以武當派最為著名。

第三節 ◆ 張三豐的丹道

探究性命雙修與太極拳的關係，不能不說一說張三豐的丹道。張三豐是一位傳奇式的道教真人，關於他的籍貫、名字、生活時代，眾說紛紜。

據方春陽考察，張三豐祖籍遼陽，名全一，字三豐，生於宋，仕於元，行道於明，主要活動時期在元、明兩朝。入明以後，張三豐行蹤莫測，明太祖、明成祖曾屢次派大員尋訪問迎請，均不出見。

明室先後策封張三豐為「通微顯化真人」「韜光尚志真仙」「清虛元妙真君」，希望張三豐感恩來朝，藉以獲得長生秘訣。然而張三豐毫不動心，無愧為「隱仙」。（參見方春陽點校《張三豐全集》前言）

張三豐自幼聰穎過人，熟讀三家經典，認為三教同源，主張三教合流，丹道修練奉行性命雙修，有其特色。

其中一個主要特色，是以無極、太極為道學根源，把人體生命比作無極而太極的過程。他在《大道論》中闡述了這一修練的過程：

「夫道者，統生天、生地、生人、生物而名……統無極，生太極。無極為無名，無名者天地之始，太極為有名，有名者萬物之母。因無名為有名，即天生、地生、人

生、物生矣。」

這一節闡明了「道」的含義。他接著說：

「今以人生言之，父母未生前，一片太虛。托諸於穆，此無極時也。無極為陰靜，陰靜陽亦靜也。父母施生之始，一片靈氣投入胎中，此太極時也。太極為陽動，陽動陰亦動也……副後，而父精藏於腎，母血藏於心，心腎脈連，隨母呼吸，十月形全，脫離母腹。斯時也，性渾於無識，又以無極伏其神，命資於有生，復以太極育其氣。」

這一節說明，人未生前是無極，施生之始為太極，既生之後仍然要「太極育其氣」。

很顯然，張祖這一觀點的理論根據是陳摶的《無極圈》以及周敦頤改造過的《太極圖》及《太極圖說》，用無極而太極的宇宙生成論來比擬人的性與命。

他接著分析真性與真命及性命雙修的問題：「氣脈靜而內蘊元神，則曰真性，神思靜而中長之氣，則曰真命。渾渾淪淪，孩子之體，正所謂天命之性也。人能率此天性，以復其天命，此可謂之道，又何修道之不可成道哉！」張祖說的率天性，復天命，就是性命雙修，「孩子之體」就是返還先天。

那麼什麼是內丹呢？張祖認為內丹是修心煉性的成果。他在《道言淺行說》第十節中宣稱：「大道以修心煉性為首……修心者，存心也；煉性者，養性也。心朗朗，性安安，情慾不干，無思無慮，心與性內外坦然，不煩不惱，此修心煉性之效，即內丹也。」

此說似乎比前人說的實在，比較容易做到。例如，他

的前輩邱處機在《大丹直指》中認為內丹是實有之物。邱說：「三百日數足自然凝結，形若彈丸，色同朱橘，號曰內丹。如龍有珠，可以升攀，人有內丹，自然長生不死矣。」

張三豐在繼承前人成果的基礎上，形成了頗有特色的內丹修練體系，從入手築基到煉精化炁、煉炁化神、煉神還虛、煉虛合道，有一套完備的功理功法。他很注重下手功夫。

他在《玄機直講》中說：「不可執於有為，有為都是後天，今之道門多此流弊，故世間罕全真。亦不可著於無為，無為便落空，今之釋門多此中弊，故天下少佛子。此道之不行，由於道之不明也。初功在寂滅情緣、掃除雜念，掃除雜念是第一著築基煉己之功也。」所以張祖在《玄要篇道情歌》中唱道：「未煉還丹先煉性，未修大藥且修心，心修自然丹信至，性清自然藥材先。」

張祖丹道的另一個特點是：此道亦儒道。他在《大道論上篇》篇尾自注中說：「長篇巨觀，首探大道之源，而講人生之理，與人生老病之故，引彼回頭向道，修正治平，如古來英雄神仙，身名兩樹，忠孝兩全……使人知此道亦儒道也，養汞培鉛，無異乎居仁由義。」

汞鉛二字乃煉丹隱語，汞指元氣，鉛指元神，以此比作儒家的仁義道德，所以丹道即儒道，張祖在其他著作中一再闡發這一特點。

作為儒道兩家合流的太極拳，張祖的功理功法無疑是行功走架的心法。

第四節 ◆ 太極拳是性命雙修的動功

　　內丹功的練法，原本都是打坐靜功修練，間或有少數肢體動作，僅僅是動動而已，並非是完整的動功功法。後來，張祖把太極拳列為丹道的動功。孫祿堂先生在 1919年作的自序中談到了這個問題。他說：「元順帝時，張三豐先生修道於武當，見修丹之士兼練拳術者，後天之力用之過當，不能得其中和之氣，以致傷丹而損元氣。故遵前二經之義，用周子太極圖之形，取河洛之理，先後易之數，順其理之自然作太極拳書，闡明養身之妙。」（孫祿堂《太極拳學》自序）

　　這段話雖在「哲源篇」中已引錄，由於它能說明太極拳與丹道的關係，故不厭其煩地再次引用。它清楚地表明：太極拳是丹道的產物，是為了「修丹之士」能得「中和之氣」才成為太極拳的，它也反證了得道真人才是創興太極拳的人選。

　　如果說孫祿堂 88 年前僅僅是間接的印證，那麼張三豐自己的著作當然是直接的明證了。過去，關於《張三豐太極內丹秘訣》，雖然《張三豐全集》和《道藏》都漏收了，但它一直散存於丹宮碧房之中，並未遺失。

　　後有道教學者肖天石先生為彌補《道藏》之遺漏，於民國初年起，遍訪名山洞府及道佛師輩，得收丹經秘籍八百餘種，尤其是得武當山道總徐本善珍藏之《張三豐太極煉丹秘訣》及太極拳論述。

　　肖先生到台灣後，選刊《道藏》精華百餘本，於上世紀 70 年代由台灣自由出版社出版，其中第二集為《張三

豐太極煉丹秘訣》。該秘訣全文近年已被收入大陸出版社的《中國道教氣功養生大全》和《東方修道文庫》，有些太極拳著作也相繼轉載。（據譚大江《太極拳漫談》）

《張三豐太極煉丹秘訣》是研究太極拳創興的珍貴史料，又是太極拳的內功心法指南。張祖在其中的《太極十要訣》中說：「故傳我太極拳法，即須先明太極妙道。若不明此，非吾徒也。」

張祖在《太極行功法》中進一步指出：「既得此行功奧竅，還須正心誠意，冥心絕欲，從頭做去，始逐步升登，證吾大道，長生不老之基，即胎於此。若才得太極拳法，不知行功之奧妙，摯直不顧，此無異煉丹不採藥，採藥不煉丹，莫道不能登長生大道，即外面功夫，亦絕不能成就。」

說到這裡，張祖加重語氣說：「必須功拳並煉。蓋功屬柔而拳屬剛，拳屬動而功屬靜，剛柔互濟，動靜相因，始成為太極之象，相輔而成，方足致用。此練太極拳者，所以必先知行功之妙用；行功者，所以必先明太極之妙道也。」（轉引自《武當趙堡太極拳小架》）

張祖的秘訣，證實了太極拳是丹道的動功，是性命雙修之學，必須「功拳並煉」，才能「登長生大道」，外面功夫（拳技）也能有所成就。

該秘訣全文，有拳法訣，早功、午功、晚功、行功、打坐、合道、超凡、長生等十五法，目標是超凡入聖，長生不老。張祖指出：「此心功也。」所謂心功就是性命雙修的心性之功，亦是太極拳的心法法則。

第五章
陰陽中和之道是太極心法之魂

第一節　◆　一陰一陽之謂道

　　前文說到太極自身的動靜產生了陰陽，再由陰陽化生為萬物。那麼陰陽是如何化生萬物的，它與太極拳是何關係？這是進一步要弄清的易理及拳理問題。

　　陰陽，是易理（又稱易道）的基本範疇。《易經》中的八卦及其變化，是由陰陽兩個符號組成的，即—代表陽，稱陽爻，—代表陰，稱作陰爻（爻是變化的意思）。八卦及六十四卦，乃至三百八十四爻，都是陰陽兩爻的變化。但是《易經》古經中並沒有對陰陽概念作出明確的詮釋，到了孔子作《繫辭傳》才闡發陰陽是易經的基本原理，提出了著名的「一陰一陽之謂道」的命題，於是易經的陰陽之道的原理清楚地展現出來，影響著包括武學在內的各個學科的發展。

　　「一陰一陽之謂道」，既將易經原理概括為一陰一陽，又以天道明人事，把事物的性質及其變化規律均概括為一陰一陽的變化，認為自然社會及人類社會普遍存在著陰陽兩個相對的事物。換句話說，天下萬物都是相對的，例如天地、日月、晝夜、寒暑、男女、君民、剛柔、善惡、貴賤等等。這些相對的事物，均是按照一定的規律不斷變化的，好比八卦中相對的陰爻，陽爻，是變動不居

的。當演變到第六十三卦《既濟》時，一陰一陽已變化發展到陰陽相濟的最佳狀態了，但是還要繼續向前變化，所以第六十四卦為「未濟」卦，表示老的過程圓滿結束了，新的過程又開始了。所以《繫辭傳》接著又說：「生生之謂易。」

這陰陽相濟的狀態表明，一陰一陽雖然是相對的，雖然有正有反，但它們不是相毀相滅的，而是相合相濟的、相互平衡乃至中和為一的。所以不少學者認為，一陰一陽的動態變化、平衡中和運動是宇宙生命的生生之道。陰陽之所以能生生變化，其因正在於一陰一陽之間的中和相互作用，使事物處於動態和諧的統一關係，進入最佳發展狀態。易道，就是如何適變、如何變通、如何致中和的中和之道。從這個意義上說，「和」是宇宙萬物的本質，是天、地、人萬物共存共榮的基礎。

第二節 ◆ 居中位、識時中、致中和

為了便於討論中和之道是太極心法之魂，先要瞭解中和之「中」是從哪裡來的、有何作用、如何變化的？

在陰陽中和的變通過程中，「居中」與「時中」原則是核心的關鍵，中和之「中」就是從居中與時中來的，而居中與時中又是從《易經》八卦的結構中產生的，其目的就是致中和。

易道重視「中」，推崇「中」，首先表現在八卦的結構上推崇中爻。中爻指處於中間位置的那一爻。兩兩重疊的六十四卦，每卦有六爻，它們的位置是從下往上排列

的，最下的一爻稱為初爻，如果那是陽爻，就稱為初九（九代表陽），如果是陰爻，就為初六（六代表陰）。往上數的第二爻及第五爻，處於上下兩卦的中位，稱為中爻，即所謂二五居中。這居中之位，表示處於最佳的不偏不倚、無過不及的平衡點上，意味著這是最佳的有序狀態。因此六十四卦的卦辭、爻辭、象辭、彖辭等文字解釋中，都認為中爻是「吉」「亨」「貞」的吉利象徵，故而在易學史上，無論哪派解易，都奉中爻為吉利，並提出「以中為貴」的論斷。

「居中」原則體現在太極拳上，即太極十三勢的「中定」、身法上的「中正」、行拳及推手過程中的「執中」等等。

中和之「中」既表現在位置結構上的居中、得中，更表現在時間上的「時中」。時中，是指在一陰一陽的變通過程中，要注意適應事物發展的不同階段、不同時間的契機，採取相應的對策，即《易傳》中經常出現的「及時」「隨時」「趣時」「時行」「時發」「時用」「與進皆行」等用語所反映的「時中」原理。就是說，凡事要適時而行，既不「半夜雞叫」，又不貽誤時機，應當「時止則止，時行則行，動靜不失其時」，才能「其道先明」。（《艮》卦象傳辭）用之於人事，則練拳為人、動靜行止，須選擇最佳時機，待機而動，該進則與時俱進，該止則止，該退則退，適時變通，才能趨吉避凶。

問題在於如何識「時」，把握「時」。這方面《周易》提供了認識論、方法論的豐富內涵。《繫辭傳》有段話很有意思，它說：「古者包羲氏之王天下也，仰則觀象

於天，俯則觀法於地，觀鳥獸之文與地之宜，近取諸身，遠取諸物，於是始作八卦，以通神明之德，以類萬物之情。」這是人類認識世界的感性認識及經驗類比的認知方法。而在其他章節中提出的「探賾索隱，鉤深致遠」「知微知彰」「知來藏往」「彰往而察來」等等思維活動，則進一步指明了認知活動應由現象到本質、由外部聯繫到內在規律逐步深化。

至於《繫辭》提出的「當名辨物，正言斷辭」「以類族辨物」等，則進一步提醒人們要運用辯證的方法認識事物。經過這一系列逐步深化的認知活動，就能獲得真知，抓住時中，取時變通，吉無不利。

居中也好，時中亦罷，目的都是為了「致中和」，使一陰一陽的變化達到陰陽中和的最佳發展狀態。用之於人事，則政通人和。例如，文和，則文風俊雅；武和，則尚德精武；人和，則相濡以沫；身和，則血脈相通；心和，則怡樂安詳；商和，則和氣生財。但「和」要在變動中求得，要在生生不息的變通中「致中和」。

第三節 ◆ 中和精神是中華之魂

陰陽中和之道在中華民族傳統文化中占有很重要的位置。我們若能充分瞭解和認識它的重要意義，就能進一步認識陰陽中和確實是太極之魂。

自《繫辭傳》提出「一陰一陽之謂道」及「日新之謂盛德，生生之謂易」以後，經歷代學者的闡發，以「日新」為內容的生生不息的中和精神，成了我們的民族精神。

　　我們如果追溯歷代關於中和哲學的重要論述，就可以看到儒、道、醫、武諸家，都把陰陽中和之道作為天地大道。尤其是儒家，把「中和」提高到「天道」的高度，認為「致中和」就是循天之道，奉此大道就能修身、齊家、治國、平天下。

　　儒家經典《中庸》說：「中也者，天下之大本也；和也者，天下之達道也。致中和，天地位焉，萬物育矣。」意思是說，「中」是天下的根本；「和」是通貫天下的原則，達到「中和」的境地，天地便各在其位，萬物便生長發育了。漢朝的董仲舒進一步說：「中者，天地之所始終也；而和者，天地之所生成也。」「能以中和理天下者，其德大成。能以中和養其身者，其壽極命。」

　　道家同樣奉「中和」為天地大道，既作人生觀，又為修練之道。張三豐說：「一陰一陽之謂道，修道者修此陰陽之道也。一陰一陽，一性一命而已。」他在《大道論》的結尾總結說：「長篇巨觀，首探大道之源，而講人生之理，與人生老病死之故，引彼回頭向道，修正治平，如古來英雄神仙，身名兩樹，忠孝兩全……使人知此道亦儒道也。」

　　為何歷代要發揚中和精神？因為這一生生日新的中和精神，就是主動地去認識「時中」、主動地去適應新情況，並富有創造性地順應新情況，使事物進入「中和」乃至進入「太和」的高度和諧統一的最佳發展狀態，從而進行一系列的文化創造和文明創造，而不是被動的、保守的、平庸的、泥古的。所以生生日新的中和精神，構成了我們民族積極致中和的開拓創新的品格。

這一品格，在六十四卦的乾、坤兩卦的卦德中得到充分的體現。當代學者董根洪先生在他的長篇論文「論易傳的中和哲學」中，既闡述了陰陽中和之道是天地人萬物的根本之道，生生日新、與時變通的時中精神是最高的生存智慧，又精闢分析了乾、坤兩卦的中和原則，是根本的民族精神。

何以見得？董先生認為，這是因為乾卦的「天行健，君子以自強不息」，是「大生」；而坤卦的「君子以厚德載物」，是「廣生」。他說：「其『大生』『廣生』的性品本質就是中和之德……而乾坤中和的『自強不息』和『厚德載物』相統一，就高度體現了中華民族的精神。」接著他又指出：「因此，中和是中華之魂。中華民族生生不息、綿綿不絕、博厚廣大、物物化育的廣大生命力，正源自中和精神。」

董先生談到這裡，以十分欽佩的語氣說：「張岱年先生和其餘一大批學者，多年來致力於弘揚這一民族精神。」（《周易研究》2002 年第三期）

如今，不僅大批學者在弘揚這一民族精神，政府要員也在倡導中和思想。筆者本來不想引述領導人的講話，但是當筆者看到前國家領導人李瑞環的《學哲學用哲學》一書，改變了想法。因為書中第九章的標題就是「弘揚中華民族『和』的思想」，書中既論述傳統文化中的「和」的思想，又剖析「和」的思想在當今社會中的新內容、新理念，故予部分引錄。該書由中國人民大學出版社 2005 年9 月出版。

在談到傳統文化時，李瑞環說：「在博大精深的中國

文化中，『和』的思想占有十分突出的位置。」書中接著
分析了西周時期、春秋戰國時期諸子百家關於「和」的思
想及文化理念。他說：「『和』的思想作為中華民族普遍
具有的價值觀念和理想追求。」又說：「由於『和』的思
想反映了事物的普遍規律，因而它能夠隨著時代的變化而
不斷變化，隨著社會的發展而不斷豐富其內容。」

　　李瑞環接著指出：「現在，我們說的『和』包括了和
諧、和睦、和平、和善、祥和、中和等含義，蘊涵著和以
處眾、和衷共濟、政通人和、內和外順等深刻的處世哲學
和人生理念。」

　　他聯繫實際進一步說：「『和』的思想作為中華民族
普遍具有的價值觀念和理想追求，對中國人民的生活、工
作、交往、處世及至內政和外交等各方面都產生了深刻的
影響。」他並從人與自然的關係、人與人的關係、人與社
會的關係、國與國的關係上，論述建立「天人調諧」「和
睦相處」「合群濟眾」以及「協和萬邦」的重要性，所以
「弘揚『和』的思想具有重要的現實意義」。

第四節 ◆ 太極之魂，與生俱來

　　現在，我們對「中和」的由來以及其作為民族精神的
實質已經瞭解，再來分析陰陽中和之道是太極心法之魂，
就方便得多了。

　　如上所述，太極拳是《周易》開創的太極學說及道家
思想與武術運動相結合的產物。因此，無論從作為太極之
源的易理來說，還是從道家奉中和為大道來講，都應把中

和之道作為練拳之魂，更何況中和是我們的民族精神，更是天經地義地要以中和為太極之魂。換句話說，太極拳的性質決定了自身的中和之魂，所以中和之魂是太極拳與生俱來的。

當初，造拳者的本意亦是旨在用中華之魂構建太極拳之魂，故而太極拳的修心養性，以及內氣、內勁、神韻、靈性等等，一切皆由此而生，由此而盛。人們常說的「尚德精武」的格言，就是尚中和之德，精中和之武。至今，武當山，太子坡的「姥姆亭」內，依然懸掛著「保合太和」的匾額。

「太和」，是中和的最高境界。傳說當年玄武大帝修道遇阻時，天帝化作姥姆給予點化，才使玄武保合太和得道升天。雖是傳說，卻反映了中和、太和、保合對於修道得道的具有決定性的作用。一位武當名家說得好：「天地不可一日無和氣，人間不可一日無祥氣。」

歸納起來說，中和是天地大道，中和是民族精神，中和是入世之道，中和是為人之道，陰陽中和當然是太極拳之道了。

就太極拳自身來說，中和之魂不是簡單的一句話，而是有著豐富、深刻的內涵。它至少有三大要素，即做致中和的人，修陰陽中和之氣，練中和一體之術。

第五節 ◆ 做「致中和」的人──太極魂之一

上一章說到，「在明明德」是太極心法的目的，那麼遵循中和之道，做致中和的人，則是「明德」的核心。儒

家認為，人生來就具有善良的德性，稱明德。《繫辭傳》所說的「一陰一陽之謂道，繼之者善也，成之者性也」就是說能夠達到陰陽中和的就是大善。

元初著名道人李道純十分崇敬中和，他把自己的居室題名為「中和」，並撰著《中和集》一書，自己身體力行，中和為人。他說：「中也，和也，感通之妙用也，應變之樞機也。」「至此無極之真復矣，太極之妙應明矣，天地萬理皆悉備於我矣。」可見，能夠備悉天地萬理，就是中和的表現。

我們練太極拳，不單是練拳腳功夫，還應把練拳與備悉天道人倫結合起來，至少應把練拳與為人統一起來。當然，練拳的直接目的是健康，但健康是為了更好地為人，而為人的核心則是「致中和」。

無論是個人事業、家庭治理，乃至社會往來、國家民族等等，都有「致中和」的問題。能中和則其德大成，其壽極命。

因此要主動地識時、識中，修正自己不符合中和的思想、情感、意志、行為，並作出創造性的努力，達到中和的動態和諧境界。換句話說，要以自己個體的致中和的行為，促進社會的共體和諧。

武當丹派繼承發揚了「致中和」的優良傳統，要求門下弟子致中和、抱祥和、應天理、合人倫。其 2002 年修訂的新門規，第一條就是「端正武德，中和為人」。

上章提到的練拳者應重中和、講仁義、識春秋大義，亦是中和為人的核心內容，唯有如此，才能攀登人生的最高點。

第六節 ◆ 修陰陽中和之氣——太極魂之二

無論哪家太極拳都注重煉氣，但煉氣的內容、心法不盡相同，各有千秋。本門煉的是陰陽中和之氣，正如練功總訣說的「修陰陽中和之氣，煉天地致柔之術」。

所謂陰陽中和之氣，是指透過練拳練功，把體內的陰陽二氣相濟中和，融合為一，返歸太極一氣，還要與自然界的靈氣內外交感，中和為一，並循環往復，生生日新，達到保青春、懂內勁、精拳法、登壽域、淨心靈的境界。其修練的內容與心法，將在其後的「內氣篇」中詳介。

第七節 ◆ 練中和一體之術——太極魂之三

這一要素就是把陰陽中和貫穿於練拳的全過程，一切以陰陽中和為準則，把太極拳練成中和致柔、渾然一體的拳術。其間尤其要注意這樣幾點：

一、內外抱一，渾然虛靈

在行拳過程中，拳勢的內內外外都要居中得中，即內在要抱元守一，外形要渾然一體。始終抱著那太極混元一氣，維護那中正、中和、中定、中平之意，並上下相隨，左右對稱，神聚氣合，心和體虛，整體協調為一，呈渾然虛靈之韻。

二、識時識中，中正圓滿

居中得中的拳勢是動態的，它隨時會變化，甚至甫一

得中，瞬間即變為離中，這就需要迅速準確地「識時」「識中」，及時地調整得中，才能始終維持中正圓滿之勢，即維持行功走架過程中的正念、正身、圓活、飽滿。

正念，即「萬念俱泯，一靈獨存」。（《玄機直解》）正身，即懸頭垂尾中心線，鬆肩垂肘酥胸背，左右對稱兩肩平，不偏不倚不俯仰，內外三合撐八方，腰腿鬆沉足有根，滿身輕利神貫頂，中正安舒合太極。圓活，包含意氣與拳勢兩方面，意氣換得靈，才有圓活之趣；拳勢須立如平準，並腰胯鬆活，周身鬆淨，才能活似車輪。飽滿，即氣遍全身，無微不至，內氣充盈，向外擴張，呈飽滿之象。同時，縱向、橫向包括斜線的動作都走弧形圓圈，無缺無陷無凹凸，周身一家滿圓活。

由於中正圓滿是動態的，所以必須以識時、識中的時中精神為前提。也可以說，中正圓滿的過程，是得中——變化——時中——再得中的動態過程，應當時刻留心貫徹「時中」的精神。

三、中土不離，攻守自如

無論居中、得中，或是識中、時中，都是圍繞一個「中」字，故而有必要再引申一下「中土」之意。

拳論說：「退圈容易進圈難，所難中土不離位。」中土，就是指太極十三勢中「左顧，右盼，前進，後退，中定」的中定，含護中守和之意。欲要護持中土，須處理中心與重心的關係。

人體有中心與重心之要，兩者都不得偏廢，應當中和協調。若只重視重心，忽視中心，必然失中。所謂中心有

三層意思：一是人體的中心線，即懸頭垂尾一條線；二是
人體的中心部位，即腰、腹、命門為中心的部位；三是內
氣、內功、命門啟動。歸納起來說，就是端正中心線，持
守中心部位，勁由命門啟動。無論遇到什麼情況，中土不
能離位。

　　先師經常轉述李公的話說：中土不離，重心才有依
託，不然守則不固，攻則無效，要刻刻留在中心。

四、恪守中和定律，處理陰陽對應關係

　　按照「一陰一陽之謂道」的原理，對練拳過程中存在
的種種陰陽對應關係，例如陰陽、虛實、動靜、鬆緊、剛
柔、快慢、緩急、方圓、進退、前後、內外、上下、左
右、正隅、化發以及練與養等等，都要按照中和定律來處
理才能圓滿。以弓步的虛實為例，有的以為五陰五陽是妙
手，有的卻認為五陰五陽是病手。

　　其實，無論是五陰五陽抑或其他比例，都應虛中含
實，實中含虛，實腳並非完全站煞，內含騰挪之意。要體
虛中和，渾然為一，達到「致中和於一身，則本然之體虛
而靈，靜而覺，動而正，故能應天下無窮之變也。」（李
道純語）拳論指出的「雙重」之病，主要是指推手時未能
「左重則左虛，右重則右杳」，以及腰、腿、腳下的虛實
轉換失和，若能和而虛，虛而靈，何患雙重之病耶。

　　關於確立中和定律，以此處理練拳過程中的各種陰陽
對應關係的見解，已為武術諸家所共識。其中，當代知名
武術家康戈武先生論述比較早，他於 6 年前發表在《中華
武術》雜誌上的《理根太極》的長篇論著中，對中和律作

了精準的闡述，頗具代表性，堪備一說。

五、中和致柔，陰陽合德

太極拳的最大特徵是放鬆柔和，稱為柔性拳術。但是人們的習慣，卻是僵硬緊張，不得放鬆。所以放鬆與僵緊是一對矛盾，它們同屬於陰陽相對的範疇，放鬆為陰為柔，僵硬為陽為剛，兩者必須「致中和」才能練成至柔之術。一切放鬆的功法、心法，都是圍繞「致中和」的原理運轉的，當然，中和不是各占一半，不是五陰五陽，而是要陰陽相濟相合，中和為一。

以放鬆與僵緊來說，就是要透過放鬆化去僵硬，由鬆入柔，柔而又柔，使之純柔，積柔為剛，此時的剛也可說是純柔，這樣的「柔之剛」，才是真正的柔、真正的剛，所謂剛柔斷矣。只有這樣，才能「天下之至柔，馳騁天下之堅，無有入無間」。（老子語）

說到這裡，如果我們再來溫習一下《繫辭傳》的相關論述，就更能體會中和致柔的原理。

《繫辭下傳》第六章說：「陰陽合德，而剛柔有體，以天地之撰，以通神明之德。」為了方便討論這段話的意思，先釋兩個字義。一個是「德」字，那時的「德」並不完全是現今觀念中道德的「德」，它是指成就、成果，所謂「德者，得也」。撰，指造就，有的釋「猶事也」，即「撰述營為」之意。

南懷瑾先生講解這段話說：「陰陽合德的道理說明，矛盾不一定是壞的，也不一定相反，矛盾有時候是中和，所以要陰陽合德，因為這個宇宙是相對的。陰陽不和，便

孤陽不生，孤陰不長，那是沒有用的。所以宇宙間一切都是相對的組合，無論物理世界及人事，都離不開中和。」（《易經繫傳別講》中國世界語版）

由此，可以把剛才引述《繫辭傳》那句話譯為：陰陽中和，便能得到偉大的成果，使剛柔（陰陽）成為完善的形體，以體現（體會）天地的偉大造就，用來貫通神奇光明的德性。

理解這段話及其他相關論述，對於我們修練「陰陽合德」「中和致柔」就更加清楚了。

六、中和一體的最佳勢態

上述五點，實則一點，即中和致柔、渾然一體。此是有序的最佳拳術狀態，不僅行功走架以中和一體為最佳態勢，而且推手亦是以中和一體為最佳妙境。例如太極拳講究借勁，即把對方的意、氣、勁借進來，與自己的意、氣、勁中和為一，並於頃刻之間還給他，所謂借勁發人。但要注意要借就應當全部借，不可借一半留一半。其中的關鍵在於意氣的轉換。

如《四字秘訣》云：「敷，蓋，對，吞。」全部講的內氣，前三字，把自己的內氣用於彼身；後一個「吞」字，則「以氣全吞入於化也」，即把人之氣全部吞進來，化為己之氣，人我中和為一，變為新的中和之氣。

其間吞合的時機，應在彼勁將發未發之時，我勁已接入彼勁，恰好不前不後，而且要「意」在先，即「氣未到而意已吞」是也。這樣，就能造成人我合一、我意在先的最佳順勢。

第六章
拳術套路是太極心法的載體

　　說一千，道一萬，心法最終要落實在行功走架上，所以拳術招式（含靜功等各項功法）是心法的載體，心法也要從行功走架上以及行事為人上體現出來。換句話說，凡修太極者，都要切切實實地把心法貫徹於練拳練性的始終。前面所說的心法的哲源、範圍、內容、目標、法則，以及後面將談到的各項心法，都在貫徹實施之列，今舉其大要，再反覆提幾點。

第一節　◆　先明太極妙道──千江一月

　　張三豐在《太極十要訣》中用警戒的語氣說：「故傳我太極拳法，即須先明太極妙道。若不明此，非吾徒也。」練拳必須先明道，否則就沒有資格做張祖的徒子徒孫，語氣雖然很嚴、很重，但望徒成才之心溢於言表。

　　筆者初練太極時，尚未見到張祖的「秘訣」，但先師一再告誡我們，練太極要「知理明法」。後來讀到張祖的一些內丹著作，初步知道丹理與拳理之關係，所以筆者在上世紀 80 年代中寫太極拳論文時，曾幾次提到知理明法的問題。及至見到張祖「秘訣」全文，才恍然大悟，原來先師所傳李公景林的教導，是與張祖一脈相承的。知理，就是知太極之理（張祖說是太極妙道）；明法，就是明丹功煉性練拳之法。

　　知理明法的中心，就是明白「太極即一」「雖分猶一」的太極妙道。太極是陰陽未分、混而為一的元氣，是宇宙的本原。它在哪裡？它散在天地萬物之中，物物各具一太極，你我都有一太極。

　　然而太極是不可分裂的統一體，太極即一，萬物中的太極，不過是一個太極在萬物中的分別反映而已，好比是「月映萬川，萬川一月」的景象。為此，筆者口占一訣：「千江有水千江月，千江千月一太極。」

　　武當丹派第九代宗師宋唯一在《武當劍譜》中繪製的「太極八卦歸一圖」，簡直是「千江萬川一明月」的生動寫照。由此看來，我們練太極，從入門起至攀高峰，是在進入那「萬川歸一」的境界。所以必須把「太極即一」的原理貫徹於行功走架的全過程，把僵硬不通的所有關節完全鬆開，節節貫穿為一；把原本各顧各的四肢統一行動，協調為一；把不夠暢通的全身經脈及周身穴道完全疏通為一；把心意、內氣、精神團聚為一；以心為令，把自身固有的先天太極本性找回來，練成太極一體，進入「千江千月一太極」的景象。到此地步，無論修身養性，還是恢復青春，或是太極內勁，均能「階及神明」。

　　如何明白太極妙道，張祖說：「無論武事文為，成功一也。三教三乘之原，不出一太極，原後學以易理格至於身中，留於後世可也。」（「口授張三豐老師之言」吳公藻《太極拳講義》）。所謂「格致」，是《大學》提出的「格物致知」，意思是要對事物深入探究，窮盡其理，達到認識的完善。要求後學完善認識《易經》中太極之理，並把它貫穿於練拳為人之中，還要留於後世。

第二節 ◆ 再明性命雙修──天地相會

前面一章已經敘述了性命雙修是太極拳心法的法則，也談到太極是性命雙修的動功，那麼，這性命雙修的內丹功如何落實在行功走架上呢？

道家的內丹修練功法繁多，雖然在元代時南北兩大宗實行了歸一，但在流傳過程中因人而異，功法各有側重，張三豐的道派就有 17 個之多，因而落實在太極拳這個載體上的功法也不盡相同，各有千秋。

本門第十代宗師李公景林，秉承宋唯一等上代傳承，本著大道至簡的精神，做了一些提煉，例如把「懸頭垂尾、臍輪調息」二訣作為太極拳盤架子過程中性命雙修的重要一法。

懸頭，即意想頭頂百會穴虛虛上拎於天；垂尾，即意想臀部尾閭骨鬆鬆下墜於地，以求尾閭中正神貫頂。臍輪調息，即意守臍窩，肚臍呼吸，乃至胎息。先師在傳授此法時，一面身手示範，一面傳了一句歌訣：「性在上空飄，命在海底游。」性指神，命指氣，所以又說：神在天空遊，氣在海底流。

此法合乎道家內丹修練正宗。邱長春在《大丹直指》中說：「金丹之秘，在於一性一命而已。性者天也，常聚於頂；命者地也，常潛於臍。頂者，性根也；臍者，命蒂也。一根一蒂，天地之元也，祖也。」

我們練拳時，只要上想虛拎，下意臍息，就能產生神聚氣暢的感覺，隨著日久功深，感覺會越來越好。

第三節 ◆ 須明一招一式心法──得其環中

太極拳有形的肢體動作，須由無形的心理法則指揮，就是說一招一式都要按心法行事。如果說上述各章各節講的多是宏觀範圍的心法，那麼，這一招一式心法則屬於微觀的了。微觀寓於宏觀之中，宏觀要由微觀來體現，所以要用心練拳。

不僅要用心練好定式動作（俗稱亮相動作），更要重視過渡動作的心法。沒有過渡，就沒有招式，「亮相」只是招式的完成，很多奧妙寓於過渡之中。

舉個最簡單的例子，太極起勢的外形動作，不過兩手上舉、屈膝、坐身、下按而已，其內功心法卻不只是那樣簡單，反而很豐富。

筆者介紹這一式，分別設立六個小欄目，即拳招釋義（說理義）、行動歌訣、分解動作（過渡動作）、行氣心法、內功心法以及實用舉例的心法。

這一式的「內功心法」欄目內，講述了靜極而動、踏勁吐勁、氣托千金、其根在腳、三蓄三放、不忘虛領等六點具體心法。

這六項心法都體現在分解動作（過渡動作）之中，而分解動作本身也含有心法內容的敘述。

有些過渡動作的心法是很微妙的，必須細細品味才能把握，切不可粗心大意，防止一滑而過，只有將每招每式的心法以及每一過渡動作的心法弄明白，才能得其環中，豁然貫通。

第四節　◆　拳術招式心法示例

為了體現拳術招式是心法的載體，今舉本套路「單鞭」一式說明之。此式分列六個小目（在「套路篇」中的每一拳式都如此）。

一、拳招釋義

拳招取名「單鞭」，其說有三：

一說源自唐將尉遲恭「單鞭救主」的故事。後人加以引申，如弈林高手創作了「單鞭救主」的象棋殘局，而武林宗師則創出了「單鞭救主」的劍招拳式。太極拳的「單鞭」一式由此演化而來，比喻兩臂前後展開，狀如單鞭揮灑擊發。

一說仿照鞭法，單手擊敵之意。

一說，一手勾手、一手穿拂面前而揮擊之，猶如躍馬揚鞭之勢。

此三說互為參應，實則為一。本門之單鞭有多種練法，如左右單鞭、斜單鞭、橫單鞭、活步單鞭，以及旋身單鞭等；勾手的練法，又有捲腕旋掌勾拿的特點。在實用上，既可前後呼應，又可左右開弓，有踏步插襠、手足並用等法。

本套路練的是左右單鞭，先左後右，均衡發展。

二、行功口訣

　　　　　長鞭揮灑占胸強，
　　　　　捲腕勾手封來掌，

前後左右皆呼應，
手足並用方為上。

三、動作分解

先左單鞭，分解動作有旋胯磨圈、轉身翻掌、捲腕勾手、長鞭揮灑等勢。動作過程詳見「拳術套路篇」，此處從略。

四、呼吸行氣

有腹式呼吸、拳式呼吸、臍輪調息等法。

五、內功心法

1. 臍輪內轉

在旋胯磨圈時，臍輪內裡也要隨著旋轉一小圈，及至轉身分掌和弓步揮鞭，臍論均要轉小圈，以便練拳與練氣煉丹結合，使氣布全身，勁貫兩臂及手指，同時還可使帶脈微微受鍛鍊。這一臍輪內轉心法，還適用於本套路其他拳式。

2. 黏旋進掌

在左弓步、左掌向前按切時，左前臂及左腕要有黏隨著來勁之意，並隨著腰胯左轉而向外微開，同時也邊開邊旋腕翻掌，邊弧形向前切推，切忌直線進發，但在著點的剎那間，可視情況用直發。這一過程似長鞭盤龍揮灑。

其關鍵詞為：黏、隨、旋腕、弧形。其因動作過程細微，須細心體會。

3. 捲手拿打

左掌前進時，右掌要同時啟動：掌腕內旋，小指、無名指、中指、食指、拇指依次向內捲勾，捲至手指向裡時，迅即五指合攏，指尖向下，成吊手鶴頭掌型，並不停頓地向後方擊打，手腕與肩同高，鬆肩垂肘。

右手旋腕捲勾，內含勾拿封打之勁意，既可向內捲勾封拿來手而打之，又可向外捲勾，還可一手勾拿、另一手打之。

總之，左單鞭的右手捲腕勾拿（右單鞭則相反）內涵豐富，練拳時不可一滑而過，務須留心默察。

4. 注重尾功

以左式為例。在左腿前弓、右腿伸蹬、左掌前按的過程中，要尾閭鬆沉前送，這是很重要的一項心法。

尾閭位於脊樑骨末端，俗稱「尾骨」「尾巴根椿」，穴位名長強穴。它身繫穩定中心及貫通上下的重任，即拳論所謂「尾閭中正神貫頂」是也。

先師把尾閭比作人體的秤砣，要求我們認真修練。俗語說，一秤壓千斤，若沒有秤砣的功能，怎能壓千斤。我們人體重量的前後變動及左旋右轉，也必須靠尾閭來權衡，才能相稱；人體中心線的變移，同樣要靠尾閭來調節，才能得體；尤其在腰胯進行旋轉時，更要尾閭的墜而旋轉，才能轉得靈，轉得穩。

單說尾閭前送還不夠，應該說尾閭鬆沉前送，離開了「沉、墜」，就失去了秤砣的功能。所以在弓步進身按掌時，尾閭必鬆沉前送，方為得法。

尾功適宜本門太極拳各個招式。換句話說，每一拳招

都要注重尾閭的功能。前面各式未曾提到秤砣功能的，均含此意。至於以下各式，除非特需，不再一一點明。

5. 鬆肩吐勁

當弓腿進身、左掌前按、右掌後勾即將形成左單鞭之際，還要注意虛領頂勁、酥胸圓背、鬆肩垂肘、坐腕、中正等要訣，其中鬆肩垂肘一訣容易被忽略，特提請注意。因為此時內氣、內勁都要通向雙掌而出，肩窩是否鬆空是一關鍵，若是肩窩緊張，勢必阻塞內勁的輸送。

所以兩肩必須放鬆，而且還要微微一沉，用意念把內氣、內勁從肩窩送達至前後兩掌，這稱之為「鬆肩吐勁」。同時肘關節也要鬆活舒展，推動前臂前伸，促進氣勁順暢而出。

六、實用舉例

單鞭的動作並不複雜，但用法變化卻比較多，今舉四例：

1. 側後反擊

若有人從身後偏左處擊來，可迅速向左側旋胯轉體，帶動雙腳向左後方碾轉，左手上穿接沾黏來手，重心移寄右腿，左腳上步插襠，迅速弓腿進身，左手翻掌坐腕，向對方胸部或肩胛處反擊發掌，把對方擊出。與此同時，右手向右後方捲腕勾拿後伸，既可助左掌前攻發勁，又可防右後方發生意外變化。此時形似單鞭架式。

但要注意，轉身、掤接、上步、發掌必須按心法一氣呵成，迅速快捷，方能奏效。

若有人從身後偏右處擊來，可按照上法迅速右轉，形

成右單鞭反擊。

2. 左右開弓

若有人出右腳插我之襠，同時用右拳擊我胸（面）部，可迅速鬆沉腰胯，右手上穿，左腕外旋，勾拿來手，同時迅速上右步，出右掌，向對方胸部按切，多半能把對方發出，此時拳式為正面右單鞭狀。

如果對方向其自身後右側閃化，我可迅即順隨其勢向左旋腕轉體，帶動右掌內旋，向其右方捌去，同時左手執黏其右腕採之。這是單鞭變為採捌勢的一種變招。此時對方插入我襠部的右腳反被我左腿管住而被絆倒。

若對方出左腳、左拳攻我胸前，可依上法，右勾，左掌反擊；若彼左閃，可照上法，順勢發之。

3. 雙手鎖拿

若對方抓我左右上臂意圖摔我，我迅速鬆沉腰胯，兩上臂不動，隨其抓拿之勢，兩前臂及雙腕迅速向內勾手合攏（如單鞭之捲腕勾手）鎖拿其兩臂，隨即乘腰胯鬆沉前進之勢弓腿進身，用「雙峰貫耳」心法，把對方發出；或者視對方反應，疾速地旋胯轉體，或左旋，或右轉，把對方甩出去。

4. 首尾相應

先講一個故事。1955 年夏季的一個早上，先師楊奎山在常州人民公園內正在向我們講解單鞭的用法變化，一位自稱外地出差來常州的朋友突然問：「楊老師，單鞭後面的右勾手有什麼用？如果有人攻你後面的手，不是很被動嗎？」

先師當即回答：「單鞭好比長蛇陣，可以首尾相顧，

前後呼應。」先師一邊說，一邊演示前後變化的動作。

　　那位朋友問：「可以試試嗎？」「可以。」先師話音剛落，那位朋友猝然發難，用右手抓住先師身後的右勾手之腕關節，同時左手拿住先師的右肘，並出右腳絆住先師的右腳（即後伸的右腿）外側，欲把先師向其右側後方捋摔出去，或絆倒先師。

　　只見先師以迅雷不及掩耳之勢，腰胯迅速鬆沉右旋，帶動左右兩腳的足踵疾速右旋，使左弓步瞬間變為右弓步；同時左手回防，右臂迅速鬆沉滾肘，旋腕翻掌，解脫被執，反黏其腕，用螺旋寸勁順勢向其銼擠發勁，反把對方擠出，只見那人雙腳離地而去。

　　當他站定後，稱讚：「楊老師，好功夫！」

　　這一故事表明，單鞭的變化豐富多彩。為了訓練此種變化的意識，本門活步快太極中，除左右單鞭外，還有活步單鞭、旋身單鞭（即180°大旋轉單鞭式）、轉身雙鞭（單鞭可變雙鞭），以及與單鞭有異曲同工之妙的「左右捧月」，即左弓步快速旋踵碾足變為右弓步雙臂捧月；右弓步快速旋踵碾足，右弓步又變為左弓步雙捧等。

　　綜上所述，本篇所論的太極拳宏觀心法與微觀心法可以概括為如下幾句話：太極之源中華文化元典，太極之道在明明德，太極之魂陰陽中和，太極法則性命雙修，一招一式其法在心。

第三篇

鬆靜篇

引　言

　　鬆與靜，是太極拳的兩大特徵，亦是兩大心法要領。兩者互為依存，相輔相成，所以把兩者合在一起為「鬆靜篇」，以示其相融成體。

　　太極拳以鬆柔為本，故被稱為柔性拳術。張三豐、王宗岳的拳經中，處處閃爍著鬆柔之理。要鬆到什麼程度呢？即要達到「一羽不能加，蠅蟲不能落，人不知我，我獨知人，英雄所向無敵」的高深境界。

　　鬆柔原本是先天的本性，初生嬰兒的滿身柔美就是一個有力的明證。然而，由於後天環境的種種刺激，後來產生了緊張，不但肢體緊張，而且心理也容易緊張，憂愁煩惱也是緊張的一種反映。因此消除緊張，恢復鬆柔，不但是練好太極拳的關鍵，也是還我先天固有、保障身心整體健康的必須。

　　太極拳又是以靜為體，以動為用，又被稱做主靜拳術，它與鬆柔合起來，則並稱主靜的柔性拳術。靜到何種程度？要達到「靜中觸動動猶靜」的境界，這是從動與靜的關係上說的。

　　動是從「靜中」觸發出來的，但動的時候依然猶如靜，表明了靜是主體。若是從靜的自身要求來講，即是「心貴靜」。此「心」，非心臟之心，而是指腦、意識、思想等名詞，因此心靜，即腦靜、意靜、神靜、練拳時要求大腦入靜，思想集中，精神專一，心無塵念，直至虛靜無為的神明的境界。

　　至於心中一靜、心神一靜等，則是操練一招一式時的具體要求，如太極起勢就是從虛靜中開始的，而且所有招式動作、要領、心法都要在「靜」態中完成。

　　鬆與靜相輔相成，而且你中有我，我中有你，密不可分，相融成體。從鬆來說，大腦的入靜又能推進周身的進一步放鬆，尤其是當心無塵念之時，就是周身放鬆之際，此即所謂「心靜體鬆」也。不難想像，當妄念叢生、心情緊張時，形體能放鬆嗎！

　　我們若要消除後天的緊張，恢復先天的鬆柔，首先要消除大腦的緊張，驅除心中的妄念，恢復心腦的寧靜。從這一角度講，似乎靜在先，應是先靜後鬆；但從大腦放鬆能促進大腦入靜來講，則似乎鬆在先，應是先鬆後靜。若要文字表述，則可講鬆靜，亦可講靜鬆，不過約定成俗，「鬆靜」的表述習慣了，還是稱做「鬆靜」吧。

　　其實不必分誰先誰後，兩者是互為因果的，心靜則體鬆，體鬆即心靜，到了虛靜無為的主深階段，已分不清誰是鬆誰是靜了，兩者融為一體了。

　　當然，鬆靜畢竟是有區別的，所以本篇敘述時，分中有合，合中有分，有分有合，以示全貌。

第一章
放鬆的原理──鬆柔是人的本性

第一節 ◆ 人體一太極

太極是陰陽未分、天地未判之前的混而為一之氣，是宇宙的本原。太極分出陰陽之後，經過陰陽二氣的交感，出現了太和之氣，於是「和氣生人」，天地以「和順」為命，萬物以「和順」為性，生生不息。

南宋著名學者朱熹在前人研究太極學說的基礎上，提出了「人人有太極，物物有太極」的嶄新命題，而且風行於世，流傳至今，影響著各個學術領域。於是太極先賢把人體比作一太極，用以指導修道練功。《太極拳譜》中的「大小太極解」及「人身太極解」兩文中，把人體內外各部位比作太極、兩儀、四象、五行、八卦，並說：「人身為太極之體，不可不練太極之拳。」

太極不但是宇宙的本源，也是人的本源。太極本身是水濛濛的氣體，是鬆柔和諧的統一體。天地是一大太極，人身是一小太極。因此，人的本性應該是鬆柔和諧的。

第二節 ◆ 道法自然

「道法自然」是老子提出的經典性命題，歷數千年而不衰。其原話是：「人法地，地法天，天法道，道法自

然。」（《老子》第二十五章）

　　人法地，是說人應當傚法大地厚德載物、安靜柔和的美德。地應當傚法天的恩澤萬物、自強不息的美德。而道，則是宇宙萬物的本源，也是天、地、人及宇宙的最高法則。道的性質是自然，故道順應自然，聽任萬物之自然而然，所以稱道法自然。

　　道家及道教均奉「道法自然」為修練法則，太極拳也莫不以此為準。本門的練功歌訣是：

> 無形無象唯懞懞，
> 心有靈犀一點通，
> 道法自然萬般鬆，
> 虛靜無為心中空。

第三節　◆　人之初生

　　崇尚「道法自然」，不僅僅因為那是老子的教導，主要是因為自然放鬆是人的本性，老子不過把人之本性揭示出來罷了。只要看一看初生嬰兒的身體，沒有人不承認嬰兒的肌體是很鬆很柔的。例如，嬰兒的手臂是小小的，假如你把它托起來，你就會感到那小小的手臂柔若無骨，而且有一種沉重的感覺。

　　為何會這樣？因為那時嬰兒入世不久，尚未染上後天緊張僵硬的習慣，一切均處於放鬆自然的狀態。鬆則柔，柔則和，和則沉。

　　初生嬰兒的鬆柔體質，足以證明放鬆是人先天固有的本性。相反，不少長者身體僵硬，一不小心就會跌倒，引

發嚴重後果，所以「老年怕跌」成了通病。但小孩子因渾身鬆柔而不怕跌，俚語說：「孩子是跌跌撞撞長大的。」因此，「想做不倒翁，須練太極拳」。

第四節　◆　生活的見證

　　儘管由於後天的種種原因，養成了緊張僵硬的習慣，但放鬆的本性仍然在日常生活中不時表露出來。

　　見證之一：

　　下班了，帶著疲勞的身心回到家裡，往沙發上一屁股坐下，四肢一舒，背心一靠，頓感疲勞漸消，好舒服。這是生活中常見的小鏡頭，是放鬆本能的自然流露。為何不把這種自在的現象變為自覺的行動呢，讓身心經常保持放鬆狀態，對己對人皆有裨益。

　　見證之二：

　　緊張的工作告一段落時，通常都會說「這下可以鬆一口氣了」；或者說「大家鬆一口氣吧」。於是，有的口銜一支煙，翹起二郎腿，悠哉悠哉，好不逍遙。這表明放鬆是多麼需要啊！

　　見證之三：

　　散步是大家喜愛的活動，有的是快步、大步，有的是慢步、小步；有的飯後百步，有的是花前月夜漫步。無論哪種散步，雙臂總是鬆鬆的，隨著步伐前進而自然擺盪，尚未見到過雙臂僵硬式的散步。因為散步時的心情是輕鬆愉快的，兩臂是自然下垂的，所以手臂能隨著步子而慣性擺盪。這種狀況與太極拳「腰胯帶動兩手」的原理是一致

的，僅僅是表現的情況稍有不同而已。

　　見證之四：

　　人處於睡眠功能態時，身心都是放鬆的，這似乎不需要多講什麼了，都能明白放鬆是人的先天本性。

　　見證之五：

　　放鬆的原理處處可見，連政治經濟活動中也時有顯現。例如我國經濟體制改革初期，提出的為企業「鬆綁」的措施，立竿見影，一放鬆企業就活了。

第五節　◆　拳經的論證

　　有人說，王宗岳拳論中沒有提到「放鬆」，可見練拳不一定要放鬆。這是對拳論沒有深入研究的一種誤解。

　　王宗岳的《太極拳論》，單看文字，通篇確實沒有「放鬆」二字。但這僅是表面現象，如果深入一步看，就會發現該拳論通篇都含著自然放鬆之理。

　　首句「太極者，無極而生，動靜之機，陰陽之母也」。就是自然放鬆的生動寫照。想那創世之前的無極狀態，就是無形無象、濛濛惚惚的自然實體，而太極則是混渾為一體的元氣統一體，它們的實質都是自然柔和，所以自然放鬆是太極學說及太極拳的重要原理。

　　至於「動靜之機」的動靜，則是太極學說的精髓。雖然太極陰陽的變化是在動靜之間發生的，但主靜是傳統文化的重要內核。北宋著名學者周敦頤就說過：「二氣交感，化生萬物。聖人定之以中正仁義，而主靜，立人極焉。」「故曰，立天之道，曰陰與陽；立地之道，曰柔與

剛；立人之道，曰仁與義。」（《太極圖說》）所以太極拳也是奉「主靜」學說為拳理心法。

太極拳在行功過程中，看起來似乎都在動，實際上是動中求靜，以靜為主，動則是靜。王宗岳另一篇拳經《十三勢歌》中特別提出「靜中觸動動猶靜」的要求，明白告訴人們，靜猶如動，動猶如靜，動中之靜才是真正的靜。若要靜，必須鬆。靜與鬆是一對孿生兄弟，所以鬆靜是太極拳的第一要義。

「陰陽之母」句，是說太極是陰陽的母體，陰陽是由太極產生的。這一點，「哲源篇」已有論述。陰與陽，即柔與剛。所以王宗岳拳論接著說：「人剛我柔為之『走』，我順人背為之『黏』。」自己不鬆不柔，怎能「走」，又怎能「黏」著對方取得順勢，又怎能「不偏不倚，忽隱忽現」呢？這不是明白地告誡我們要放鬆至柔嗎？

拳論中最能生動體現鬆柔原理的一句話，就是「一羽不能加，蠅蟲不能落，人不知我，我獨知人，英雄所向無敵，蓋由此而及也」。這已經不是一般的放鬆要求了，而是上升到至鬆至柔的鬆空境界了。

如果再進一步研究王宗岳拳經及其他先賢的拳經，放鬆之理越論越深，越令人神往。

第六節 ◆ 劍道的「四空」

武當丹派第十代宗師李景林，創造性地把武當劍的劍道神韻融入於太極拳中，使本門太極獨具特色。在放鬆要領上，要做到武當劍的「四空」，即「足心空，手心空，

頂心空，心中空」。（按：黃元秀於 1931 年出版的《武
當劍法大要》中只提到前三空，實際上應是四空）

　　這「四空」的功用是：手心空，使劍活；足心空，行
步捷；頂心空，身眼一；心中空，與道合。四空，即無
心，沒有預先的設想，毫無妄念，純任自然。前人說：
「無心則與道合，有心則與道違。」到此地步就能「虛靈
不昧，一切事物之來，俱可應也」。

第七節　◆　後天的緊張

　　人之初，全身柔美。隨著歲月的流逝，那先天的柔和
之美，逐漸被後天造成的緊張僵硬所掩蓋，無論是身強力
壯的，或是體弱多病的，緊張成了通病。一舉手，一投
足，莫不關節緊張，肌肉僵硬，全身拙力。

　　尤其嚴重的是，遇事精神緊張，以致引起內臟器官紊
亂，損害健康。所以，緊張的陋習，對於養生健康乃至為
人做事為害不淺，更是修練太極拳的一大障礙，理應消除
緊張，恢復鬆柔。

　　可是聽到一種觀點，認為「沒有一定的肌肉緊張，就
不可能固定姿勢」。這是一種誤會。

　　現以弓步或虛步站立為例分析。無論是前腿負重七
成，還是後腿負重七成，支撐身體大部分重量的那條腿的
肌肉都比較堅實，但並不是緊張。

　　緊張與堅實是兩個不同的概念。肌肉在特定時候的堅
實，是先天的自然反映，而緊張則是後天的人為現象，兩
者在本質上及形態上都有著顯著的差別。前者是以鬆柔為

本、由內向外的一種膨脹之勁，其表現形態是肌肉堅實但皮膚放鬆。

　　不妨做個試驗，凡放鬆功訓練有素者，其腿部肌肉雖然堅實，但皮膚都是放鬆的，並不僵硬。只要用手撫摸一下，就能明白此話非虛。而緊張者，其所站姿勢從肌肉到皮膚都是僵硬一塊。所以，不能把先天的鬆柔堅實誤解為後天的緊張。

　　何況，「緊張」一詞已約定俗成，成為錯誤動作的代名詞，作為「放鬆」一詞的對立面而存在，即使冠上「必要的緊張」的美名，也與放鬆之理相悖，不能不棄之。

▌第二章
放鬆心法──六法

　　放鬆之法，全在乎心，其法如下。

第一節 ◆ 觀念放鬆法

　　思想觀念是行為的指南，是什麼樣的觀念，就會有什麼樣的行動。故而觀念放鬆是放鬆第一法。

　　所謂觀念放鬆，就要樹立「鬆柔是人的先天本性」這一根本觀念。確立了這一觀念，放鬆就不會覺得是難事，那不過是恢復先天本性而已，並非另起爐灶搞別的什麼名堂。所以我們的口號是：恢復好本性，改掉壞習慣，還我先天柔性，拋棄後天拙力。從方法來說，叫做恢復法。

　　無數事實證明，凡能依照「鬆柔是人的先天本性」修練的，都能在短期內敲開放鬆的大門。遠的不說，就說近期一則故事吧。

　　那是在 2005 年 2 月，在西雅圖表爾威市社區中心的太極班上，一個白人學員問道：「師父，放鬆為什麼這樣難？」這問題引起了許多學生的共鳴，都圍攏來聽我的解答。

　　我說：「放鬆並不難。因為放鬆是人的先天本性，我們只要恢復本性，自然能放鬆了。大家不妨想一想，初生嬰兒的身體是那麼地放鬆，可以說是柔弱無骨，這不是證明了人體鬆柔是人的先天本性嗎？緊張與僵硬，是後天造成的壞習慣，不是與生俱來的。我們修練太極，就是要改掉壞習慣，恢復好本性。」

　　大家聽得頻頻點頭。有人接著問：「那麼怎樣恢復本性呢？有什麼好辦法？」

　　「辦法很簡單。第一，在心思、情感、意志上確立一個觀念：我一定要恢復好的本性；第二，在感覺上當作自己的軀體好像不存在了。譬如說，雙手不連在自己的身體上了，已經沒有了。這一點很容易做到，只要思想觀念上一明白，馬上能見效。不妨大家做個試驗，看看究竟。」

　　我隨即托起身旁一個同學的右臂試驗。首先，讓他當作不是他的手臂，然後把他的右臂托托拋拋，開初，他理性上能夠當作自己的手臂沒有了，但感覺跟不上，手臂仍然僵硬地在他身上。

　　隨即，我把自己的右臂讓他托著，請他拋拋放放。我按照心法捨去手臂，隨著他的拋放而自然起落，始終與他

的手掌黏在一起，然後問他有什麼感受。他說：「感到師父的手臂很是鬆、沉，肌肉也很柔軟。」我順著他的感受說：「這就是手臂沒有了的效果。你只要像我一樣，理性認識與手臂感覺協調一致，馬上就能放鬆。好，我與你再試一試。」

這一次，他果然鬆多了。一邊拋他的手臂，一邊講他的不足，漸漸地他真的感到手臂沒有了。於是，我大拋他的手臂，也能隨著我的拋放而自然起落了。我當即笑著說：「這不是鬆了嗎？」他也高興地笑了：「原來這麼容易。」

圍觀的學生都被感染得眉開顏笑。我不失時機地請那位學生向同學們講述他的成功體驗。然後，我走過去給那位提問的白人學生做試驗，並讓學生捉對相互驗證，我從旁逐一指導。大家興高采烈，笑聲彼伏此起。

下課前，我問學生：今天有什麼收穫？都表示：大有收穫，懂得了放鬆，也明白了壞習慣是可以改掉的，人的善性是可以恢復的。

這個小故事表明，確立恢復先天柔性的放鬆觀念，可以事半功倍地敲開放鬆的大門。

可見，放鬆不僅可以練好太極拳，也可以修心養性，乃至恢復先天美德。

第二節 ◆ 意念放鬆法

上述觀念放鬆，是指確立放鬆的根本觀念，而意念放鬆，則是用意念指揮身體某一部分的放鬆。即根據行功走

架的需要，心意發出放鬆的指令，命令某一處該放鬆。練之日久，就能意念鬆到何處，何處即行放鬆，先是局部的意念放鬆，然後是整體的意念放鬆。

意念放鬆法與安靜密切相關，尤其與大腦的安靜有關。大腦安靜，則心如明境，能有效地指令放鬆。所以此法能把神意與形體融合在一起訓練，以達形神俱備、鬆靜兩佳。

第三節 ◆ 行氣放鬆法

此處所說行氣放鬆，並非指一般氣功中的灌氣放鬆，而是指在練拳過程中的以心行氣，即「心為令，氣為旗，腰為驅使」，也是拳家常說的「意氣君來骨肉臣」。

由此看來，意與氣不可分離，意到哪裡，氣就到哪裡，意念何處需要放鬆，氣就行向何處，去疏通那裡的僵緊部分。日久功深，就能意到氣到、勁到。

在某種特需情況下，也可以用貫氣法衝開僵硬的關節。例如「回身下勢」及「單鞭下勢」等仆步下勢動作，起初難以蹲下去，感到膝關節、髖關節、大腿根部繃得很緊，甚至有痠痛感，蹲不下去。

這時可採用貫氣法，即撤步將要下蹲之際，吸氣；下蹲之時，呼氣。在呼氣時，意念向僵硬痠痛的關節處貫氣，但意念不可太重，只能輕輕地、鬆鬆地、徐徐地貫氣。

開初無甚感覺，日久就會逐漸產生感覺，而且感覺越來越好，僵硬的關節就會漸漸疏通，下蹲之勢也隨之逐步低下去。

第四節 ◆ 忘卻法

忘卻法，就是忘記後天的我，喚起先天的我，忘卻後天的緊張僵硬，重溫先天的鬆柔和諧。

例如要放鬆上肢，就先想自己的手臂沒有了，那後天的肩、肘、腕、掌、指都沒有了，連僵緊的意識也忘記了、消除了。果能如此，則自然會鬆，再加上另一些放鬆法，就會去僵變鬆，由鬆入柔，由柔入和。

忘卻法既是一個放鬆心法，又是放鬆的一種層次、一種境界。例如，前面提到的天人合一的高深境界，也要從忘卻法開始，忘去舊我，換上新我，才有可能進入那樣的境界。

第五節 ◆ 發聲放鬆法

以上幾種放鬆法，宜在盤架子過程中修練，而發聲放鬆法則宜單式訓練。用單式之訓練彌補行拳過程之不足。

發聲放鬆法，呼氣時，口微張，輕聲呼出「鬆」字音，聲音細長，由平聲到去聲。隨著「鬆」字的呼聲，意念全身上下依次鬆開。此法能否見效，在以下三點：

一是發聲與行氣相合。即姿勢站定後，意守臍輪，鼻子吸氣，臍窩微微內斂，吸氣至命門穴。呼氣發聲時，氣由命門前送，經臍輪入下丹田。隨著呼吸的深、緩、細長，發聲亦深緩細長，行氣與發聲同步。

二是發聲與意念相合。即在聲與氣合的過程中由意念引導，口呼鬆字時，意念內氣無微不至，將其導致僵緊之處，漸漸鬆開。

三是意、氣、聲三合為一。即以意行氣，以氣發聲，以聲促鬆。久而久之，三者合一，即意念「鬆聲」一發，全身皆鬆。這可為今後操練發聲與發勁奠定基礎。

發聲放鬆法，還可用於催眠。有些年長者，每每夜半醒來，難以再行入睡。此時可用「聲鬆」法催眠，即放鬆仰臥，排除煩躁不安等不良情緒，思想集中於呼氣發聲。

先發「鬆」字音，繼發「靜」字音，兩聲交替，不論次序，不計其數，連續不停。開初音量稍高，然後逐漸降低，低至只有自身聽見，讓自己在悠長柔細的鬆靜聲中安然入睡。

第六節　◆　生活感悟法

若要把太極拳練得出神入化、活力四射，名師指導及自身勤奮固然是首要條件，但在日常生活中找感悟，也是不可或缺的一項重要功夫。因為生活中有太極。

從前，我老家無錫農村秋收稻穀登場後，需要「牽礱推磨」。「牽礱」是把稻穀礱成米，「推磨」是把米磨成米粉。那種勞動形象，與本門太極中的「村女推磨」一式極為相似，也近似乎於「攬雀尾」拳式的身法。

牽礱的範圍較大。單說推磨，過去有一人推、兩人推、三人推三種情況。一人推，石磨較小，一個人就可操作，一手加米，一手推轉。二人推，磨子稍大，需兩人操作，一人加米入磨，一人雙手按在推磨架上進行推拉磨轉。三人推，則石磨更大些，除了一人加米，須合二人之力，才推得動石磨圓轉。

　　這種兩人推或三人推的勞動形象，類似拳式的雛形。因為推磨者的身法也是上體中正，下肢弓步，兩手前按推柄，向前推，重心前移，弓腿進身；向後拉，重心後移，沉腰退身，變為虛步。

　　由於石磨是圓形的，只是前進後退，石磨不會轉動，必須同時身體左右轉動，與進身、退身協調一致，才能推動石磨轉動。而且，進退、旋轉、推拉三者的力度要均衡，若有不當，就會「卡殼」，甚至推磨架脫出石磨，致推磨中斷。不少初學推磨者常犯此類毛病。

　　筆者早年在家時也學過推磨，曾屢犯進退失當、輕重不均等病，後來學了幾年太極，才發覺「推磨」的要求，與太極拳旋胯轉體、進退轉換、虛實互變、上下相隨、周身一家的原理吻合，所以說生活中有太極。

　　然而，這種古老的推磨，隨著現代化的進展，如今農

古代推磨器具圖

村中早已看不見了，但在著名的「無錫吳文化公園」展館中還能看到，那裡陳列著一套完整的老式推磨器具。筆者前往參觀時曾攝影留念，以供研究（見附圖）。

其實生活中何止推磨一事，還有許多類似之事。例如「手揮琵琶」「玉女穿梭」「彎弓射虎」「李廣射雁」「玉女浣紗」「勒馬雙捶」等拳式，莫不來源於生產、生活，經過先賢加以總結，融入原理，才提煉而成拳式的。

那麼生活中何以有太極？因為太極學說源於生活。只要追溯太極學說的來源，就會發現它開端於原始的太極觀念，而原始的太極觀念，是先民們經過長期觀察生產生活中的自然現象而形成的，即《周易》中「仰則觀象於天，俯則觀法於地」的反映。

既然太極來源於生活，就應當把學到的太極還於生活，用於生活，在生活中感覺、參悟，反過來促進太極的學練水準提高。例如「鬆、靜」兩題，在生活中的現象比比皆是，只要稍微留心，就能見到、感到、悟到。

按以往的習慣，大凡向上舉臂時，總是會抬肩，尤其手提重物時，更是聳肩露肘，肌膚繃得緊緊的。平時應注意這種現象，一經感覺，立即放鬆。

至於「靜」字，要把「虛靜無為」的太極理義應用於生活，一旦遇到煩惱、刺激、壓力等問題，即按太極要求放鬆情緒，靜定下來，泰然處之，哪怕能獲得片刻的寧靜也是十分寶貴的。

總之，一有機會，就要去感覺、去參悟，直到把感覺上升為自覺，成為條件反射，一觸即知，一觸即變，在變中得勝。

第三章
太極放鬆回春功

　　此套功法，並非單一的肢體放鬆，而是融意、氣、神、靈為一體的放鬆功法。堅持修練，不僅能促使身體各部放鬆，更能使身、心、靈整體健康，長保青春活力，故又稱太極放鬆回春功。

　　這套功法是根據先師陸續傳授的基礎功加以歸納整理，編撰而成。式名雖為筆者所擬，但功法非本人之發明，實乃先師傳授。

｜預備勢・真人入定｜

　　此式是無極樁的變式。無極樁作為太極拳的預備勢，既含無極之意，又有太極之念；而真人入定，則著眼於無極之意，兩者相同之中稍有差異。

一、站姿

站姿與無極樁同。

　　身體自然站立，重心分置兩腿，兩腳尖微外撇，呈八字形，腳跟間距約 3 公分；兩臂自然下垂於身體兩側，掌心向內，鬆腰、開胯、鬆膝、鬆踝，五趾貼地；雙目垂簾，留一線餘光，內視臍窩，但視向不可執著，只能若視未視；呼吸自然，以鼻呼吸，長短不論，深淺不拘，只求自然順暢。（圖 3-3-1、圖 3-3-1 附圖）

圖 3-3-1

圖 3-3-1 附圖

二、心法

「真人」，是道家（道教）對得道成神的人的一種稱謂，也是對得道者人格、心靈昇華的一種讚美。譽之曰「真人」，也表示人位的至高的標準。

入定，即思想、情感、意念進入無形無象、濛濛渾渾的無極境界。無極是宇宙形成前的最初的原始狀態，人體同屬自然一物，入定就是回歸自然。我這肉體已無形無象了，一切都回歸自然了，因而無思無慮、無我無他，一切皆處在自然虛靈之中，進入「天人合一」的境界。正如《無極歌》所唱：「無形無象無紛挐，一片神行至道誇，參透虛無根蒂固，渾渾沌沌樂無涯。」（轉自中華版《太極拳譜》）

三、功能

為放鬆功奠定一個身心皆鬆的良好開端。

｜第一式・老牛卸磨｜

一、動作

1. 放鬆站立

接預備勢。左腳向左開步，先腳掌著地，再全腳踏實，兩腳距離與肩同寬，立身中正，自然站立；目視前方。要領與預備勢同。（圖 3-3-2）

圖 3-3-2

2. 以氣卸肩

隨即意守臍輪，吸氣時意想氣由臍窩吸收，吸至命門，氣由命門緣脊而上，分行至雙肩，衝開肩關節，使兩肩徐徐上升，盡量升高些，吸氣也盡量吸得充分些，使小腹充實；吸氣時要注意自然微收陰囊，以收養生回春之效。（圖 3-3-3）

呼氣時，雙肩緩緩降落，並微微向下鬆沉，同時意想

氣降至丹田和手臂，氣透指尖射向地面，宛如卸去重擔，一身輕鬆，同時小腹放鬆，呼出濁氣。如此一吸一呼，雙肩一升一降，為以氣卸肩一次，計做9次。（圖3-3-4）

圖 3-3-3

圖 3-3-4

3. 前後轉肩

卸肩9次後，休息數秒鐘，然後進行轉肩。

吸氣時，以氣催肩，使雙肩同時向上、向前升起；呼氣時，再向下、向後旋轉一圈，圈幅盡量大些。此為前轉肩，須轉9次。（圖3-3-5）

接著做後轉肩，吸氣時，以氣催肩，使肩先向後、向下、再向上旋轉；呼氣時，再

圖 3-3-5

由上、向前、向下旋轉，須往復轉肩9次。（圖3-3-6）

　　在前後轉肩過程中，吸氣時注意提肛、提踵及微收腎
囊；呼氣時注意鬆肛、落踵、鬆腹，以達上下內外一致。

圖 3-3-6

4. 斜十字轉肩

　　上勢完畢，休息數秒鐘
後進行斜十字交錯轉肩。

　　開立步站立，腰胯鬆沉，
尾閭下墜，雙膝微屈，成高架
開立步，隨即向左後方旋胯轉
體約 45°，帶動雙肩同時斜向
轉圈，即左肩下沉，向後、向
下旋轉至肩頭偏向西北；同時
右肩上升，向上、向前轉至肩
頭偏向西南，此時成左肩在後
向北、右肩在前向南的態勢。（圖 3-3-7）

圖 3-3-7

　　接著，向右後方旋胯轉體約 45°，帶動雙肩同時上下

交錯左右旋轉，方法與左轉相同，僅左肩及方向不同，變成右肩在後、在下向北，左肩在前、在上向南的態勢。（圖3-3-8）

雙肩如此左右前後上下交錯旋轉的形狀，構成了一幅交錯斜十字的畫面，左右互換為一次，計轉9次，也可隨意增加次數。

二、心法要點

1. 守臍調息

在以氣催肩過程中，注意臍輪呼吸。初練時只要意守臍輪就可以了，日久自會臍吸臍呼。在吸氣、提肛、升肩時要緩緩地又要盡量地把新鮮空氣吸足；在呼氣、卸肩、落踵時，意念把污濁之氣排出體外。

圖 3-3-8

2. 轉肩要圓

無論哪種轉肩，肩頭均要柔和地轉成一圓滿之圈，才能收到鬆肩活肩之效。

3. 轉肩三部曲

上述斜十字轉肩，並不是單單肩在轉，而是三位一體地在轉。即首先腰胯旋轉，接著帶動上體扭轉，再由上體帶動肩轉臂轉。這腰、身、肩三位一體的放鬆旋轉，能柔和地擠摩五臟六腑，使之進新氣、排濁氣，增進腸胃蠕動，能防治腸胃疾病。

4. 臀部亦要轉

在進行轉肩三部曲時，不可忽略臀部的轉動，然而這

又是容易被忽略的，所以要作為重要心法提出。

　　臀部轉動這一特殊的運動形式，不僅能促進腰胯、雙肩乃至全身的放鬆靈活，更能透過輕微震動和擠壓，調理腸胃及內分泌腺體，增強性激素，提高性機能，有強身回春之功，故不能不認真操練。

　　轉動臀部之法有三，一是胯根鬆開，便於臀部轉動；二是臀部與雙肩同一方向做縱向立圓斜十字轉圈（不是平面轉動）；三是主要靠意念引導。

　　因臀部斜十字轉動不易做到，故外形難以覺察，只有靠意念及自我感覺，日久才能逐漸有所顯露，而且會明顯感到腸胃、臟腑及盆骨、外腎根部受到柔和的擠壓按摩，從而周身內外皆鬆，使內臟歸順，活血化淤，驅邪扶正，元氣倍增，活力鼓動。

三、意境

　　意境同屬於心法範疇，為了引起重視，才另設一目。以下各式皆同此意，不再一一標明。

　　名為「老牛卸磨」，乃取象卸去老牛肩上的沉重磨擔，如釋重負，感到一身輕鬆。同時意想雙肩放鬆了，靈活了，內內外外都得到溫和的柔擠、鬆壓、按摩，好不舒暢。

四、功能

　　本功法的功能，在上述心法部分已大多提及。由於它能促使全身在放鬆狀態下調理臟腑、腸胃，提高性機能，以及具有防治「五十肩」等效能，所以是太極放鬆回春功的重要的一式。

五、小收功

功畢後，兩手自然放置於身體兩側，隨即吸氣，掌心向上，兩手向左右分開上舉劃弧，劃至頭前；隨即呼氣，兩手合攏，掌心朝下，徐徐下按至小腹丹田；然後兩手緩緩分開，置於身體兩側，左腳收攏與右腳並立，身正前視。

第二式・旋轉太極

一、動作

1. 懷抱太極

接上式。左腳開步，略寬於肩；兩臂前伸上舉，與肩同高，鬆肩垂肘；接著鬆腰開胯，尾閭下墜，帶動身體下坐（宛如坐凳子），雙膝彎曲，成馬步狀；兩臂隨馬步而下，兩手轉腕，掌心相對，臂呈弧形，似合抱一個太極氣球；此時虛領頂勁，頸項鬆正，空胸圓背，腹部放鬆，懸頭垂尾，

圖 3-3-9

上體中正，目視前方。其中重點是鬆開髖關節，即開胯鬆腰，以備靈活地做旋轉太極。（圖 3-3-9）

2. 旋轉太極

接著以旋胯為中心，帶動上體及兩手轉動，先向左轉至左側約 45°，再向右回轉至右側約 45°，向左轉為吸，向

右轉為呼，一吸一呼為旋轉 1 次，計轉 9 次。旋轉的速度，以呼吸頻率為準，若是呼吸緩慢深長，則旋胯轉體也緩慢進行。但要注意，上體轉動時，下肢的馬步要穩如泰山，兩腿不能受牽連而晃動。（圖 3-3-10、圖 3-3-11）

圖 3-3-10　　　　　　　　　圖 3-3-11

3. 推轉太極

上動完畢，仍轉向正南馬步抱球狀。隨即再向左旋胯轉體，重心移向左腿，帶動右腳跟旋轉內扣約 3°，懷抱太極之兩臂隨著轉動。當轉至面向東南時，重心後移右腿，左腳尖外撇約 30°，兩腕外旋翻掌，掌心向前，成斜立掌。（圖 3-3-12）

隨即重心前移左腿，成高

圖 3-3-12

架左弓步；兩掌隨著弓步進身向前推出，成左弓步雙推掌態勢，此時面向偏東南。（圖 3-3-13、圖 3-3-14）

圖 3-3-13　　　　　　　　　　圖 3-3-14

上動不停。隨即重心後移至右腿，雙手隨之恢復弧形抱球狀，向右側旋胯轉體，帶動左腳內扣，使左腳與右腳呈倒八字型（圖 3-3-15）；當轉至偏西南方時，重心後移

圖 3-3-15

至左腿，接著重心前移至右腿，成右弓步推掌態勢。（圖
3-3-16、圖 3-3-17）

圖 3-3-16

圖 3-3-17

如此左右旋轉、弓步推掌為 1 次，計轉 9 次。

4. 攬轉太極

上動完畢，恢復馬步姿
勢；接著兩手叉腰，上體中
正，鬆腰開胯，虛領頂勁，
目視前方。（圖 3-3-18）

於是，腰、胯、腹、臀、
尾五位一體（簡稱五體），同
時做平面圓旋攬轉。這「五
體」好似結成了一個太極球，
所做的攬轉是立體式的圓圈，
而且全身只有這「五體」在

圖 3-3-18

轉，其餘的部位，包括四肢及上體等部位皆不參與其事，所

以要兩手叉腰、兩膝不晃，不能受牽連而捲入。

從這一點看，也可以說是五體太極球在做立體式的自轉。先順時針方向轉 9 次，再逆時針轉 9 次，也可自行增加次數。（圖 3-3-19、圖 3-3-20）

圖 3-3-19

圖 3-3-20

二、心法

1. 一意四要點

上述立體式的攪轉，雖然有些難度，但只要掌握其心法要訣，就能逐步學會。其要訣是「一意四要點」。一意，即明確以「心為令」的意念指揮所在；四要點，即開胯鬆腰為前提，尾閭軸心為意念，腹部放鬆為摩氣，臀部轉圈為形態。

「開胯鬆腹為前提」，是說此處的開胯鬆腰須提高水準，從一般要求升格至虛無狀態，即兩胯似乎脫離了大腿根部，可以任意轉動，具備了這一前提，腰、腹、臀、尾才能毫無障礙地靈活旋轉。

「尾閭軸心為意念」，是說意念上要把尾閭作為「五體」旋轉的軸心，而且意念軸心要先啟動，「五體」才同時轉動。進一步說要意念尾閭指向地面，凌空在地面上劃圓圈。這樣，就能促使「五體」同時旋轉，像攪拌機似地攪轉。

「腹部放鬆為摩氣」，是說用意念放鬆法使腹部的肌膚及內腸得到鬆弛，以便在「五體」攪轉中利於內氣鼓盪，摩合交感，按摩內腸，增加腸蠕動，日久可產生腹鳴、放屁，對於調理腸胃功能，防治便秘有特效。

「臀部轉圈為形態」，是「五體」攪轉的形態，它最終要在臀部的轉動上體現出來。如果前面幾點都做到了，則臀部自會靈活地前後左右旋轉成圈。隨著功深，臀部的轉動會日益明顯，攪轉的幅度也會逐步加大，放鬆等整體效果亦隨之步步提高。

2. 腰胯帶手原則

腰胯帶動手，是太極拳運作的重要原則，所以放鬆功法中多處要講這個問題。在第一式中已開始接觸，而本式則是典型的「腰胯帶手」，無論是旋轉太極，還是推轉、攪轉太極，都須遵循「腰胯帶手」原則，尤其是「旋轉太極」的姿勢，則是典型中的典型。

何以見得？因為它必須嚴格實行「手不妄動」與「腿不晃動」兩條重要法則，這兩條法則很能體現太極拳「用意不用力」的特徵。

「手不妄動」，即懷抱太極之兩掌、兩臂，決不能自作主張，擅自妄動，只能依靠旋胯轉體來帶動兩手左右轉動，決不能有半點含糊。所以兩手要聽腰胯的話，不能有

絲毫的強頭犟腦。

「腿不晃動」，是說扎馬步之兩腿似立樁入地，穩如泰山，在旋胯轉體時，雙膝不能有半點晃動，始終與腳尖保持一致。這是檢驗腰胯是否真正放鬆的重要標誌，如果腰胯未能真鬆，尤其是胯未曾鬆開，則旋胯轉體 45°時，雙膝必然會受到牽連而晃動，所以這是查驗開胯鬆腰的標尺。若有興趣，不妨一試。

3. 步隨身轉

上述推轉太極，是馬步旋轉變為弓步推掌的過程，其中有步法的內扣與外擺，這需要貫徹「步隨身走，身隨步轉」的原則。

假如向左旋胯轉體並重心移向左腿時，右腳尖要內扣約 30°，這個扣足動作是由左轉體和換重心帶動的，並非右腳擅自扣轉。左腳的內扣外擺也同此理。

三、意境

遵循太極學說的原理，人人都是一太極。意想自身似乎化為一個太極了，在和諧地旋轉不息，生生不已。

四、功能

此式功能在上述心法中已有提及。從放鬆要求講，透過旋轉、推轉、攪轉這「三轉」，能有效地促進以開胯鬆腰為中心的各部位放鬆，對於養生、健身、回春也有顯著的效果。例如「攪轉太極」與第一式的「斜十字轉肩」有異曲同工之妙，在前式的基礎上，又加一次修練，效果自然會提高一步。

五、小收功

同第一式。

| 第三式‧金雞報曉 |

一、動作

1. 放鬆站立

小開步站立，周身放鬆，立身中正，凝神遠視。（圖 3-3-21）

圖 3-3-21

2. 拋臂提膝

隨即左臂放鬆，整條手臂向上甩拋而去，拋過頭頂，指尖向上，掌心向右；同時，右臂鬆肘，隨勢甩出前臂，甩至與左肘同高，形成左手在上、在前，右手在下、在後的態勢；拋臂的同時，左腿、左膝放鬆向上提起，膝蓋盡

量提高些，小腿自然下垂，大腿與小腿成三角形，踝關節放鬆，腳掌鬆弛下垂，腳尖垂向地面。此為左式拋臂提膝。（圖 3-3-22、圖 3-3-23）

　　隨即雙臂自然下落於身體兩側。接著做右式拋臂提膝。左右拋提為一次，重複 6～9 次。

圖 3-3-22

圖 3-3-23

3. 慣性甩拋

　　拋臂提膝，宛似拳式中的「金雞獨立」，但兩者又有所不同。前者是動態報曉的形象，後者是定式亮相動作。尤其是兩臂要慣性甩拋，拋上拋下不可停頓呆滯，為此整條手臂必須完全放鬆，才能柔和舒展地拋臂提膝。

4. 發聲報曉

　　拋臂提膝的前三次，無聲進行；後三次，可以發聲，發出「鬆」字音，音量適度。

　　注意聲音須從丹田發出，象徵金雞啼聲報曉。動作須與發聲協調，故名「金雞報曉」。

二、心法

此式旨在重點促進四肢關節的放鬆。上肢慣性拋提時，意在放鬆肩、肘、腕、掌、指五節；下肢來回提膝時，意在放鬆腰、胯、腿、膝、踝、足、趾七處。所以在操練時必須意念明確這十二處的放鬆，同時連帶周身放鬆。

三、意境

心想自己宛如金雞雄立高處，面向曙光，高歌報曉，神採奕奕。

四、功能

心法中已提到此式的功用，這裡要說的是，此式是訓練動態中的放鬆，較之靜態放鬆更進一步。加上發聲放鬆，更可促進內外皆鬆，氣血流暢，安撫內臟；再加報曉時的神採意境，於修心養生大有裨益。

｜ 第四式・風擺荷葉 ｜

一、動作

1. 開步站立

向左開步，兩腳距離與肩同寬。站勢要求同前。

2. 擺臂盪身

腰胯鬆沉，腳掌蹬地，臀部向前復向後擺盪，帶動身體前後搖擺及兩臂上下前後甩盪，像池塘荷葉迎風搖擺，又像玩盪鞦韆遊戲。

　　臀部前擺時，上身向後仰身，臀部後擺時，上體向前俯身；同時兩臂慣性上下揮甩。擺盪的幅度由小到大，初時小些，逐步加大。可分小擺（圖 3-3-24、圖 3-3-25）；中擺（圖 3-3-26、圖 3-3-27）；大擺（圖 3-3-28、圖 3-3-29）三個層次。但要注意，如果大幅度俯身視地時，不能低頭看後方，只能抬頭看前方，以防發生頭暈等狀況，切記。

圖 3-3-24

圖 3-3-25

圖 3-3-26

圖 3-3-27

圖 3-3-28

圖 3-3-28 附圖

圖 3-3-29

圖 3-3-29 附圖

3. 盪身甩手

　　風擺荷葉的過程，如果要分次序的話，應為臀部先動，身體繼動，兩手隨動。這個「以臀促身，以身帶手」的程序不可打亂，尤其是手的甩揮必須由身體帶動，決不能擅自亂動。

三、心法要點

1. 擺尾為樞紐

此式的核心在於一個「擺」字，像鐘擺那樣，擺了才會盪來盪去。擺什麼？擺臀部尾閭，以臀尾擺盪為樞紐，帶動腰胯轉動、上體搖動、兩手甩盪。如果不擺尾，不搖身，只甩雙手，那就本末倒置，徒勞無效。

記得上世紀 60 年代中後期一度盛行的「甩手」健身活動，就因為不擺尾盪身，只僵硬地甩手，結果收效甚微，以致煙消雲散。這表明，放鬆健身活動不能本末倒置，必須得法。

2. 以擺促鬆

擺尾盪身的目的，是為了促進全身放鬆，著重促進上體、手臂、腰胯、雙膝、踝關節等處的放鬆。促進之法，可採用觀念、意念、行氣、忘卻等放鬆心法，效果定佳。

例如為了促進兩臂的放鬆，可忘卻手臂的存在，兩臂才能隨著擺尾盪身而自然甩盪；若是大幅度的擺盪，兩臂也就會有鬆柔舒暢之感。

三、意境

在「風擺荷葉」的過程中，要觀想自身像荷葉那樣迎風擺動，搖曳生姿；喻示周身輕鬆虛靈，神情飄逸。

四、功能

此式的放鬆功能已在心法及意境中說明。此處再說一點，即可以促進胸背、腸胃及骨骼的放鬆與自我按摩。例如，身體如果較大幅度地俯仰，大腿根部特別是坐骨神經

會明顯地感到被牽引按摩，起初有點痠痛感，日久會感到舒服，能防治坐骨神經痛。

五、小收功

同第一式。

｜第五式・西湖盪船｜

一、動作

1. 原地盪船

開步站立，旋胯轉體，帶動兩手向左右甩去盪來，上體隨之鬆沉升降。此時的形狀是：腰身左旋右轉，雙膝微屈微伸，上體一起一降，兩手一擺一盪，雙目左顧右盼，宛如乘船盪漾。如此左盪右晃為 1 次，計 6 次。（圖 3-3-30、圖 3-3-31）

圖 3-3-30　　　　　　　　圖 3-3-31

2. 二環套月

上勢完畢後，恢復開步站立式，接著向左旋胯轉體45°，再回向右旋胯轉體45°，以此帶動兩臂向左上方、再向右上方劃弧而下成一月形圓環，故名「二環套月」。此為順圈套月，須轉環 9 次；接著做逆圈轉環套月 9 次。（圖 3-3-32～圖 3-3-35）

圖 3-3-32

圖 3-3-33

圖 3-3-34

圖 3-3-35

3. 活步盪船

「盪船」畢，隨即向左盪，左腳隨之向左橫進一步踏實，右腳隨著橫收一步，但虛懸不落地；向右迴盪時，右腳向右方橫進一步踏實，右腳也隨之橫收一步虛懸不落地。以如此步法左右移動，重心虛實左右互換，助長飄盪之感。左飄右盪為 1 次，計 6 次。（圖 3-3-36、圖 3-3-37）

圖 3-3-36　　　　　　　　圖 3-3-37

二、心法

1. 雙環套月時，必須以腰胯旋轉為樞機，帶動兩臂劃弧轉環，而兩臂的轉環又要以肘關節為軸心轉動，所以兩臂不可僵緊，兩肘放鬆靈活，純任旋胯轉體來帶動，稍有拙力，則轉動不靈。

2. 活步盪船時，須做到「五合一」，即旋胯、轉體、橫步、跟步、擺臂五合一，方能像盪船那樣輕鬆祥和，左顧右盼之雙目神有所注。

三、意境

意想斯時宛如泛舟西湖，清風徐來，微波盪漾，隨波飄盪，顧盼湖光，賞心悅目。

四、功效

促進兩臂在左右擺動中放鬆（上式風擺荷葉是在前後擺動中鬆開），尤其是二環套月中的肘關節放鬆轉動，更能養成以肘關節靈活旋轉的良性習慣。

同時促進腰胯在活步「盪船」中放鬆轉動，增強腰胯的靈活性及周身一家的協調性。更能在顧盼之間，促進心境放鬆，在美好的意境中修心養性。

五、小收功

同第一式。

│第六式・四季常青│

一、動作

此式有旋腕、抖腕、搬腕、纏腕四法。因手腕靈活，故名「四季常青」。

1. 旋腕（巧開金鎖）

開步站立，兩臂向前並伸，鬆肩垂肘，食指、中指向前，餘三指微捲曲，掌與肩同高，掌心向下；隨即雙腕滾旋，先外旋再內翻，帶動手掌滾翻圓轉，初始慢旋，逐漸加快，越旋越快，至少旋轉 20 次。（圖 3-3-38、圖 3-3-39）

圖 3-3-38   圖 3-3-39

但手腕的旋轉，不能牽連肘關節晃動，肘尖仍應保持下垂之勢，這種腕旋而肘不晃的狀態，猶如拿了鑰匙開門鎖狀，故藝名「巧開金鎖」。能否做到手腕旋轉而肘不亂動，是檢驗腕關節是否真正放鬆的標誌，也是檢驗是否鬆肩垂肘的重要標誌。

2. 抖腕（仰天覆地）

開立步變為弓步，兩臂向前平伸，鬆肩垂肘，與肩同高，手心朝下，目視前方；隨即兩肘驟然下沉，雙腕趁沉肘之勢抖腕仰掌，仰至極點，手指盡量後翻，同時前臂豎起，使掌心朝天。（圖 3-3-40）

接著，前臂快速向前抖伸，促動手腕向前下方甩抖，手掌疾速向下俯覆，盡量甩俯至極點，使掌心向下、向後，指尖下垂。（圖 3-3-41）

注意在抖腕仰掌時重心後移，成右虛步；抖腕俯掌時重心移向前，回覆右弓步。如此來回抖腕仰掌、抖腕俯掌，直抖至手腕微酸為止，再換左弓步抖腕。也可以右式

　　圖 3-3-40

　　圖 3-3-41

抖 9 次，再左式抖 9 次，以後逐步增加次數。

3. 搬腕（搬開頑石）

　　弓步收回，變高架馬步，兩臂前伸，鬆肩垂肘，十指鬆鬆握拳，拳心朝下；雙腕向外抖旋，雙拳向外搬翻，同時雙肘一沉，助長搬腕之勢，此為外搬腕。（圖 3-3-42、圖 3-3-43）

　　圖 3-3-42

　　圖 3-3-43

圖 3-3-44

接著雙腕向內抖旋，促使雙拳向內合翻，此為內搬腕。（圖 3-3-44）

在一搬一合的過程中，同時要求尾閭一墜一起，腰胯一沉一回，雙膝微屈微伸，腳掌一鬆一實，上體一升一降，須來回搬合升降 9～18 次。

4. 纏腕（金絲纏腕）

馬步換成右弓步，兩臂前伸平舉，與肩同高，鬆肩、屈肘、鬆腕，手指朝前，掌心朝下（圖 3-3-45）。隨即手腕鬆開，帶著手掌先內旋，再上揚，並向外、向下、再向上前方纏繞一圓周，直至手心向上，手指要鬆柔。

在上述掌腕向內、向上纏繞之初，重心後移退身成高架右虛步（圖 3-3-46、圖 3-3-47）；當手腕向外、向下、向上前纏繞時，重心移前進身回覆至右弓步（圖 3-3-48）。

這種退身、進身纏腕為一次，接著，旋腕翻掌，掌心向下，做第二次退身、進身纏繞，共計做 6 次。然後右腳收回，左腳前邁，變成左弓步，進行左式纏腕 6 次。

二、心法

1. 旋腕之初，意在食、拇兩指，好像拿了鑰匙在開鎖，手腕旋轉是在手指帶領下同時轉動的，此為以指領腕的旋腕；操練日久，再做以腕促指的旋轉，越轉越鬆，越

圖 3-3-45

圖 3-3-46

圖 3-3-47

圖 3-3-48

鬆越活。還要注意，旋腕時不可出現手指下垂狀態的「倒腕」，那樣腕關節勢必滯澀，旋轉不靈，故手腕必須鬆活持正。

2. 抖腕時，意不在手腕，而在另外兩處，一是在腰腿

及腳底，當向上抖翻及向下甩合時，都要靠腰腿鬆沉、腳掌踏勁以及重心前後變移來帶動；另一處是意在手指，向上抖腕時，要意想手指盡量向上、向後翻倒而去，以便掌心朝天；手腕向下甩合時，要意想手指盡量墜向地面，以便掌心俯地並向後方。

當然，此處說意不在手腕，並非說手腕無所作為，相反的手腕大有可為，因為它是抖腕，所以必須完全放鬆，進入「無腕」狀態，才能隨著腰腿等動作而抖動。

3. 搬腕的意在拇指，意念由拇指引領拳頭向外抖搬，搬至拳、臂向外翻轉橫移，像展開摺扇的扇面一揮而搬；再加上腰胯、腿足、轉體等協調一致，就能使出搬開頑石之勢。

4. 纏腕之法，近似擒拿術的金絲纏腕之法，要點在於訓練手腕的活而有勁，鬆而能活，活而能轉，轉而有勁。所以腕關節上下的內外旋轉幅度要盡量擴大，手指與掌心也要放鬆柔和，才能在對方手上黏之繞之。

三、意境

此處的意境，已包含在上述心法之中。

四、功用

1. 活腕四式，是武當丹派武當劍術訓練手腕的基礎功法。當年李景林把它移植於太極拳之中，作為加強腕力的修練，這是本門太極的又一特徵。因為在太極拳中有不少拳招都要使用腕法，如採捌、擒拿、雲手、勾鎖、搬攔、掩手、倒捲等，均要發揮手腕的靈活有勁，故不能等閒視之。

2. 俗語說：「十指連心。」手腕與手指的放鬆修練，能促使心地安寧，心情寬鬆，減輕心臟負擔。如初學者患有心血管病，練習此式速度宜放緩，慢慢地進行，平心靜氣地練，則可防止偏差，效果較好。

五、小收功

同第一式。

｜第七式·倒捲楊柳｜

一、動作

1. 伸臂蓄勢

馬步站立；兩臂前伸平舉，高與肩平，雙肘微屈，肘尖下垂，掌心向下，兩肩放鬆；目視前方，蓄勢待變。（圖 3-3-49）

2. 右捲左推

隨即向右旋胯轉體約 35°，帶動右肘鬆沉滾翻，手腕外旋，手掌外翻，此為滾肘旋腕；右臂一邊滾肘旋腕，一邊向後倒捲，倒捲至近肋處。（圖 3-3-50）

隨即右前臂放鬆下垂並劃弧而上，右掌置於右耳旁；掌心向內；目視前方。

圖 3-3-49

（圖 3-3-51）

在右臂滾肘倒捲時，左掌乘勢向前推出，此為右捲左推之勢。（圖 3-3-52）

圖 3-3-50

圖 3-3-51

圖 3-3-52

3. 左捲右推

緊接上動。左肘鬆沉滾翻，帶動左臂滾肘旋腕，向後

倒捲，當倒捲至左肋時，左前臂向下劃弧而上，左掌置於左耳旁，掌心朝內，同時右掌乘勢向前推出，此為左捲右推式。（圖 3-3-53）

圖 3-3-53

如此左右倒捲為一次，計卷 9 次或增加次數。

二、心法要點

1. 意在倒捲

此式要害在於「倒」「捲」二字。

倒者，即向後倒退。但此式的倒退，並非拳架中的撤步退身，而是雙腿原地不動，仍是馬步，僅憑旋胯轉體 35°以及重心變移虛實而退身。例如右式倒捲的退身，就是身右轉體 35°，並重心轉移右腿，這便是向右側後方退身。

捲者，指手臂向後滾翻倒捲。仍以右式為例，右臂須隨著轉體而向後一邊滾翻，一邊倒抽，且抽中有捲絞。若要倒捲得法，必須「三者合一」，即旋胯轉體、滾肘抽臂、旋腕翻捲，三者同時同步地協調完成。

注意，三合一必須有序進行，即「以腰帶肘，以肘領腕，以腕領指」，方為得法。

2. 彈簧升降

左右倒捲時，身體鬆柔，腰胯鬆活像坐在彈簧上，隨著倒捲推掌，上體一升一降，雙腳一蹬一虛，助長雙臂一捲一推，輕鬆自如。

3. 退中寓進

名為倒捲，實為退中寓進。若有人拿你手腕，可用上述倒捲應對，既能解拿，又可把對方捲向自己右側，使其傾斜失重或跌出。

這是一臂倒捲中的退中寓進，另一臂則乘勢推其肩、或拿其肘而發之。兩臂均含此意，不可偏廢。「拳術篇」中的「倒捲手」，是本式的發展，著重訓練以退為進、退中寓進的勁意。

4. 輕若楊柳

倒捲的前提是周身放鬆，無論何處都不可用拙力，即使是「退中寓進」的攻防勁意，也不可用強。身心內外要放鬆得輕若楊柳，其一捲一推、一升一沉，如楊柳迎風，飄灑自如，方能收到放鬆回春之效。

三、意境

如心法所述，意想清風徐來，柳枝飄盪，絮花飛捲，心曠神怡。

四、功效

心法中已有所述。從放鬆的要求講主要促進肩、肘、腕及腰、腿、足、踝等關節的放鬆，並靈活旋轉。尤其是旋胯轉體帶動以肘領腕、以腕領指的倒捲過程，能鍛鍊周身協調、退中寓進、以退為進的勁意。

而且周身輕若楊柳，那種上下左右飄灑之姿，既能調理臟腑、腸胃、內分泌等功能，又可活躍身心，確實具有放鬆回春之能。

│第八式・獅子滾球│

一、動作

預備：全身放鬆，開步站立，兩腳與肩同寬（外肩同寬）；兩臂左抱球（左手在上，右手在下，掌心上下相對），似抱一籃球；目視前方。（圖 3-3-54）

圖 3-3-54

1. 向下平圓滾球

隨即由上而下滾球，其順序是先肩圈、次胸圈、下腹圈。

肩圈滾球，即腰胯鬆沉，向左旋轉，帶動抱球之兩手自左向右沿著雙肩轉一大圈；呼吸為半圈吸半圈呼。（圖 3-3-55、圖 3-3-56）

圖 3-3-55

圖 3-3-56

胸背滾球：上動不停。小幅向下鬆沉坐身，成高架四平步；同時，兩手腕抱球繞胸前背後滾一中圈，呼吸同前。（圖3-3-57、圖3-3-58）

小腹滾球：上動不停。繼續向下鬆沉坐身，成低架四平步；兩手抱球繞小腹尾閭滾轉一小圈；目視前方。（圖3-3-59、圖3-3-60）

圖 3-3-57

圖 3-3-58

圖 3-3-59

圖 3-3-60

2. 返上平圓滾圓

上動不停。仍然左抱球，隨即反方向，自右而左繞小腹及尾間滾轉一小圈；接著身體上升，繼續滾球，繞胸背轉一中圈；然後身體繼續上升，雙手抱球繞肩滾轉一大圈；恢復開立步。

以上是左抱球獅子滾球，一次須練 3 遍，然後變為右抱球上下滾球，亦須練 3 遍。

3. 交錯立圓滾球

接上動。腰胯鬆沉，成高架四平步，隨即向右旋胯轉體35°～40°，帶動左抱球向右側立圓滾球，面向偏西南，重心移向右腿。（圖 3-3-61）

隨即向左旋胯轉體 35°～40°，重心漸移右腿，帶動左抱球翻滾成右抱球，面向偏東南。此為左右立圓交錯滾球一次，做 3～6 次。（圖 3-3-62）

圖 3-3-61　　　　　　　圖 3-3-62

二、心法要點

1. 意圈

上述平圓與立圓滾圈，意念上的無形之圈要與兩手的有形之圈一道轉動，尤其是肩、胸、腹的大小三圈，意念要十分清晰，觀想雙肩、胸背、腹尾的周圍確有大小圈在緩緩滾轉，日久自有奇效。

2. 氣圈

所謂意圈，即由意念引導的氣圈。一圈為一個呼吸，半圈吸，半圈呼。意想所有滾圈都有一道道氣圈在流轉，而這些氣圈又是以臍輪調息為中心流轉的。要做到這一點並不難，只要想著肚臍在呼吸就可以了。操氣日久，自有氣感，丹田溫暖，且有腹鳴，渾身舒暢。

3. 主宰腰胯

主宰腰胯是太極拳的整體要領，此式旨在加強這一要領的修練。無論上下平圓滾球，還是左右交錯立圓滾轉，都要以旋胯轉體為中心來帶動，兩臂、兩掌決不能擅自妄動，所抱之球不能在轉動中壓扁，始終要保持球形狀態。

三、意境

意想一頭瑞獅抱了珠球做揮舞滾轉之狀，感到渾身柔和，筋骨舒鬆，內氣流暢，意所風發。

四、功效

此式旨在以外促內，內外皆鬆，按摩內臟。透過形體動作的抱球滾轉，進一步促使肢體放鬆柔順，同時促使內氣周流，按摩關節及心、肺、胃等內臟器官。

尤其是左右交錯立圓滾球，能從不同的方位對腸胃、性機能等進行調理，改善功能。

五、小收功

同第一式。

| 第九式・雄鷹抖翅 |

一、動作

1. 護胸抖翅

開步站立，兩腳間距與雙肩外側同寬，立身中正，空胸圓背，開胯鬆腰，雙膝似屈非屈，目視前方。

鬆肩垂肘，上臂鬆垂不動，前臂提起，兩掌交叉於胸前，掌心斜向上，鬆腕鬆指，十指自然彎曲，呈雙掌護胸之勢；凝神前視，臍輪調息。（圖 3-3-63）

圖 3-3-63

隨即用臀部的起伏抖動為原動力，帶動軀體上下抖動，雙膝彈性地抖動，連帶前臂、手腕、掌指也隨之抖動。抖的速度適中，每秒鐘 2～3 次，至少抖動 50～100 次。（圖 3-3-64）。

2. 伸翅再抖

上動抖畢，可用小收功，也可連續進行本式抖動。其身法姿勢各項要求同護胸抖翅，然後兩臂前伸，鬆肩垂肘，掌心向下，指尖朝前，然後依上動抖動法，隨意抖動50～100次。在抖完 50 次後，也可改作掌心朝上，再抖動 50 次。（圖 3-3-65）

圖 3-3-64

圖 3-3-65

3. 飛翔抖翅

上動抖畢，可小收功，也可繼續做。

隨即兩臂收回，步型換成馬步；兩臂向左右兩側平舉，高與肩平，鬆肩垂肘，掌心向下，指尖朝兩側前方。然後依照上動抖動法做小幅度抖動數十次，接著加大抖動幅度，即加大臀部上下抖動的幅度，使全身大幅度抖動數十次。（圖 3-3-66～圖 3-3-68）

圖 3-3-66

圖 3-3-67

圖 3-3-68

4. 提膝抖翅

上動抖畢，隨即兩手收回，合攏於腹前；同時，馬步換成開立步。接著左腿提膝，小腿下垂；同時，兩手隨著提膝而向左右兩側劃弧上拋，並依照上述抖動法抖動一

次；然後左腳落地，兩手也回落，仍合攏在腹前。接著右腿提膝，兩手分開上拋，抖動一次。如此左右交替提膝抖翅計9次。（圖3-3-69～圖3-3-71）

圖 3-3-69

圖 3-3-70

圖 3-3-71

二、心法

1. 抖尾在先

所謂以臀部抖動為原動，實際上是尾閭先動，再策動臀部抖動。然而在外形上看不出有先後之分，主要是意念上明確先後之別。尾閭好比是中心，中心一動，全盤皆動。這一點是很重要的心法，所以操練此式時，首先要想著尾閭抖動，方為得法。

2. 內外皆抖

不僅形體抖動，大凡內臟器官、關節骨骼，甚至牙齒等等，也要隨之震動，且有不同程度的震動感，從而得到有益的放鬆調理。為此，周身各部均要放鬆，不鬆不足以得到有效的震動與調理。

首要的是心理放鬆，同時放鬆頸、胸、背、腰、胯、足、踝等等。例如小腹放鬆抖動，對增進腸蠕動很為有效。

3. 檢測鬆腕

周身是否都在放鬆地抖動，有一法可以測驗，即以手腕是否自然抖動為驗證標誌。

一般說，練拳是否放鬆，首先會從手臂上表露出來，其中最容易暴露緊張的又是腕與掌。因此，一經發現手腕尚未鬆淨，立即用忘卻等法放鬆之，讓周身在完全放鬆狀態下自然抖動。

三、意境

意想自己越抖越鬆，越鬆越舒暢，宛似雄鷹振翅，翱

翔長空，活力無限。

四、功效

此式透過特定的抖動活動，能促進周身無處不鬆，且對養生健身有奇效。

1. 增進關節的鬆彈功能。前面八式放鬆功法，都有顯著的放鬆作用，而本式由於抖動的形式特殊，更能直接增進四肢關節的韌性和彈性，尤其能增強腕、膝、踝關節的鬆彈功能，改善平衡狀態，提高穩定能力，防止中老年人跌倒損傷。

2. 全身抖動時，男子睪丸擺盪，女子玉門盪開，有利於調整內分泌，提高性功能。本功法前面幾式亦有此功效。

3. 在輕鬆優雅的抖動中，可以調節大腦皮質，改善睡眠。

4. 可調節微循環，改善心腦血管功能；增進腸胃蠕動，調節消化，緩解便秘。

5. 可消除疲勞，舒緩憂鬱煩惱，開朗心情。

6. 可調理脊椎神經，防治骨質增生。

│ 收勢・踏青歸來 │

一、動作

1. 原地踏步

接第九式完畢。左腳收回，成小開立步站立；兩臂鬆垂於軀體兩側，各項要求同前；目視前方。（圖 3-3-72）

　　隨即兩膝交替上提下落，原地踏步；同時，兩前臂上下慣性地前後甩擺，腰膝鬆沉，微含一沉一起之意；臉含笑意，神采蘊目。如此左右踏步為一次，須踏 10～20 次，也可適當延長。（圖 3-3-73、圖 3-3-74）

圖 3-3-72

圖 3-3-73

圖 3-3-74

2. 鬆踝輕踏

原地踏步畢，隨即腳掌尖不離地面，全由踝關節上提下落，帶動腳跟輕輕地鬆踏地面；同時，兩前臂上下前後慣性甩擺，令心舒神爽。須輕踏 10～20 次，也可以適當延長。（圖 3-3-75、圖 3-3-76）

圖 3-3-75　　　　　　　　　　圖 3-3-76

二、心法與意境

收勢「踏青歸來」，喻示大地回春，去郊外踏青問春，滿載而歸之意。

帶著「踏青歸來馬蹄香」的歡愉之情，滿面春風，步履輕鬆，心曠神怡，走向喜樂，走向健康。

三、收勢歸元

踏青完畢，兩手放鬆下落，置於身體兩側，然後吸氣，兩臂隨著吸氣向左右兩側分開上舉劃弧，手心向上，

劃弧至頭前方時，掌心轉向下，手指相對，會合於額前。接著呼氣，兩掌經臉部沿胸腹而下，按至下丹田，兩掌重疊貼於丹田，左手在內，右掌蓋在左掌上（女子左右掌相反）。然後順時針方向按摩丹田 9 次，再逆向按摩 9 次，兩手分開於軀體兩側，左腳收回，還原「真人入定」式。

第四章
放鬆的要害——形體的二十四處部位

太極拳的放鬆，要求內外皆鬆。內者，指心腦、內臟、脈絡及意念、思想、精神等等的放鬆；外者，指放鬆形體各處關節相關部位。

此處單說形體的關節及相關部位的放鬆，計頭部五處、上肢五節、軀幹九處、下肢五節，共計二十四處。

第一節　◆　頭部五處

頭部是百脈之宗，任督二脈交會之所，丹道與拳家都把頭腦作為修練上乘內功的中樞要紐。故而頭部的放鬆至關重要。

當然，頭部的修練範圍很廣，此處僅就放鬆而言，只談頂、項、頜、臉、眼五處，不涉其他。

一、頂，虛領懸頂

頭部放鬆，頭頂的百會穴應虛虛上頂，似乎被一條繩

子垂直懸空拎著，以保持頭部的鬆正豎直，不東歪西斜，不低頭哈腰，也不搖頭晃腦。

頭部的正直，便於中樞神經系統調節全身機能活動，控制人體平衡。此種百會虛領之法，術語稱「虛領頂勁」。它是一種虛虛上領之勁意，不可誤會執著硬頂。

虛領頂勁還有一層意思，即百會穴與會陰穴要維持上下一條直線，這就是人體的中心線，無論何時必須精心維護這條中心線不被歪斜，保持直線。在行拳或推手中，一旦「中心線」遭受意外而將「歪斜」之際，迅即用虛領頂勁及墜尾等法及時調整。

百會穴是諸陽之氣，稱做「天門」。虛領頂勁有利於諸陽之氣緣督脈而上，從而「神貫於頂」，也有利於人體之氣與自然靈氣相互交感。所以古人說要「天門常開」。

二、項，鬆沉正直

頸項，是頭部與軀幹相聯結的紐帶，俗稱「項上人頭」。因其與頭部聯繫之緊密，故列入頭部範圍敘述。

頸項又是神經、血管、經絡等上下的通道，因此頸項是否放鬆豎正，直接影響到全身機體放鬆及平衡協調的問題，假如頸項僵硬，則經絡血氣受阻，波及機能活動。所以頸項要時刻保持鬆沉正直。

三、頜，放鬆垂正

下頜與頸項直接相關，應予放鬆，微微內收垂正，既不可仰揚，又不可過低，以是否影響頸項鬆正為標準，稍感不適，即行調整。

四、臉，面容自然

面部是人體的全息圖，全身諸多器官組織都在面部有對應點，故而臉部肌肉的放鬆與內部器官的放鬆直接相關。如果練拳時一臉嚴肅，甚至「板面孔」，勢必對周身相關部分產生負面影響。應當面容自然，內含笑意，悠然自得。果能如此，則一趟拳下來，心情舒暢，效果倍增。

五、眼，凝神祥和

眼是心靈之窗，神意所在，不可馬虎。行拳時，自然開目，目光祥和，隨著動作前視。既不可低頭練拳，毫無眼神，又不能瞪眼怒目，更忌眼露凶光。要始終保持祥和凝神之態。

第二節　◆　上肢五節

上肢五節，包括肩、肘、腕、掌、指（含指的十四小節）。這五節合而為一，統稱手臂，有時單說一個「手」字，也包括整條手臂。例如拳諺說「捨去雙手都是手」的手，就指手臂而言。但有時說「手」，僅僅指腕、掌、指而言，所以「手」的概念有廣義與狹義之分。

不過，人們在日常生活中都是約定俗成的，不必多作解釋就能心領神會。譬如開會時主持人說「贊成的請舉手」，此時大家舉手的動作都是整條手臂，而不是單單把手掌揚一揚。

但是我們練拳就要分得細一點，除了通常的分作肩、肘、手之外，還要對「手」分作「腕、掌、指」。如果再

要進一步細分，則「五指」又有十四小節之分。

為何要這樣細分？因為手（腕、掌、指）是內氣內勁的輸出口與外氣的採入口，如果此關不通，怎能「氣形於指」「勁貫於指」呢？所以先師授拳時一再叮囑要分清、分細，不可籠統地說放鬆手，應說放鬆腕、掌、指。筆者體會，雖然單說放鬆手也未嘗不可，但總感到還是分得細一點為好。

一、肩，鬆沉靈活

肩，是手臂的根節，是內氣內勁從下肢過腰胯通向手臂的第一道關口，也是「勁催三節」之「肩窩吐勁」的要隘。所謂「催三節」，即腰催肩、肩催肘、肘催手。所以肩關節必須放鬆靈活。才能使關隘暢通。

然而，鬆肩的確是比較難的，因為在後天的生活中，肩的負擔比較重，擔子壓在雙肩上，以致患了僵緊的積習，遇事老是寒肩（聳肩、抬肩）。有鑒於此，本門放鬆功的「老牛卸磨」式，就是為了卸去雙肩因沉重負擔而引起的僵硬，使其放鬆靈活，疏通管道。

在鬆肩的同時，還要注意肩的鬆沉，即兩肩鬆鬆地微微下沉。尤其在「肩窩吐勁」時更要注意肩的鬆沉，再加上墜肘及展指，就能促進手臂的伸拔（似乎手臂延長了），而且掌指就有氣感產生，氣貫梢節。

還要注意兩肩的持平，不能左高右低或右高左低，這在一般情況下不難做到，但在練「白鶴亮翅」「玉女穿梭」等拳式時，向上舉架的右臂往往會抬肩聳肩，此時必須放鬆沉肩，右肩才能與左肩持平。

再者，肩的靈活旋轉也很重要。若對方推你兩肩，可用「老牛卸磨」中的前後轉肩法，半圈化半圈發，只要運用得當，配合腰腿等法，必能收效。

但是，肩的靈活旋轉必須有個「度」，即以不能出界為度，其界限就是鬆沉平正。例如本門太極的「大挒靠」一式，雖然用肩部去靠撞對方，但肩不能越出平正的範圍，只能隨著重心前移進身之勢去靠，方是正著。

二、肘，垂墜滾轉

肘是要津，它位於手臂中節，貫通兩端，為修氣練勁之要津，是太極八法之肘法部位。唯其重要，更須放鬆，以便疏通骨道，通氣過勁，靈活地使用肘法。若是肘節僵緊，勢必淪為上肢的「中梗阻」，影響整條手臂的太極功能。

故而肘關節應放鬆下垂（墜）。是否做到墜肘，自我可作檢驗。即手臂放鬆平伸，掌心向上，肘節微屈，肘尖向下垂，肘窩朝上亮。若是手臂自然下垂體側，則肘節微屈、肘窩朝前、肘尖向後邊，是墜肘的正確姿態，反之則未能鬆肩墜肘。

所謂墜肘，即不但肘尖應向下垂，而且意念要墜向地面。墜肘心法，初學者不易領會，須逐步加深理解。因為墜肘對通氣過勁直接相關，尤其在「腰催肩、肩催肘、肘催手」的「催三節」過程中，隨著肩窩吐勁、向肘催勁時，肘尖須微微向下沉墜，使內勁催發而出。當然，此時的墜肘是意墜多於形墜，形狀上僅有微小的感覺，若是刻意形墜，則適得其反，內勁反而難以催發。

墜肘與直肘、露肘相對。在鬆肘過程中，初學者常犯僵緊、直、露之病，乃是養生與技擊的大忌。尤其是推手或散手時，直肘與露肘常常成為被攻擊的死角，對方就是要設法使你的肘臂僵直，使你陷入困境。故切忌直肘、露肘。

在肘節鬆墜的基礎上，還須練習靈活滾肘。這肘之滾翻圓轉在本門太極中使用較多。例如放鬆功中的「倒捲楊柳」，以及拳式中的「倒捲手」，都是修練此法的招式。滾肘之法還可用作解脫被擒拿的技法，如拳式中的「烏龍盤柱」，隨著插步進身、虛實變換之勢，意念被拿的肘節滾翻圓轉，從而得以解脫反擊。

至於太極用肘之法，有明有暗，「內勁篇」中將有介紹，此處僅從放鬆的角度提一下。所謂暗肘，更須注意肘臂的放鬆。

例如拳架中的「右搬攔捶」，在右臂做搬勢之前，有一短暫的橫臂屈肘過程，此時肘尖朝前，隨著弓腿進身而肘尖亦向前進取。這瞬間的進肘，外形不露，很難覺察，故稱暗肘。如果肘臂不鬆，必然暴露，失去暗肘之效。

再如「馬後揮鞭」一式，同樣藏有暗肘之法。至於明肘法，本門太極的「連環三肘」所使的馬步頂、進步挑、柔繞拐三肘，就是明肘的訓練。然而這三肘，外形雖有所顯露，但仍然要以放鬆為基本保證，方為得法。

三、腕，鬆活有勁

腕，屬上肢梢節的一部分，介乎臂與掌之間，擔負著承上啟下的重任。「催三節」中的「肘催手」能否奏效，

全賴腕節的鬆柔靈活。

腕節既要鬆活旋轉，又要鬆而有勁，所以要增加腕勁，俗稱腕力。

上一章介紹的活腕四式「四季長青」，就是既練鬆活又練腕勁的功法。其抖腕與搬腕二式，是增強腕力之法，尤其是抖腕一法，能迅速提高腕勁。對此，著名武術家姜容樵深有體會，他在「劍術之基礎」一文中說：「李芳宸先生二次來滬，復蒙指授練習劍術之基礎，如練習手腕法、側足立足跑步法、抖劍法，皆有至高至妙理法在。余練一年，自覺手腕靈活，剛柔咸宜，步法敏捷，變化多端，較二十年前所習，強十倍。」（《昆吾劍》1930 年本，1987 年影印重版）

其中所說的「練習手腕法」，就是抖腕等法。可見，只要持之以恆，總能「手腕靈活，剛柔咸宜」。

為了促進手腕鬆活有勁，須經常自我查驗。查驗之法很簡便，即在上述檢驗墜肘法的基礎上，將腕關節內旋翻掌成俯掌，此時如果肘關節受牽連而肘尖橫向外，表示腕關節尚未放鬆，必須做到肘關節不受旋腕翻掌的牽連，依然能保持肘尖下墜的狀態，則表示腕與肘皆放鬆了。須常以此自查，發現不足，立即改進。

坐腕也屬放鬆的範疇。坐腕與墜肘、展指等密切相連，亦是通氣出勁的要道。坐腕之法有兩層意思，一是推掌或按掌時，腕節、掌根須微微沉坐，以增發勁；二是腕部既要鬆活，又要含掤勁之意。坐腕也是意坐多於形坐，不可刻意追求。而且坐腕時，掌背不能緊張發僵，這是一個難點，須注意克服。

四、掌，鬆淨圓空

掌，總體說由腕、掌、指組成，統稱手掌或掌。但從放鬆的要求出發，宜細分為好，以便理清各自的要求，從而促進掌的總體柔和。

此處所說的掌，是指掌心、掌背而言。要求掌背的肌膚筋絡放鬆和順，尤其是掌心要鬆淨圓空，不可僵硬凸掌，以便氣注勞宮穴，通達指尖。掌心鬆空了，還能提高黏勁與聽勁的靈敏度。

從劍道四空的「手心空」來說，是為了「使劍活」；用於太極則使拳法活。

五、指，十指連心

指，包括指的小節，是梢節的梢節，一切練氣、練勁都要從指尖上顯現出來，即所謂「形於手指」也。

俗話說「十指連心」。此「心」，既指心臟等臟腑活動，又牽連肢體關節的放鬆，更涉及到「以心行氣」是否暢通等問題，關係重大。這些問題能否圓滿解決，取決於手指的鬆柔與否，不能不認真對待。

指是否放鬆，其標誌應是：手指肌肉柔和，指節鬆活，十指舒展，既不伸直並緊，又不捲曲，呈微弧形，大拇指外撐但不拉緊。如果連同掌在內，則整個手掌的形狀呈瓦形（是本瓦形。非機瓦）形成手指鬆、掌心虛空、掌背圓弧、虎口亦圓撐的良好掌型。

有人稱其為「美人掌」，這比喻是否恰當，不必論證，因它只是比喻太極拳的手掌應是鬆柔美觀的，這非但沒有錯，反而表示對太極手的讚美。

由於「十指連心」，放鬆手指的作用是多方面的，約略說有以下幾點。

1. 涉及面很廣

如前所述，小小的手指牽連到心理上、生理上許多部位。譬如，練拳時手指併緊僵直，不僅殃及掌、腕、肘、肩等整條手臂的緊張，還會感到處處彆扭，可謂「牽一指而動全身」。

2. 有利內臟器官的正常功能

例如醫生給你量血壓，開始命你手指握緊，繼而要你五指放鬆，他才正式測量。如果你仍然把拳握得緊緊的，醫生就無法給你測量，即使測量了，所測數據也不會正確。行拳時亦同此理。

中醫的臟象學說，把手指與五行學說與內臟器官比擬對應，透過修練能夠對相應的器官產生理療作用。

例如，練拳時，意氣流注食指則有利肝膽、流注中指則有利心臟及小腸、流注拇指則有利脾胃、流注無名指則有利於肺及大腸、流注小指有利於腎及膀胱。所以放鬆手指、意念手指，乃太極養生之道的要點。

3. 小指可導氣

行拳時一般都注意食指或中指領氣，這當然不錯，但有的人未能注意小指與無名指領氣，未免不足。其實小指領氣在一定條件下能發揮意想不到的奇妙作用。

例如，本門的「太極起勢」練法，從兩臂上舉到坐身屈膝，其間有三次以指領氣的呼吸，當第一次呼氣手指下垂時，意念氣從小指指尖通出，並一直射入地下，則很快便能使手指產生脹、熱、麻的感覺。

4. 拇指能領勁

假如對方拿我右腕，此時有多種技法化解，其中一法就是搬腕發勁法，即活腕四式中的搬腕一法。此法的關鍵在於拇指領勁，即鬆握拳，鬆手腕，意念拇指領著鬆握之拳向外旋腕翻拳一搬而去，同時腰腿發勁，其所發之搬勁甚大。如果不用拇指領勁，搬勁就會大打折扣。此點屢試不爽。

5. 五指可纏可勾

五指鬆柔，能纏繞成勾，「單鞭」中的勾手便是一例。尚有「琵琶式」中的繞指轉腕，類似擒拿術中的「金絲纏腕」，又是一例。再如本門「雙峰貫耳」的練法，在兩拳上舉貫頂之前，有一鎖拿動作，亦是一例。無論何種纏指勾拿，其前提必須鬆指活腕，才能成事。

第三節 ◆ 軀幹九處

此處所說軀幹，是指大椎及大椎以下至尾閭的軀體。如果說頭腦是修道練武的司令部，那麼軀幹則是大本營。單形體放鬆而言，它包括大椎、胸部、背脊、腰部、腹部、臀部、尾閭、襠等九處。

一、大椎，虛領平正

大椎位於脊柱頂端，一般把它列入頸項一起講述，當然無可非議。但據師門傳授及本人體悟，大椎對於平衡全部脊柱的中正與彈性負有主要作用，而且與懸頭、項正相互影響，因此有必要抽出來單獨分析。

大椎放鬆並不難，只要意念大椎放鬆正直，並且虛虛
上拎即可。虛領大椎，對於維護全身中定有立竿見影的作
用。假如在操練拳架或推手中，萬一有失中之感，只要大
椎一拎，便能立刻懸頭垂尾穩定守中之勢。

二、胸部，鬆酥虛空

太極拳界流傳著「含胸拔背」之說。對此，有的同道
不以為然，認為若照「含胸」的「含」字去練，勢必造成
「凹胸駝背」的弊病，因而主張採用「鬆胸」一詞。但我
以為，如果把「含胸」的含字理解為胸部含有放鬆虛空之
意，就不會產生流弊了。當然，為了避免誤會，還是把
「含」字改為鬆胸或酥胸、空胸為好。

與鬆胸、空胸相對立的，是挺胸、凹胸、僵胸。因
此，只要避免挺、凹、僵之病，讓胸部聽其自然，鬆胸、
酥胸、空胸就不是難事。

然而胸部放鬆的難處，恰恰在這種認識上（心法上）
的誤差。曾見有人硬是把胸前的兩根鎖骨緊緊地向前攏
合，誤以為那就是含胸，其實這是「強伸硬拉」，與放鬆
原理大相逕庭。那樣，不僅胸部受擠壓而凹陷，導致心肺
遭殃，而且還殃及肩、肘的放鬆靈活。

正確的練法是純任自然，只要有一點放鬆的意念就可
以了，讓胸肌、肋骨等皆處於原始的自然狀態。這樣操之
日久，胸部自然呈鬆鬆的內含之狀。這只能在自然中慢慢
變化，千萬不要刻意追求什麼，否則適得其反。

有人說，太極拳不是講意嗎，怎能不去追求呢？

不錯，太極拳的原則確是「用意不用力」，正是這一

原則才規範要放鬆自然的。再說「用意」與「刻意」不同，用意是在道法自然基礎上的「以心為令」的意念活動，只是明白應該什麼，並非刻意求什麼，而刻意是頑固的執著，甚至是做作，違背了自然之理。

分清「用意」與「刻意」的區別，是太極拳的總體要求。此處再次重申，是因為胸部有心肺兩大內臟，且有膻中要穴，可謂牽一心而動全身。所以不要刻意去「含胸」而遭致傷害，而應自然放鬆，讓胸部處於寬舒安靜的良好狀態，以便胸腔寬舒，氣血流暢，五臟機能正常，也有利於腹式深呼吸，減少心臟壓力，提高免疫力。

胸部的鬆酥寬舒，還有利於拳術的走勁化勁，因為胸部本身就有虛實變化。當然這是有條件的，並非平白無故就能達到。至少須具備四個條件：一是胸肌鬆柔；二是左右胸肋節節鬆沉；三是兩肩鬆活；四是鎖骨與胸肌上端的似三角形的小窩自然放鬆。這樣，胸部就能隨著拳勢的需要而虛實變化。

拳家津津樂道的「上於兩膊相繫」「緊要全在胸中腰間變化」（李亦畬語）的拳論警句，表明太極拳運化全要靠胸和腰的變化，龍其在推手中，凡是走勁化勁的拳勢，都離不開胸部虛實變化的輔助。功深者，對方來手觸及己胸，就會感到似陷入深海而徬徨。當然，胸腰的變化不是孤立的，需要與上肢及下肢相聯繫，所以要在整體意識指令下，修練胸部的酥鬆寬舒及其變化。

三、背部，自然鬆圓

背與胸密切相關，曾有「能含胸，就能拔背」之說，

可見它們之間的密切程度。

　　然而，對這「拔背」之「拔」字，有人也有不同理解，認為「拔」字容易淪為刻意把背用力拔起來，陷入駝背凹胸的泥潭，違背了放鬆的原理。鑒於這個緣故，似乎可改用「圓」字較為適宜。

　　圓者，半弧形也。隨著鬆胸空腔以及虛領大椎、鬆肩垂肘等修練，背部自然能逐漸呈半弧之圓。

　　就背部本身來說，只要不駝不挺，任其自然，日久自能圓背，不必刻意去做什麼，所謂「無為」反而能「無不為」也。

　　這樣說，並不是說背部自身一點作為也不要了，還是要有一點作為的，不過那種作為是自然地讓背部肌肉放鬆舒展，而不是刻意地去繃緊外拔，這樣就能隨著領椎、鬆肩、酥胸及吸氣，背部就會產生向外脹滿的感覺，微呈後弓形的圓背。

　　此時，脊椎自然上拔，脊髓神經得到較好鍛鍊，並使背部肌肉及脊椎骨富有彈性。

　　由此看來，圓背不是孤立的，必須與虛拎大椎、兩肩鬆活、胸部鬆空以及腰胯鬆活、內氣運轉等密切相連，協同動作，才能成事。

　　背部又是督脈行氣之途，內氣內勁由會陰抄尾閭而起，緣背脊而上，通於兩臂，形於手指。所以拳論說「牽動往來氣貼背」「力由脊發」。如果說空胸有利於化勁，那麼拔背則有利於發勁，兩者蓄發相變，相得益彰。

　　而且人身的腧穴都在背部，而腧穴是人身氣血的總匯。背部的放鬆，有利於臟腑經氣通過腧穴而貫通，從而

氣血調和，促進消化機能、吸收機能以及新陳代謝的改善。

但是，無論是練拳練勁，還是修心養性，背部的重要作用都必須在自然鬆圓的條件下，才能得益。

四、腰部，柔若無腰

古人形容美女的腰為柳腰，甚至更進一步描繪為「柔腰百折若無骨」，那是何等的美妙。

太極拳對腰部的修練，也落實在「若無」兩字上，即鬆腰須鬆到柔若無腰的程度，核心是「若無腰」。何以見得？

腰處於人體的中心要位，上承軀體及上肢，下接臀部及下肢，可謂一腰而定全身。拳術的動作、虛實變換、上下相隨、節節貫穿、內氣流通、勁路輸送，乃至化勁發勁等，均要由腰部的「樞紐」作用來實現。

所以，太極先賢提出「主宰於腰」的命題，要求把腰部作為太極拳的主宰，認真修練，達到「若無腰」的境界，具體要求是：鬆、沉、正、活、無五字。

1. 鬆腰

放鬆腰部肌肉，讓其微微散塌，好比坐在沙發上休息時那種塌腰的狀態，此乃順應先天自然的反映。果能如此，則臍輪吸氣時會感到左右兩腎有溫溫的舒服感。

2. 沉腰

在鬆塌的基礎上，腰部微微向下鬆沉。但這種鬆沉僅僅是只有下沉之意氣，而無下沉之形狀，如果一定要說外形下沉，那是與之相連的鬆腰、斂臀、墜尾、開胯、鬆

膝、實腿等一系列效應的綜合反映，尤其是胯的鬆沉協調
更為重要。

這在「胯」的部分將有詳述。

3. 正腰

即腰脊放鬆而又正直，這是貫徹「主宰於腰」的一大
關鍵。因為腰是軀幹運動的樞紐，好比是軸，主宰著周身
轉動，並支撐八面。正如拳論所描繪的「氣若車輪，腰如
車軸」。因此王宗岳要求其弟子「刻刻留心在腰間」
（《十三勢行功歌》）

此處所謂「腰間」即指腰脊而言。要求習拳者始終要
留心維持腰脊的鬆沉正直，不彎不歪，不俯不仰，不凹不
凸，不矯揉造作，不低頭哈腰，始終處於鬆正狀態，以發
揮「腰如車軸」的作用。

4. 活腰

腰部鬆正自能像車軸靈活轉動。然而轉腰與旋胯密切
相連，實際上是旋胯促動轉腰，如果胯不鬆活旋轉，單單
轉腰是很困難的。常見初學者的所謂轉腰，都是扭動腰脊
以上的部位，顯得很彆扭。

因此，所謂活腰至少必須具備兩個條件，一是腰部自
身的鬆正，二是胯節的鬆活旋轉，二者合而為一，才能自
如靈活。

5. 無腰

這是上述四字的結晶，是鬆腰的最高層次。所謂無
腰，就是順應自然，不刻意追求，即從有意進入無意。開
初，由意念指令腰部鬆、沉、正、活；而後，那些意念逐
漸淡化，直至「腰沒有了」。到此地步，腰的活動並非腰

自己在妄動，而是胯的旋轉、腿的虛實以相關部位的總體效應，所以說「腰沒有了」。

「無腰」的作用，至少應注意兩方面，一是自身行功走架時，不要老是意想如何轉腰；二是與人推手時，感到被「吃中」的剎那間，不要想著用腰去化解，而是要靠平時修練的鬆、沉、正、活的條件反射，以及溜臀、墜尾、旋胯、虛實等等上下一家的協同，這樣就能迎刃而解。

五、腰隙，命意源頭在腰隙

腰隙，原本認為與腰部差不多，但由於看到經典拳論的指引，以及修練實踐的啟示，感到「腰隙」在太極拳中有特殊重要意義，必須把它單列出來，以引起重視。而且上述腰部五字的最終效應，是為了落實「腰隙」所蘊含的生命修練的主旨，所以在講了上述五字後，必須單獨講講「腰隙」的問題。

「腰隙」一說，出自王宗岳之口。他在《十三勢行功歌》中開篇就說：「十三總勢莫輕視，命意源頭在腰隙」。

何謂「腰隙」。隙者，上下之間或左右前後之間的孔隙、隙縫也。腰隙指左右兩腰孔隙之間的部位，那是命門穴的穴位所在。先賢何為不說命意源頭在「命門」？因為說命門，僅命門而已，說腰隙則兩者都包括在內了。

對於「腰隙」的理解，太極同道沈壽先生也有精細的描述：「腰隙，腰部孔穴，這裡指腰後之後部第二、三腰椎之間的『命門』，穴位，是屬於督脈的最重要的經穴之一。」（《太極拳文集》）

　　命門之說，源於中國醫學，楊力在《周易與中醫學》中說：「中醫借《周易》太極之理，倡舉命門之學，命門乃人身性命之門，是推動人體生命的原動力。」他並追溯了命門學說的發展過程。命門一辭，首先見於《內經》，後由《難經》開啟命門學說之先河。經歷代發展，至明代出了孫一奎、趙獻可、張景岳三位大醫家，完備了太極命門理論。

　　孫提出「命門乃兩腎中間之動氣」說，趙則創立「腎間命門」之說，張景岳在此基礎上進一步「喻命門為太極」，提出「腎兩者，坎之外偶也；命門者，坎中之奇也，一以統兩，兩以統一，是命門總乎兩腎，而兩腎皆屬於命門，故命門者，為水火之府，為陰陽之宅。」（皆轉引自《周易與中醫學》第二版）。

　　由此可見，太極先賢說的「腰隙」，與醫家說的「腎間命門」相符，換句話說，這正是命門學說在太極拳中的應用。

　　說到這裡，我們可以回過頭來研究領會「命意源頭在腰隙」這句名言的含義了。命者，生命之謂也。意者，即心意、意念也。是什麼樣的心意，那是為了生命健康長存的心意以及太極拳技的心意。源頭，即事物的起源，譬如江河之源，此處說的是生命長河之源。

　　整句話的意思是說，生命健康長存的源頭在腰隙，提醒人們切莫輕視命意源頭的修練。

　　遵循王氏拳論的教導，各家太極莫不重視「腰隙」的修練，且各有妙法。本門修練腰隙（命門）之法，從練氣及練勁發勁兩方面著手。具體說，在放鬆的前提下，以臍

輪調息為中心，由臍窩吸氣，一直吸至命門，呼氣時由命門前送注入下丹田，日久功深，命門飽滿而感溫暖，能使元氣倍增，生命活力旺盛，而且元氣得培，內勁漸生，乃至命門成為發勁原動的重要所在，即師門所傳發勁「九一心法」中的「命門一坐」之法。此法將在「內氣篇」「內勁篇」中詳述。

當然，腰部的放鬆修練，須與鬆腹、墜尾以及下肢的開胯、屈膝鬆腿相連，須彼此協調一致，方能臻於完美。

六、腹部，腹內鬆淨氣騰然

腹部的放鬆，不僅在外，更注重於內。王宗岳在《十三勢行功歌》中，提出了腹部內外兼修的要求：「腹內鬆淨氣騰然。」

其練法，由外及內。先放鬆腹部肌肉，進而注意與鬆腰、溜臀、墜尾等協同一致，糾正「挺胸凸肚」等弊病，保持腹部放鬆的自然狀態。同時由外及內，腹腔內也要放鬆，鬆到「淨」的境界，淨者空淨也。如此才能使內氣騰然，所以這「鬆淨」兩字至關重要。

能否做到鬆淨，關鍵在於對意與氣的處理是否得當。就意說，不可執著追求腹鬆，更忌刻意把氣往下沉。所謂「氣沉丹田」，並不是硬往下沉，而是自然地、緩慢地注入丹田。如果硬是往下沉，必然導致腹部僵硬、氣血被阻，何來「氣騰然」耶？所以要正確地理解氣沉丹田的「沉」字。

為了防止可能產生的誤解，可採用「氣注丹田」或「氣貫丹田」，以示氣注丹田，遍流周身。

腹內能否鬆淨，還涉及到腹部的起與伏的問題。本來腹部隨著腹式呼吸而有所起伏是一種自然現象，但如果刻意地「外突內吸」，則適得其反，會殃及腹部陷入僵緊而不能「鬆淨」。所以人為的「吸腹」或「突腹」皆不可取，應順其自然起伏，腹內才能鬆淨，才能充實，才能修練出彈性和韌性。

七、臀部，鬆斂下溜

臀部，上與腰部相接，前與小腹為鄰，內與尾閭為伍，下與胯節相連，因此臀部能否放鬆內斂，既涉及到腰、腹、胯等部位的放鬆與行氣，更與身法中正、穩定重心直接相關。可以毫不誇張地說，斂臀加上懸頂墜尾是「中土不離位」的一把鑰匙。

斂臀又稱溜臀，斂是向內收斂，溜是向下舒展。由於臀部與腰部相接，所以練拳時應將臀部與腰部的肌肉一道放鬆，加上臍輪吸氣，命門飽滿，臀部就能向下、向前、向內舒展吸斂，好像把小腹托起來似的。

臀部的鬆斂下溜，有助於呼吸順暢深細，有利於腹內鬆淨氣騰然，並有益於大小腸、泌尿系統、腎臟功能的改善。

與斂臀、溜臀相對立的，是凸臀、撅臀，俗稱翹屁股。那樣勢必「中土離位」，重心不穩，甚至障礙鬆腰胯，身形散亂，既殃及拳術正確，又不利健康。

本門放鬆功法的「風擺荷葉」式，是修練斂臀溜臀的有效功法。在前後上下「擺臀」的過程中，逐漸增強臀部鬆斂下溜的感覺，日久自能習以為常，運用自如。

八、尾閭，鬆正下墜

尾閭，即尾骶骨，細分為骶椎和尾椎骨，處於脊椎的最後一節，俗稱「尾巴根椿」。它原本是自然、中正，且是下垂的，是生理上的固定姿勢。但由於它與臀部密切相繫，臀部的不正確動作會影響尾閭的中正。所以《十三勢行功歌》中說「尾閭中正神貫頂」，既指尾閭自身，又包括臀部的鬆斂及神氣之貫頂。

拳家對尾閭放鬆的要求，有的說「尾閭下垂」，有的說「懸頭垂尾」。不論下垂或垂尾，都表示要維持尾閭原有的中正下垂之勢，不受任何影響而始終下垂著，以便使垂尾斂臀成為軀體的支坐，讓腰骶穩定，周身中正靈活。

先師授藝時，既講尾閭下垂，又講要「墜尾」，即尾閭不但要下垂，而且還要有墜向地下之意念，像「秤砣」那樣維繫著軀體的重量平衡，稱為「秤砣功」。秤砣雖小，可壓千斤，這一比喻反映出「墜尾」有以小見大的重要作用。

秤砣功的修練，無論對養生長壽還是練推手防身，均有「稱千斤」的功用。例如「氣如車輪，腰如車軸」，似乎只是腰胯在旋轉，殊不知尾閭就是這車軸的軸承下端，如果它歪了，車軸還能正常運轉嗎？事實上，在腰胯鬆沉旋轉時，只要細細留意尾閭中正並下墜之意，就會感到尾骶骨與腰骶骨及整個車軸都在鬆直而又穩定地轉動著，這是小小秤砣壓千斤的功效，再連同重心前後的變化，就能穩如泰山，又靈活自如，且能專注一方，不偏不倚。到此地步，當然能立於必勝之地了。

再從發勁的程序來說，傳統的說法是「其根在腳，發於腿，主宰於腰，敷於兩臂，形於手指」。其中的「發於腿，主宰於腰」，與墜尾秤砣功直接相關。師門的發勁「九一」心法中，就有「尾閭一墜」之法。然而初學者往往忽視尾閭垂墜，長此以往，效果必差。

九、襠部，虛提圓襠

襠部，即會陰穴，任督兩脈皆起於此，是練氣打通任督兩脈的要穴之一，也是人體中心線「上下一線」的下線之端，對維持身法中正至關重要。

太極拳家莫不重視襠部的修練，有「吊襠」「圓襠」「提襠」諸說。說法雖異，內涵相似。「吊」與「提」，都是要求襠部肌膚虛虛上提，意思相同。襠部若能放鬆虛提，加之兩胯鬆開外撐，就能圓襠。幾種說法比較，筆者奉行圓襠之說，師門教導也是如此。圓襠，應是虛虛的圓襠，不可夾起來淪為人字形的「尖襠」。圓襠即活，尖襠則滯。

圓襠之法，有直接的與相關的兩類。

直接的圓襠法，是襠部自身放鬆以及開胯、扣膝合成。開胯，即髖關節放鬆向外撐開；扣膝，即兩膝微微內扣，但僅是意念扣膝，外形無明顯跡象，所謂有扣膝之意，無扣膝之形。能開胯扣膝，自然就能圓襠。相關的圓襠法，即是鬆腰、溜臀、墜尾。

事實上，襠部不僅與胯、膝直接相關，而且與腰、臀、尾也關係密切，必須同步協調，才能共奏凱歌。以馬步為例，只要襠部放鬆、兩胯鬆開、兩腿向外、雙膝內扣之

意，加上腰鬆沉、臀內斂，尾下墜，襠部就寬鬆虛圓了。

　　襠部鬆圓，不僅能直接維持身法中正，而且還有利於步法輕靈、虛實變化以及內勁的發放。例如本門發勁「九一心法」中的「命門一坐，尾閭一墜」，須有襠勁的助勢，才能得心應手。

第四節　◆　下肢五節

　　下肢，既是上身的底盤，又是人體的輪子，更是內勁勁源的根底，所謂「其根在腳，發於腿」是也。故下肢的放鬆，實在不可掉以輕心。

　　下肢放鬆的要害部位，一般說是胯、膝、踝三大關節。據師門教授與本人體悟，筆者認為腳與趾亦應單獨立項，故分作胯、膝、踝、腳（背、底、跟）、趾五處敘述。

一、胯，開胯五法

　　胯關節位於軀幹與下肢相接處，即大腿骨的股骨上端股骨突出的部分，有「胯根」「胯尖」等俗稱，又名髖關節、髖臼穴。

　　由於胯與腰腿的關係最為密切，胯的鬆開成了腰腿運轉的關鍵。如果胯關節不能鬆開靈活轉動，則腰腿及整個身體很難相隨相轉。常見初學者由於未能鬆開胯節，以致轉腰不靈，淪為上身扭來扭去，非常彆扭。所以「主宰於腰」，實際上是主宰腰胯。腰與胯的關係，宛如一車兩輪，缺一不可。因此師門對開胯尤為重視。先師授業時，

開胯鬆腰常掛嘴邊，反覆說：「當年先生（指對李公的尊稱）經常訓誡：胯不開，腰難活；腰胯不活，何來太極！」所以李公把「主宰於腰」改為「主宰腰胯」，足見對開胯的重視程度。

因為胯節部位是承載全身重量的頭道關口，造成了鬆胯有一定難度。但只要方法得當，勤加操練，並不難鬆，開胯之法主要有五：

1. 意鬆法

意念讓髖關節放鬆，胯向兩側撐開，同時微向下鬆沉，即鬆而開，開而沉，鬆沉靈活。這些雖然是意念上的作為，外形一時難以覺察，但操之日久，自能見效。當自己感到胯根似乎與軀體脫開了，轉動時毫無障礙，才算得法。

2. 氣開法

即意念把氣行至髖關節，讓意與氣共同把胯關節撐開。

3. 襄助法

開胯不可能孤立地進行，須與鬆腰、圓襠、溜臀、垂尾等共襄盛舉。

例如，圓襠的條件下開胯，可使恥骨聯合與坐骨結節上的關節隙縫擴大，胯與腰腿轉動的空間也隨之擴大，從而促進胯關節的鬆開靈活。

4. 旋轉法

上章放鬆功法中的「旋轉太極」，是主要操練鬆胯的功法。

其中「旋轉太極」，是修練原地定式時的開胯旋轉。

此法只要堅持，很快就能見效。

5. 貓步法

本門的「復勢貓行步」功法，對修練開胯及旋轉極為有效。

例如在一足支撐重心，另一足提起欲前邁時，須胯根撐開下沉，才能重心穩定，邁步輕靈如貓行，從而促進開胯鬆沉。此法見「身法篇」介紹。

二、膝，鬆活虛提

膝關節是整條腿的中節，連接大腿與小腿。拳家常說的「腰腿功夫」，通常要由膝的樞紐作用來實現。拳論所謂「有不得機處，其病必於腰腿求之」。膝關節是否鬆活到位，就是其病之一。可見鬆膝在太極拳中多麼重要。其作用大致可分五點：

1. 承載體重

全身重量都由兩腿承擔，而以膝關節的負重最大。所以膝的動作到位，就能穩定重心，使步法穩健輕靈。

2. 開合護襠

例如弓步定式時，前後兩膝適當向外撐開，能助襠部撐而圓襠；但又要內含兩膝微微內扣之意，起到合襠、護襠之用，從而下盤沉著有勁，此謂「合中寓開」。

然而在外形上未見顯露，主要是意念上的作為，即心法的運用。

3. 輸氣過勁

太極拳發勁的程序是「其根在腳，發於腿……」其間膝關節必須鬆活到位，腳底所發的內勁，才會由下而上地

經過膝節順利輸送至腿而「發於腿」。

4. 用於攻防

膝自身也有攻防作用。「金雞獨立」的提膝，既可近身提膝上頂對方腹、襠，又能以腿破腿，保護襠部及臁骨。再如推手中，雙方前腿之膝也可相互沾黏纏繞，俗稱「推腳」。

此外，還有膝打、跪膝等法，視情況而定。無論何種攻防，都必須在鬆膝活膝的條件下才能進行。

5. 防治關節炎

由於膝關節經常循法進行放鬆活動，促進了血氣上下相通，有利於內氣對膝關節自我按摩，有利於保持及改善膝關節的柔性活力，延緩膝關節的衰老，故能防治關節炎。如果把放鬆膝節用於日常生活則效果更好。

例如步行時間長了，兩腿感到疲勞時，可用放鬆功法中的「踏青歸來」式，虛虛提膝，並連同鬆踝，很快就能產生舒感，疲勞迅速清除。

鬆膝之法，主要有下列幾點：

1. 膝與趾合

弓步與馬步定式時，須腰胯鬆沉，膝尖不得超越足尖，有「三尖相對」之說，即鼻尖、膝尖、足尖成一線。但是這「足尖」一辭較籠統，如果望文生義，足尖應是足趾之尖，但五趾有長有短，以哪一趾為準，需要弄清楚。

實際情況是，擺好弓步的正確姿勢後，如果自己目測（不低頭看，僅憑目光下視），前弓之腿的膝尖正好與大趾及二趾的趾尖相對；但是如果用標竿測量，則膝尖與大趾的第一節（二趾的第一節與第二節之間）上下對齊，即

膝尖不超過大趾的趾甲後部（不是趾尖）。因此為了防止因籠統而產生的誤解，需要把它釐理清楚。

如果膝尖超過大趾甲的範圍，則是越界犯規，那樣膝部的載荷加重，膝蓋緊張，甚至產生痠痛，長此以往，勢必傷害致病。

2. 沉胯提膝

當動步換勢時，在一腿支撐重心，一腿前邁之際，應鬆腰落胯，尤其是支持重心之腿，更須腰胯鬆沉，另一腿才能輕鬆邁出。而且，邁出之腿必須放鬆膝節，並鬆鬆提膝，再伸腳前邁。切不能不經提膝直接出腳，那樣勢必滯重僵硬。所以鬆膝提膝是邁步輕靈的一個關鍵，而提膝能否提得輕鬆又與腰胯鬆沉密切相關。

其訣竅是：腰胯向下鬆沉，膝蓋輕鬆上提，即沉胯促提膝，尤其在意念上要明確似乎是腰胯把膝反托起來的，這才是真正的鬆膝提膝。

3. 鬆膝功法

上章放鬆功中的「金雞報曉」及「踏青歸來」，都有鬆膝提膝之效。還有一種小功法，叫「獨立抱膝」，練法簡易，一腿獨立，一腿提起，膝蓋盡量提高些，接著雙手抱膝，盡量把膝部抱向胸部，緊貼胸前。

獨立抱膝的時間越長越好。兩腿可左右互換練習。常練此式，有助於胯與膝的進一步放鬆，還能使踢腿踢得更高些。

4. 防止「跪膝」

跪膝，指膝蓋超過腳尖，有下跪之勢。這是練拳過程中常見的一種弊端。它有兩種表現，一是弓步的前膝嚴重

越位，此謂單跪膝。另一種是開步站立、屈膝下蹲時，雙膝超越腳趾，膝尖顯現向前、向下跪去的姿態，此謂雙跪膝。無論單跪、雙跪，全身重量絕大部分都壓向膝蓋，犯此病者，莫不膝蓋痠痛，有苦難言，久則病痛叢生。

預防及糾正跪膝之法，說難不難，只一句話：前不過趾，後不過跟。以開立步屈膝下蹲勢為例，正確的姿勢是鬆腰落胯，虛領頂勁，斂臀垂尾，上體中正；身前的雙膝膝尖，不超過大腳趾規定位置；背後的臀部坐在後腳跟上，即臀尾與後跟上下一條線。這樣身法中正安舒，雙膝輕鬆舒適。

三、踝，鬆柔靈活

踝關節，俗稱「腳腕」，被拳家稱為下肢三大關節（胯、膝、踝）之一。它往下能影響腳的功能發揮，往上涉及到膝、胯乃至周身的放鬆，所以它是貫通上下的要害部位。否則，即使上面節節都鬆通了，若此踝關節僵滯，就會阻塞通道，產生上鬆下不鬆、上通下不通的弊端。除了這疏通上下的功用外，鬆踝大約還有四個作用。

1. 有利步法輕靈

踝關節的放鬆靈活，是步法輕靈的五大要素之一。所謂五大要素，即分清虛實以及鬆腰、沉胯、提膝、活踝。腳腕這最後一個要素若是不鬆不活，就談不上步法輕靈。因為在腰胯鬆沉、提膝前邁時，若是踝節僵僵的，勢必步伐滯重，毫無輕靈可言。

2. 有利於調整身形

在進步、退步、轉換身形時，必須有腳的動作配合一

致，才能順利調整。

例如，必須有腳尖的內扣外撇或上翹下落，以及腳掌、腳跟的碾轉等動作相隨協調，否則難以調整到位。而這些腳的動作都牽涉到腳腕的放鬆問題，只有踝關節放鬆靈活了，腳的移動才能自然靈活。

3. 有助恢復下肢疲勞

上文提到，平時走路累了，疲勞感油然而生，尤其是膝、踝感到又酸又脹。此時只要在原地提膝鬆踝，就會感到很舒服，其法即是放鬆功法中的「踏青歸來」。常練此法，還有助於防治關節炎等疾病。

4. 可用於踢腳等技法

太極拳中的踢腳、蹬腳、分腳、點足等技法，也與踝關節有關。踝關節鬆活了，方便腳掌輕鬆上翹，或踢或蹬，或點或踹都方便。總之，腳腕放鬆靈活了，樣樣方便。

鬆踝之法，貴在立意。練拳時，要十分明確地確立踝關節不可用力，只能任其自然的意念意識。這似乎不著邊際，實際上很管用。譬如提膝向前邁步時，不要去管踝關節如何，讓它隨著提膝而自然提起，這樣踝關節就會自然放鬆；腳落地踏實時，也不要管踝關節如何作為，讓它隨著身法及重心前移而去，踩就不會緊張。此法靈不靈，一試便知。

同時勤練放鬆功法，也是鬆踝的重要途徑。除「踏青歸來」外，尚有一小功法，即提腿轉踝法：一腿站立，一腿輕提，提起之腿，旋轉踝關節，左旋 9 次，右轉 9 次，或不限次數，由少到多。踝節雖然難鬆，只要方法得當，

持之以恆，不愁其不鬆。

四、趾，五趾貼地

趾，是腳的一部分，俗稱「腳丫趾」。腳趾雖小，作用很大。為了引起重視，特把它單列開來，儘可能加以分析。

腳趾對穩定重心、移動腳掌、變換虛實、邁步輕靈，乃至周身放鬆，均有重要的反射作用。但腳趾必須放鬆，才能發揮它應有的作用。

鬆趾之法，其實只有一個，就是不用力。無論是站立的定勢，還是進退的動勢，腳趾都不要用力，讓它處於平時的自然狀態。

我們的腳趾，在日常生活中很少使用，只是自身行將傾斜跌倒時，或者蹺起腳掌時，才會用到腳趾。平時它總是鬆柔地伏在那裡不動，不動自然不用力，更不會並緊僵硬。這種不用力、不緊張的狀況，就是腳掌平時的自然狀態，只要始終保持這樣的自然狀態，就是鬆趾了。

但是，鬆趾必須全面放鬆。因為每一腳趾都有若干小節，所謂鬆趾必須每一小節毫無例外地都放鬆。

在實踐中，拳家有「五趾抓地」之說。如果這是說腳趾抓地能及時穩定重心、調整重心、防止傾斜，那是有作用的。但是這「抓」字容易誤解為用力去抓的意思，若是用力一抓，腳趾就會緊扣地面，生怕一鬆就會失去重心甚至倒地。

這種情況當然與太極放鬆原理相悖，但這又是很容易發生的事。為了防止誤解，先師授業時把「抓」字改為

「貼」字，稱做「五趾貼地」。

五趾貼地，就是五趾鬆展不用力捲曲、趾肚舒坦地熨貼地面（不僵硬踩地）、趾尖自然朝前（不用力下抓地面）。概括地說，就是腳趾不用力抓地，而是自然地放鬆黏貼著地面，連同腳掌一道熨帖於地。

五趾貼地，避免了因「抓地」引發的腳趾局部緊張。雖然說那是局部緊張，但因腳趾作為末梢神經十分敏感，很快會波及踝、膝、胯、腰，乃至周身不同程度的緊張，腳趾本身也感到緊繃繃的不舒暢。一旦腳趾鬆開了，熨帖於地，腳趾自身立刻舒坦，周身各部也隨之鬆活貫通。「貼地乎」「抓地乎」，習者可自我試驗，反覆比較，擇優而取。

腳趾的作用不僅止於此，它還有導向作用。例如腳掌的上翹下落，須由趾尖引領；腳的外撇內扣，應由小趾及大趾領向，才能輕鬆自如。再如在動步轉換身法時，趾尖的導向關係到腰胯鬆沉及步履的正確與否。如在轉身右上步時，左腿支撐重心，右腿提膝前邁，這前邁之腳（包括踝、趾在內）均應自然放鬆，其拇趾應自然指向正前方，這樣前腳踏實時，右腳的形態就自然正常，合於規範，微微內扣。如果拇趾的指向左右歪斜，則腳型必然不正，還會影響腰胯鬆沉旋轉，以及襠部受夾，株連身法完整。所以腳趾的朝向，應細細地把握才好。

五、腳，長青之路起自腳底

腳，又稱足，它由腳掌、腳心、腳跟、腳背以及腳趾組成。如果擴散一點，還可把踝節（腳腕）納入腳的範

圍，因為腳下的功能要由腳腕才能向上發出，所以把踝連在一起講並不為過。關於踝及趾，上文均已分別敘述，這樣做並非肢解腳的組成，而是為了更細緻地釐清各自的修練要求，以便更好地完整合一。

太極拳雖然稱做「拳」，實際上以練腳為根本。故而太極先賢提出了太極拳「其根在腳」的命題，要求習拳者首重腳下功夫的修練。由於「其根在腳」的命題涉及到太極拳的方方面面，故打算在「身法篇」中專題論述，此處僅從放鬆的角度說說要求與方法。

腳的放鬆，統而言之，無論腳掌、腳心、腳背、腳跟、腳趾，乃至腳底經絡穴位，統統不能用拙力，只能任其自然，完全放鬆。其標誌是：

腳掌的肌膚鬆軟，腳跟自然熨地，腳心懸空（即足心空），腳趾熨帖地面，腳背鬆鬆隆起，兩隻腳好像脫去鞋襪赤了腳踏在柔軟的地毯上，感到柔和舒坦；當然與之相連的踝關節亦是放鬆柔順的。這些綜合起來，加上心意等作用，就能合成為一雙「太極腳」。

修練腳下功夫，對促進生命活動的健壯成長，有著特別重要的意義。

因為腳是人體生命活動的重要器官，五臟六腑在腳底都有相應的反射區。有業者研究，「腳部集合著人體最重要的 67 個反射區，是人體全部器官的縮影。這些反射區與各臟腑相應，與五官及經絡、穴位等相聯繫，並同人體各類系統也有密切關係」。（張力《按摩暖足助入靜》）

僅以小小的腳趾來說，人體十二經絡中也有其反射之位，即肝經、脾經的井位在大拇趾；膽經反射在第四趾，

胃反射在第二與第三趾間。再從血液循環而言，血液從心臟輸出，以達身體末端梢節（上為指尖，下為趾尖），但是腳趾平時少有活動，血液循環的功能較差，故難以暢通地把血氣輸送到末梢。所以醫者又進一步認為，腳不僅是五臟六腑的縮影，又是「人體的第二心臟」。

可見，修練腳下功夫，能刺激疏通腳部經絡的運行，從而由腳向腿而腰地周身完整一氣，促進全身血液循環，提高肝脾腸胃功能，進而開發青春活力、抗防衰老的潛力。俗語說：「人未老，腳先老。」「人老先由腳上見，駝背彎腰手杖添。」

大凡未老先衰者，多半兩腿乏力，步履維艱，所以識者謂：「千里之行始於足下，青春之路起自強底。」

第五章
動靜之機

第一節　◆　宇宙生發的基礎

太極的動靜是宇宙生成和發展的基礎。我們在「哲源篇」中，曾用《周易‧繫辭傳上》的一段話：「是故易有太極，太極生兩儀，兩儀生四象，四象生八卦，八卦定吉凶，吉凶定大業。」描述了宇宙生成的過程。其中太極生兩儀是宇宙生成的基點，若無基點，何能生成宇宙。

那麼太極憑著什麼生出兩儀（陰陽），乃至化生萬物

的？周敦頤在《太極圖說》中作了回答：「無極而太極。太極動而生陽，動極而靜；靜而生陰，靜極復動。一動一靜，互為其根，分陰分陽，兩儀立焉矣。」

這說明，太極生陰陽必須具備兩個條件：一是必須有「太極」這個本體（混元為一的元氣），二是必須有太極自身的動靜，沒有太極的動靜就沒有陰陽，也就沒有陰陽以後的四象、五行、八卦、乃至萬物。一張太極圖，就是太極自身動靜的生動寫照，它既是天地未分之前的混沌之象，即靜的象徵；又是靜中寓動之象，即動的象徵，清楚地表明了太極的動靜化生了萬物。

王宗岳繼承這一哲理，把它作為太極拳的理論綱領，即前文引用過的「太極者，無極而生，動靜之機，陰陽之母也」。我們如果能仔細揣摩太極圖的奧妙，領會太極學說，則更能理解王宗岳提出的理論綱領，從而在行拳過程中把握「動靜之機」，把「動之則分，靜之則合」巧妙地結合起來。

第二節　◆　陽動陰靜

陽動陰靜，是太極學說中的一個哲學概念，也是修練太極拳時刻碰到的富有哲理性的理法之一。

我們在「哲源篇」中介紹了周敦頤的太極圖，其圖的第二圈內容，是左右相對的三層黑白相間的半環圈，白者為陽，為動；黑者為陰，為靜。左邊三層為兩白一黑，表示陽中有陰，陰中有靜；右邊三層為兩黑一白，表示陰中有陽，靜中有動。並在左圈旁註「陽動」二字，右圈旁註

「陰靜」兩字。這陽動陰靜的兩個半環形圓圈說明什麼呢？周敦頤在《太極圖說》中作瞭解釋，就是上節引用的「太極動而生陽……」那段話。

這段話給了我們很多的啟示，除上節說的由於太極的動靜才產生了陰陽外，至少還告訴我們三點：

一、太極的動靜是內部自身的動靜

無論動因和靜因，都是內部固有的，是互為其根、互為條件的。正因為如此，才能動極而靜，靜極復動，無動不成靜，無靜不成動。所以太極的動靜是宇宙萬物生發的基礎。正如朱熹所說：「天地間，只有動靜兩端，循環不已，更無餘事。」（《周濂溪全集》卷一）

二、動靜即陰陽

陰陽是由太極的動靜產生的，動就是陽，靜就是陰。在周敦頤及王宗岳的思想體系中，都是動則生陽，靜則生陰，所以「陰陽」兩字並不神祕。拳術中的陰陽、虛實、開合等等，都是動靜在不同情況下的不同反映。所謂「陰不離陽，陽不離陰，陰陽相濟，方為懂勁」，也可以理解為靜不離動，動不離靜，動靜相濟，方為懂勁。

當然，如果從古代的陰陽五行學說來講，那文章就大了，我們在這裡僅就太極拳範圍而言，不必把它神祕化。在此可引用朱熹的一段話來說明：「蓋太極者，本然之妙也；動靜者，所乘之機也。」又說：「是以自其著者而觀之，則動靜不同時，陰陽不同位，而太極無不在焉。自其微者而觀之，則沖穆無朕，而動靜之理已悉具於其中

矣。」（同上卷一）

三、陰陽氣也

由太極動靜產生的陰陽，就其自身而言，即是陰陽二氣。因為太極是混元一氣，一氣當然生二氣了，因此所謂懂勁，既要懂得動靜的變化，又要懂得二氣的動、變、合、生及相融相濟，以及陰陽二氣的修練。這將在「內氣篇」中詳談，此處從略。

第三節　◆　兩種動靜

太極的動靜，有「物」的動靜與「神」的動靜兩種。周敦頤在他的《通書·動靜第十六》中發揮了太極動靜觀。他說：「動而無靜，靜而無動，物也；動而無動，靜而無靜，神也。」這「神靜」是否是不動不靜呢？不是的。周敦頤為防止讀者誤會，緊接著說：「動而無動，靜而無靜，非不動不靜也。」意思說動中有靜，靜中有動，不過那種動靜的形態是極其微小的，肉眼分不清是動還是靜。因為物質運動發展到高級形態時，其位置的移動微乎其微，其變化的過程是緩緩漸變的，是很難覺察的。周敦頤就稱它為「動而無動，靜而無靜，神也」，取神妙莫測之意。

對於周敦頤的動靜觀，當代學者梁紹輝先生頗有研究。他描述「神」的動靜說：「這種形態的位移極其微小，所展現的運動與靜止之間的連接極其緊密，根本無法區別。你說它動，似乎是靜；你說它靜，似乎又在動。不

僅分別不出是動還是靜，甚至也區分不出在此地還是在彼地，是此物還是彼物。」（《太極圖說通書義解》海南，三環版）透過這段精彩的描述，使我們更清楚地看到區分「物」「神」兩種動靜與練好太極拳的直接相關。

只要看看王宗岳拳論中的相關論述，就能知道其中奧妙。拳論說：「動之則分，靜之則合……而理唯一貫。」這動靜分合的拳術形態，有顯著與微細之分，即有肉眼看得見的「物」的動靜，也有看不見的「神」的動靜。所以王宗岳又說：「靜中觸動動猶靜，因敵變化示神奇。」

他提示我們，無論練習拳架，還是練習推手，都要把握陽動陰靜的細微變化。大家常說的「聽勁」，就是聽清並捕捉在瞬間出現的「物」與「神」的兩種動靜變化，尤其要聽清神妙莫測的取勝之道。

第四節 ◆ 主靜為本

掌握「神」的動靜的關鍵，在於貫徹主靜為本的原則。主靜的原理來自太極學說。周敦頤在《太極圖說》中，從太極、動靜、陰陽、化生萬物，一直說到「聖人定之以中正仁義，而主靜，立人極焉」。這是人生論的總綱，「中正仁義」是人生修養的核心內容，「主靜」是人生論的最高原則。

按照傳統的解釋，中正仁義便是禮智仁義，是儒家修身齊家為國的核心思想，而主靜則是道家倡導的核心思想。周敦頤把儒、道兩說融為一體，成為頗具特色的新說。正由於兩說合一，才被太極先賢引入拳術，列為修身

養性、練勁防身的準則。

因此本書前面兩篇提出恢復先天本性、完善人生，是太極心法的最高範疇。其實這一觀點並非作者發明，太極先賢早已提出。例如《張三豐以武事得道論》中指出要「以修身為本」「良能還原……良知歸本」（引文同上）。再如老譜《固有分明法》中指出「因人性近習遠，迷失固有」，所以要透過練拳「還我固有」。再如流行於太極拳界的《四性歸原歌》說：「世人不知己之性，何能得之人之性？物性亦如人之性，至如天地亦此性。我賴天地以存身，天地賴我以致局。若能先求知我性，天地授我偏獨靈。」（《太極拳譜》中華武術文庫，人體版）

先求知我性是前提，然後知人性、物性、天地之性，目的是為了「天地授我偏獨靈」。然而，只有在靜態中，才能靈光一現而得靈。

可見，練拳先修性，是練好太極拳的首要問題。事實上，不少拳友都有這方面的體會，有的改變了浮躁，有的變得溫和了，有的遇事沉靜了。這些體會雖然淺顯，但它充分表明，太極拳可以陶冶性情，進而更能完善人生。

太極拳畢竟是拳，在注重修心養性的同時，還應把主靜融入於拳術之中，以便德藝並進。

第五節 ◆ 心 貴 靜

太極拳的主靜原理，在行功走架時首先體現在「身雖動，心貴靜」這一心法的貫徹上。這是武禹襄對王宗岳拳論的進一步發揮。王宗岳在《十三勢行功歌》中，反覆指

出要「勢勢存心」「刻刻留心」「仔細留心」。所以武禹襄又說：「心為令，氣為旗，神為主帥，身為驅使。」「先在心，後在身。」表明一切身法動作皆由心中主靜所驅使。

因此在盤架子時，自始至終應心中寂靜，抱元守一，神氣相合於心，在輕柔緩慢的過程中，細心體味「神」的動靜那種意境，逐漸神而明之。

心貴靜，不僅體現在驅使身法動作，還要把「靜」提高到「仁者靜」的高度。孔子說：「智者動，仁者靜。」（《論語·雍也篇》）即聰明的人能致力做好那件該做的事，而有仁德的人能在靜態中考慮宏觀大局。這樣說，並非拿孔子的話來牽強附會，而是練拳時確實要從大處著眼。上面提到的周敦頤所說「聖人定之以中正仁義，而主靜，立人極焉」，就是「仁者靜」的意思。

如何達到「仁者靜」呢？必須「思無邪」。這話原出《詩經》。孔子評論說：「《詩》三百，一言以蔽之，曰：思無邪。」（《論語·為政篇》）教導人們要思無邪，決不能產生邪惡思想。這一理念當然適用於練拳，一面在行功走架中無邪無雜，從靜中悟出主靜之道，一面又要在行事為人上思無邪，做一個仁者。

第六節 ◆ 靜中觸動

太極拳的一切招式，都是在「動之則分，靜之則合」的機勢中發展提高的。這動分靜合如何具體把握？最有效的心法就是王宗岳的「靜中觸動動猶靜」這句名言，它把

主靜為本的原理具體化了。在長期實踐中，這句名言又演繹成為「靜中之動為之真動，動中之靜為之真靜」兩句精彩的拳諺，變得更為具體、更可操作了。

這句名言可以從「靜中觸動」及「雖動猶靜」兩方面分析。現在先從「靜中觸動」即「靜中之動謂之真動」談起。

靜中觸動，顧名思義，太極拳架是由無極樁這個靜態中開始的，這容易理解。問題是在行拳過程中如何靜中觸動？主要的還是「心貴靜」。有智者說，靜為「性」，動為「意」。因此一切要在虛靜中討消息，否則不知「性」之所在，也不知「意」在哪裡，極易淪為妄動，徒勞無益。

修練靜中之真動，還要在靜功中求得，即要練習無極樁、混元樁、三才樁等等靜站功法，以及太極靜坐法等功法。這些功法以靜為本，要求心如止水，但並非一潭死水，而是靜中有性、有意。以「三才樁」（俗稱虛步樁）為例，當樁式按要求站定後，軀體和內心都處於高度入靜狀態。此時靜中的動意約有五點：

一、兩手如合抱琵琶，後手意涵金絲纏腕，前手意涵旋腕黏合；兩手又可含開含提放之意；

二、內視臍窩，臍輪調息，氣注丹田，氣灌兩手掌指；

三、腰胯鬆沉，氣貫腳心入地，蓄反彈之意；

四、意念命門微微下坐，腳掌含下踏之意；

五、上含懸頂，中含沉腰，下含重心鬆沉前移，襄助灌氣踏勁。

這五點都須在一呼一吸、一開一合、似有似無中進

行，而且只有動意，並無動作，表面上靜如處子，內心卻動意綿綿。此即動中之靜也。

第七節　◆　雖動猶靜

說到雖動猶靜，先要分清兩種「動」，一是拳術形體動作的「動」，這是形動；二是上述靜中之動的「動」，這是動意。

此節所說的是指前者而言，即在形動的過程中，如何體現其中之靜。約略說有下列幾點：

一、虛靜為本

太極之道原本是一，即混而為一的元氣。一張太極圖就是一種靜的象徵，雖然其中孕育著陰陽，但陰陽尚未分出之前，依然是一個太極。所以行功時應以虛靜為本，才合太極之道。

具體講，一招一式，舉手投足，均應從靜而來，而且要把招式看成是變化中的靜，刻刻不離靜，靜如天地未分，精氣神不溢於六合之外，逐步達到「虛則無所不容，靜則無所不應」的境界。

二、動分靜合

任何拳招姿勢，都是一動一靜，一開一合，一陰一陽，互為其根。一般說，拳招的過程是動，定式之際是靜，然而有兩點不可忽略，一是即使動的過程中也有靜，二是這種靜是有痕跡可尋的，而陰陽虛實都在其中了，這

才是真靜。

原想舉某一拳式的例作分析，繼而又怕掛一漏萬，所以還是讓同道自行體會的好。

三、得意忘形

這是一句成語，原出《晉書‧阮籍傳》，經後人引申出褒、貶兩種意義。一是引申為獲得某一事物的精髓，而忘其（不拘泥）形式；再一種是貶義詞，譏諷小人得志而得意忘形。

我們借用這句成語，是為了說明練太極拳也應透過形式而得其精髓，在動靜問題上，應尋求真動真靜。

有位練家徐樹民先生說得好：「『得意忘形』，是一種精神的昇華，是靈感的迸發，是悟性的產生。」此話有感而發，深刻。

四、心靜氣合

動中之靜，貴在心靜。凡練內丹功的都知道，第一道難關就是入靜難。那是靜坐狀態中靜，尚且如此多難，何況是動中求靜，就更難一些了。然而雖難卻並非不能，是可以得到動中之靜的，除上面說的幾法外，還有心靜氣合一法。

拳家歷來有「外三合」「內三合」之說，其中就有「意與氣合」一條。意即是心，心即是意，或者說心是意之主，意是心之從。行功時，心動則意起，意生即氣生。戚繼光指出：「人在此身，先有此心。氣發於外，根源於心。」（《練兵紀實‧雜集》）

因此，心靜則氣正，心亂則意散，意散即氣浮，故而行功時，須心、意、氣三者相連相合於丹田，循環往復，清平和合，和則靜，靜則成，不斷昇華。

第六章
鬆靜的層次

第一節 ◆ 鬆靜相融

本篇「引言」談到，體鬆與心靜是太極拳的兩大特徵，無論是練氣養性，還是練勁防身，都必須在體鬆心靜中進行修練，才能達標。而鬆靜又是相互促進、相融互補的關係，前面談論的放鬆之道，亦是入靜之路。此謂鬆而致靜，靜而致鬆，互相融道，彼此補益也。

尤其是心腦的鬆與靜，簡直不分彼此，頭腦一鬆，即是心腦一靜；心腦之靜，亦是心腦之鬆，彼此互補，日益深化。原因何在？

據中醫師劉緒銀研究，因為「放鬆可以消除軀體異常載荷，減少經腦幹網狀結構→丘腦→大腦皮質的衝動，使大腦皮質處於抑制狀態，有利於大腦的有序活動和腦電同步化。腦電活動的同步化是入靜的內在機制，因此，放鬆可以促進入靜。」（《太極混元功》80頁）

而且，心腦的鬆靜，又能引導著周身處處放鬆。鬆促靜，靜促鬆，不斷互融互補，直達鬆靜的高峰境界——虛

靜無為的境界，那時鬆與靜就融為一體了。

　　然而，鬆靜並非一蹴而就的，而是晉階有序，層層深入，步步提高。放鬆的層次，大致可分為一般鬆靜、初懂鬆靜、晉階鬆靜、心意鬆靜、寂靜無意、虛靜無為六個層次。

第二節　◆　一般鬆靜

　　一般鬆靜是指生活中的一般現象，在疲勞時需要休息一下、安靜一下那樣。因為人的鬆柔本性雖然被後天磨去了不少，但鬆靜的基本元素依然潛在，一旦感到需要放鬆、安靜時，鬆靜的基本元素就會自動彰顯出來。

　　但這僅僅是機體本能的一種自在反映，尚不是自覺鬆靜，故稱之為一般鬆靜。

第三節　◆　初懂鬆靜

　　即在「以心為令」的行功過程中開始懂得鬆靜之理，並熟練相關鬆靜功法，能按圖索驥地逐漸放鬆二十四處要害部位，大腦皮質也開始能鬆靜。但是由於對鬆靜原理及其迫切性認識不夠充分，方法還不熟練，因此這一階段的鬆靜呈現四種情況。

　　一是只是局部鬆；尚未全部鬆；二是時鬆時不鬆，時靜時不靜；三是顧了這頭，丟了那頭；四是對最難放鬆的肩、腰、胯及四梢末節的放鬆感到困惑，動中求靜尚未掌握，所以只能稱為初懂鬆靜。

第四節 ◆ 晉階鬆靜

在初懂的基礎上，經過一段時間的繼續修練，周身能全面鬆開，心意也進一步安靜。其主要特徵有四：

一是二十四處要害部位都能一一鬆開，宛如「春城無處不開花」，先天的自然狀態開始恢復；

二是比較難鬆的幾處部位都開始放鬆了；

三是初步能按「氣如車輪，腰如車軸」的要求運行；

四是行拳時感到周身輕鬆舒適，始有圓活之趣，初無僵硬之態。

雖則鬆靜已有晉階，但自覺放鬆的程度還不高，放鬆的純度還不一。其表現形態是，有的部位鬆得純些，有的部位則較差些，而且一旦遇有外來壓力，就會出現頂抗等緊張心理及僵硬狀態。

第五節 ◆ 心意鬆靜

上述在外來壓力幹擾下出現的緊張問題，是鬆靜不穩定的反映，需要進一步修練，使鬆靜向深層次發展。這一層次的主要特徵是從有意有為入手，具體說有五點：

一是心腦更加安靜，意識專一於放鬆。

二是意念放鬆法等功法已能習慣運用，意到哪兒鬆到哪兒，周身已全面鬆開，尤其是四梢末節更感鬆弛安舒。

三是心息相依，即上章「雖動猶靜」談到的心、意、氣相合於丹田的靜，那是動中求靜的真靜，是較高層次的鬆靜。

四是能作鬆靜的自我檢驗，能比較敏感地發現不足，迅速改正，所以鬆靜的穩定性比較高。

五是遇有外力干擾，一般不再產生頂抗之弊了。

但是，由於這一層次的鬆靜依然是從有意有為入手的，故而須「刻刻留心」，稍不留心，就會影響鬆靜的純度；若是偶有疏忽，則會出現頂抗等緊張情況。只有進入了更高層次的鬆靜，才會完全自覺地（條件反射）動靜分合，隨曲就伸，急應緩隨，雖變化萬端，而唯鬆靜一貫。

第六節 ◆ 寂靜無意

這一層次的鬆靜，是從有意有為進入無意無為的鬆靜階段，鬆靜層次發生質的變化，進入寂靜的高深層次。其主要特徵有五點：

一是無須用意。從先前的用意到這一層的不用意，就是質的飛躍，不用意才會生真意。

二是一心清靜。由於不用意，心腦更加清靜，無雜無妄。

三是機體內外各部分的活動能同步化。即大腦皮質、下丘腦、內臟系統及軀體之間聯絡，由於形體鬆淨、心靈寂靜而得以疏通，所以能內外活動同步進行，真正實現，「一動無有不動，一靜無有不靜」，以養蓄太極整勁效能。

四是身心愉悅。由於心腦及機體內外的同步活動，會產生一種輕爽舒適、悠然自得的喜悅。上文提到的「得意忘形」大多在此時出現；上章說的「臉容自然，內含微笑」，也多數在這階段顯現。

五是由於機體內外的通道被打通，尤其是大腦皮質的抑制，使某些感受器官及潛在調節系統開始激活。此時如果練發勁，就會鬆鬆一彈而出，感到鬆沉有勁。但這僅是開端，真正的激發人體潛能，須進入虛靜無為的最高層次後才能練成。

第七節 ◆ 虛靜無為

虛靜，是上述寂靜的深化，是無意無為的進一步發展。在道家修練內丹的層次上，屬於練神還虛的高峰層次，再往上就「得道成仙」了。作為內丹功動功的太極拳，則把虛靜無為列為鬆靜的最高層次，它直接關係到修心養性、完善人生；修身練勁、開發潛能的程度如何，須認真對待。

虛靜無為，也是老子的心法。老子說：「致虛極，守篤靜，萬物並作，吾以觀復。夫物芸芸，各復歸其要根。歸根曰靜，是謂復命。復命曰常。」（《老子》第十六章）為了便於分析老子這段話的意思，今據余培林先生《新譯老子讀本》（台灣三民書局版）相關註釋綜合作些淺解。

致虛，謂消除心知的作用，使心靈虛空淨化。守靜，謂除去慾念的煩惱，使心底安寧靜默。「極」與「篤」兩字，皆謂頂點、極端。把虛靜與極篤連起來說，則謂應極盡虛靜之能，使之達到頂點之極。

為何要致虛守靜呢？聯繫老子下面的話，意思是人的心靈原本是虛靜的，但往往為私慾蒙蔽，因而觀物不得其

正，往事不得其常，所以要恢復原初的（先天的）虛靜。故曰：「歸根曰靜，是謂復命。」命，指性，復命即復歸本性。

由此我們得知，太極拳修練虛靜無為，首先是為了恢復原初的本性，即無私慾、心寧靜的本性，以便完善人生。但太極拳畢竟是拳，在完善人生的同時，還要獲得「拳」的理法技法。如何獲得？按照老子的觀點，必須掌握宇宙萬物的共同規則，即「復命日常」。常，即常道，宇宙萬物行動的法則。

這個法則的核心是動靜的反覆。即虛是有的本，靜是動的根，凡是有，必起於虛；凡是動、必生於靜，而最後必然返歸於虛靜，即復歸本性。懂得了這個歸根復命的常道，就能稱為明智，即老子所言「知常曰明」，如果「不知常」，必然「亡作凶」。

所以修練太極拳應以這一通則為指導。行功走架時，一切動作都要由虛而發，由靜而生，又復歸其根，在螺旋反覆中前進，熟練地沿著變化的規則，達到虛靜無為的境界。

道家對虛靜無為的解釋是：「虛能應物，靜能生慧，無為而無不為。」1989 年，筆者赴武當山出席武當拳法功理功法研討會時，曾見到紫霄殿的右側廂房內掛著扁額兩副，其一就是「虛靜無為」四字及這一解釋。這是對「虛靜無為」的經典提示，值得深思力行。

所謂「虛能應物」，即是在虛極的狀態下，能夠無所不包地適應任何事物，並能無所不通，趨吉避凶。

「靜能生慧」，被練家和學者廣泛運用。慧者，包括

智能（心理）與體能（生理）兩方面，不能僅理解為智慧一項。靜能生慧，是說進入了「守靜篤」的最高境界，就能把人體原本潛在的心理與生理的本能開挖激發出來，形成巨大的新能、新智。因為在虛極靜篤的境界，大腦的清靜虛無及形體的虛柔達到了頂點之極，原被抑制的各種潛在本能，由於潛意識中不再有稽查而進入了意識領域，從而得以調動開發出來，成為生命活動中前所未見的新活力、新能量。

太極拳能夠延年益壽，全靠這種活力的支撐。至於拳家孜孜以求的太極內勁，也就是開發潛能所形成的奇異能量，它是體能，又是智能。

南懷瑾先生說得好：「在精神狀態而言，『靜』是培養接近先天『智慧』的溫床。『智慧』是從『靜』中的靈光一現。」（《靜坐修道與長生不老》）事實上，靈光一現，既得智慧，又得內勁（關於內勁，將在「內勁篇」中進一步分析）。

「無為而無不為」。這涉及到老莊哲學的「無為而治」的政治思想，此處撇開不談，只就太極拳而言。無為，即練拳從有意有為進入無意無為的高深層次，此時沒有主觀願望的點滴塵埃，也沒有一絲一毫的偏執妄念，處於極虛篤靜之中。

似乎是無為，但由於虛能應物，靜能生慧，反而能在無意中練出真意真勁，導致無所不為。例如推手中的捨己從人，忽隱忽現，人不知我、我獨知人等等，都是「無為而無不為」心法的寫照。

當然，虛靜無為，從道家內丹功來說，並非是至高無

上的絕對頂點，隨著修練日深，還會繼續邁向更高更深的境界。

第七章
專氣致柔

第一節 ◆ 柔字的字義

眾所周知，太極拳是主靜主柔的拳術，有時單稱柔性拳術。本門的練功總訣：「修陰陽中和之氣，煉天地至柔之術。」把一般的柔性提高到「天地至柔」的高度。

什麼是柔？《說文解字》：「柔，木曲直也。」段玉裁註：「凡木曲者可直，直者可曲曰柔。引申為凡軟弱之稱，凡撫按之稱。」

段注的《說文解字》，世人公認為權威著作，但段先生是從詞義上作註解的，不可能考慮到太極拳的用詞。事實上，太極拳的「柔」已超越了原義。

太極拳奉行的是老子「天下之至柔，馳騁天下之至堅」的至柔之道。據此，王宗岳在《十三勢釋名》中，把太極八勁的首勁「掤勁」與後天八卦的首卦「坎卦」相對應，因坎卦屬水屬柔，從原理上確定了太極拳是至柔之術。這一點，「內勁篇」將有詳述，此處只是提一下至柔的由來而已。

第二節　◆　營魄抱一

營魄抱一，是由鬆入柔的重要心法之一。它源於《老子·第十章》：「載營魄抱一，能無離手？專氣致柔，能嬰兒乎？」

此話第一個字「載」字，是發端的語氣詞，相當於夫字。營，經營、經護之意。魄，魂魄，又形氣為魄。「營魄」，護其靈魂使之上升長存也。「抱一」，抱，守也；一，指道，即抱元守道之意。以「一」為道是老子的一貫思想，他在二十二章、三十九章都有類似的表述。

「營魄抱一，能無離乎」這句話連起來其大意是：應當維護經營好自己的靈魂，並使之長存昇華，要以「聖人抱一為天下式」的品德作為自己的楷模，堅守著大道，你能做到不離開道嗎？

道家內丹功也奉「營魄抱一」為重要準則，以此修練精、氣、神，使之靈性上升，得道成為真人。

我們修練太極拳，同樣要把營魄抱一作為修心養性的心法，並作為由鬆靜進入至柔的重要途徑。在行功走架時，要心中篤靜，抱元守一，即抱太極之元氣，守鬆靜的要道，在身心虛靜中進入柔和狀態。

第三節　◆　「專氣」解

「專氣致柔」，是承接「營魄抱一」之後的重要心法。鑒於對「專氣」兩字曾出現某種誤解，故單列「專氣」一節，以備說明。

先解字義。「專」，此處指聽任的意思，並非專制之意。「氣」，這裡指生理的本能，並非空氣的氣，也非使氣的氣。「致」，導致。「柔」，柔和純樸。此句話的大意是，聽任生理本能的自然運行而不加入心知的作用，不使精氣妄亂，以此導致柔和純樸。這與「營魄抱一」的要求相合，聽任自然，也是為了抱元守一，淨化心靈，這樣才是致柔的正確途徑。

如果把「專氣」誤解為「使氣」，則背離了老子的觀點，也背離了太極原理。因為「專」字是聽任自然之意，而「使」字則是使用心知作用的意思。為此，老子在五十五章警告說：「心使氣曰強。」這個「強」是「柔弱勝剛強」的「強」，不是「守柔曰強」的強。

按老子的意思，剛強總是不會持久的，硬是用心使氣有違自然，不合於道，很快就會消逝，非死即滅，所以主張「專氣致柔」。

太極先賢心領神會，在拳論中避免了「使氣」的表述，反覆提出「尚氣者無力，養氣者純剛」「氣以直養而無害，勁以曲蓄而有餘」「全身意在精神，不在氣，在氣則滯」，要求在純任自然中導致柔和。

第四節　◆　「嬰兒」解

「專氣致柔」應登上何種境界？老子緊接著提出：「能嬰兒乎？」意思是要達到「嬰兒」的境界。

在《老子》一書中，經常可以看到老子用「嬰兒」作比喻。如二十八章說：「為天下谿，常德不離，復歸於嬰

兒。」又如二十章說：「我獨泊兮其未兆，如嬰兒之未
孩。」再如五十五章說：「含德之厚，比於赤子。」至於
這「專氣致柔，能嬰兒乎」則載於第十章。可見老子十分
重視以嬰兒為喻，而且別具深意。就太極拳而言，其深意
主要表現在內外兩方面：

從形體上說，軀體肌膚、骨骼關節、上下四肢乃至臟
腑等器官，都像「赤子」那樣柔和自然。赤子，指剛落地
的滿身赤紅的嬰兒，毫無矯揉造作，一片鬆諧和順。老子
說：「含德之厚，比於赤子。」含德，指德性最深厚的
人，可以和天真無邪的嬰兒相比。

再從內心深處來說，練拳先練心，要像嬰兒那樣無慾
無私，純樸自然。對於老子用嬰兒作比喻，古今學者有不
少精彩的解釋。

王弼說：「能若嬰兒之無所欲，則物全而性得矣。」
河上公說：「能如嬰兒，內無思慮，外無政事，則精神不
去也。」（王弼等語轉引自余培林上述著作）老子之意不
僅於此，故在「能嬰兒乎」之後緊接著提出：「滌除玄
覽，能無疵乎？」玄覽，謂心體，意思是要把凡俗世界的
各種干擾洗滌清除乾淨，以求身心清淨，毫無瑕疵，就像
明鏡一樣。這是對「能嬰兒乎」的進一步深化與提高。故
而道家也把「滌除玄覽」作為修煉丹道的重要心法之一。
當然，這也是我們修練太極的重要心法。

道家還把「嬰兒」比作真炁、腎精。如張伯端說：
「三家相見結嬰兒，嬰兒是一含真炁。」（《悟真篇》）
又有《內丹還元訣》說：「嬰兒者，腎中之精也。」真氣
與腎精，都是太極拳不可不修練的寶物。

第五節　◆　致柔、至柔與推手

致柔，謂導致、實現柔的途徑與方法；至柔，謂最純最純的柔，是柔的最高境界。

致柔的途徑，就是上文說的營魄、抱一、專氣。體現在練拳過程中，就是抱元守一，修養心靈，聽任自然，由鬆入柔。越是能營魄、抱一、專氣，就越能放鬆安靜，越能柔順和諧。

至柔的境界，就如嬰兒的純樸柔弱，滌除玄覽，心如明鏡，內外柔順。體現在行功走架時，則心胸開闊，心無塵念，無慾無妄，柔若無骨，虛靜無為。體現在推手時，越能純任自然，就越能虛靜至柔，從而洞察一切，無所不適，無為而無不為。

寫到這裡，記起了先師蒙眼與人推手的故事。那是1955年初秋的一個下午，我們正在先師寓所聆聽先師講拳經，一位練習別派拳術的朋友興沖沖地前來，要求與先師推手。

先師看了他一眼就問：「你很久沒有來了，上哪裡去了，怎麼今天才來？」一邊說，一邊站起來示意到庭前小院去，並順手取了條毛巾。於是大家都來到小院。

雙方站定後，老師對那人說：「今天我蒙了眼跟你推，試試你功夫長進了多少。」說完，就用毛巾蒙了雙眼。

兩人一搭手，先師若有所感地說：「你這陣子練什麼硬功，真可惜……」

話音剛落，那位朋友就應聲跌出約一丈多遠。當時，

我在旁細心觀察先師的神氣與手勢，見那人跌出去的剎那，先師發勁的手勢是「提放手」的態勢。

原來那位朋友前幾次推手都敗在先師手上，他為了取勝，特地訪師練了幾個月的硬功及技法，滿以為有把握獲得勝利，誰知徒勞無益。

他驚奇地問先師，為何一上來就被識破。先師答：「沒有什麼秘訣，僅僅鬆柔虛靈而已。」那位朋友離去後，先師又對我們說：「最要緊的是心中空，無妄念，靠神氣的感應。」所以未搭手前，先師已感知對方戾氣很重；一經搭手，更知對方的拙力深淺，雖然蒙上了雙眼，但手臂上傳來的訊息，已洞察一切，故而搭手就變，應變而發。

這個小故事表明，當鬆靜到了至柔虛靜之境，就能心如明鏡，感知一切，就能如古人所說的「虛靈不昧，動時自有主宰，一切事物之來，俱可應也」。

第四篇

身法篇

第一章
身法總論（代引言）

　　記得學拳初期，先師講授身法時，曾反覆引述李公景林關於身法的一番話，雖然是從練劍談起的，但很多是談拳的身法。李公說：「同時學習內家拳之基礎。基礎既立，然後練習劍法，方得事半功倍。蓋使劍亦如使拳，不外意氣為君，而眼法、手法、步法、身法、腰法為臣。是故令其閃展騰拿之輕便靈捷，則如八卦掌；其虛領隨頂勁，含胸拔背，鬆腰活腕，氣沉丹田，力由脊發，則有如太極拳；而其出劍之精神，勇往直前，如矢赴的，敵劍未動，我劍已到，則又如形意拳也。（黃元秀《武當劍法大要》）黃元秀自注；李芳宸老師口授。

　　李公這番話，可以理解為是對身法總綱的概括。何謂身法？李公說：「不外意氣為君，而眼法、手法、步法、身法、腰法為臣。」就是說，身法不僅僅是某個局部動作，而是「君臣」相和、周身一家的整體效應；而這整體又是由各個局部組成的，所以身法有宏觀與微觀兩種情況。宏觀身法，是指在遵循太極原理的前提下，眼、手、步、身、腰五法，在意氣為君的統一號令下，各從其類，各循心法，總體行動，取得和諧一致的總體成果。宏觀身法就是對這個總體成果的總稱，而微觀身法則是指總體中的某一項而言。

　　李公提出的這一身法總綱，其內涵不僅僅限於一劍一拳，而是包括內家拳三寶及各家劍術之精，可謂博採眾

長，自成一家。例如太極、形意、八卦，是武當內家拳之冠，過去武林道上流傳一句口頭禪：「太極形意八卦，三寶合一，天下無敵。」此話雖有誇大之嫌，但實有可取之處，果能取得三家之長，自能登堂入室。

而且李公又把武當劍的精義融入於太極拳，構成了主宰太極、劍道入拳、三拳合一的身法特色。僅就步法而言，既有太極拳的中正沉穩、邁步貓行，又有八卦掌的擺扣轉身、閃展騰挪，還有形意拳的進步必跟、勇往直前，更有武當劍的足心空，行步捷，身如游龍，而且諸步融合為一，自成特色。

更有要者，這一特色不僅止於外形，而且是內外雙修，神形俱佳，既有眼、手、步、身、腰等外形之法，更有意、氣、神、勁、靈等內在心法，內外貫通，合成妙法。

據師門相傳及本人感悟，今草擬太極身法總訣六組二十四句如下，供同道批評。

太極身法總訣六組二十四句

（一）

道法自然萬般鬆，
虛靜無為心中空。
劍道入拳三家長，
太極一氣中和通。

（二）

意氣為君骨肉臣，
虛領大椎頂心空。

提頂吊襠線一條，
龡胸圓背節節鬆。

（三）

臉含微笑祥和氣，
鬆肩垂肘手心空。
開胯鬆腰車軸轉，
上身護肫下裹襠。

（四）

其根在腳不倒翁，
邁步貓行足心空。
五趾貼地湧泉穴，
鬆膝活踝上下通。

（五）

尾閭中正神貫頂，
刻刻留心在命門。
若能臍輪調息順，
陰陽中和不用問。

（六）

一虛一實分清了，
閃轉騰挪似神通。
斂臀秤砣壓千金，
太極身法妙無窮。

第二章
其根在腳——太極腳

　　太極拳名雖為拳，實際上以腳為根，從腳練起。從這一意義上說，太極拳即太極腳也。所以先賢提出了「其根在腳」的命題。這一命題的提出，在理論和實踐上發展了太極拳術。

　　這是誰提出來的？原先看到的資料，以為是武禹襄的著作，後來《中國道教氣功大全》《東方修道文庫》及《武當趙堡太極拳小架》等書刊轉載了上世紀 70 年代台灣自由出版社的《道藏精華》中關於《張三豐太極煉丹秘訣》，才知道這是張三豐提出的命題。

　　其《秘訣》計十五篇，其中第四篇「太極拳法訣」提出了「其根在腳」。對照武禹襄的相關著作，除個別文字外，內容完全相同，今據《武當趙堡太極拳小架》所載引錄如下：「一舉動，周身俱要輕靈，尤須貫力（武文為「串」）。氣宜鼓盪，神宜內斂，毋須完整一氣。向前退後，乃得機得勢。」（下略）

　　這一段以「根」為中心的論述，內涵豐富，大致可分述幾點：

一、太極拳應從腳下功夫練起

　　提出「其根在腳」之前的那段文字，概括了太極拳的總體要求，包括動作、身法以及意、氣、神等要求。接著說的「其根」，是指實現總體要求的「根」。根在哪裡？

在「腳」。其過程是由腳而上，而腿而腰，直至手指，而且無論遇到何種情況，總須保持自腳而上的「完整一氣」，才能得機得勢。

既然太極拳的「根」在腳，而且發勁過程也是由腳開始的，毫無疑問，練拳應從腳下功夫練起。事實也是如此。例如第一個動作「太極起勢」，就是左腳向左開步，然後才陸續展開身手的。這個簡單的事例，正好說明了從腳練起的原理。當然，隨著動作的深入展開，對練腳的要求也隨之提高。

二、指明了內氣內勁的運行路線

太極拳的養生與防身，都需要內氣內勁的修練。「其根在腳」這段文字，表明了氣與勁的修練過程及其走向。氣與勁從腳底而起，經踝節，過雙膝，緣腿而上至腰胯，再抄命門而上，循背脊至肩窩，敷於兩臂，形於手指。以「太極起勢」為例，當兩手緩緩上提，意想氣由腳底湧泉穴起，攀緣而上，直達手指，這是自下而上的行氣路線。當然還有自上而下的行氣路線，詳見「內氣篇」介紹。

三、腳下功夫的涵義

修練腳下功夫，與修練太極拳的總體要求一樣，離不開一個「鬆」字。所謂太極腳，就是腳掌、腳背、腳心、腳跟、腳趾，乃至腳經絡等無處不放鬆柔和，故能上通四肢百骸，內連心意臟腑，下達重心底盤，穩定如根，又富於變化。簡言之，太極腳就是上下、前後，內外完全放鬆了的柔和之腳。無論站立、動步、活步，還是轉身，始終

是放鬆了的柔和之腳。

四、鬆腳的標誌

腳如何放鬆？最簡單、最有效的方法，就是腳的任何部分都不用力，一切任其自然。由於情況不同，鬆腳的標誌也不完全相同。主要有雙腳站立、單腳支撐、動步變換等三種情況。

雙腳站立，包括開步站立、弓步、虛步、馬步等在內，都要兩腳放鬆踏地，腳背、腳底、腳跟的肌肉經絡都是鬆鬆的，不掛一點拙力，宛似赤了腳踏在鬆軟的地毯上感到柔和舒坦。腳趾當然也是鬆和舒展地黏貼（說熨帖亦可）地面，不是用力抓地，而是鬆黏貼地；與之相關的踝關節，也是鬆鬆靈活的。一般來說，雙腳站立時的腳下放鬆，比之後面兩種情況要相對容易些。

單腳支撐，是指獨立狀態以及轉身提膝邁步之際的一腿支撐的態勢。此時鬆腳的標誌是：單腿支撐之腳，與雙腳站立一樣地平穩踏地，且要注意中心落點的位置及膝尖不超過腳尖，一旦越界，就會牽連腳底緊張用力。

動步變換身法時的鬆腳，較為複雜一點。例如右弓步轉變為左弓步時，其間有五種情況要注意。

（1）先是重心後移轉身撇腳，這種撇腳動作不是腳自身的動作，而是由重心變化及腰胯微向右旋轉帶動的，若是刻意將腳外撇，則容易造成腳部緊張。

（2）當右腳單腿支撐、左腳收回至右腳裡側（不落地）時，右腳放鬆踏地的要求與上述單腳支撐情況相同。

（3）至於懸垂的左腳，不但全部要放鬆，而且膝、

胯、腰等都要放鬆，尤其是踝關節必須鬆活才能自然下垂。若是腳尖刻意向下垂，那是一種緊張的表現。

（4）接著左腳向前邁步時，意念是由腰胯的鬆沉把腳送向前去的，同時要鬆膝，才能邁步輕靈如貓行。為此，師門傳有出腳三催法，即腰催胯，胯催膝，膝催足。

（5）接著左腳跟先著地，隨著鬆沉進身、重心前移而全腳徐徐踏實，若是單單用腳去踏實，勢必緊張。

五、腳下的變化

腳的放鬆，目的是為了用腳。上述鬆腳之法雖然都已包含著用腳的內容，但是用腳之法是多種多樣的，需進一步講一講。

仍以右弓步變換左弓步為例。上節所言鬆腳功夫的標誌側重在「鬆」字方面，此處則著眼於腳下的重心變化，即虛實之變。

當右弓步站定時，右腳為實，左腳為虛。兩腳所占重量的比例，一般情況是前七後三。雖然右腳為實，但只是七成實，另三成是虛，此為實中有虛；左腳雖為虛，但只占七成虛，另三成為實，此謂虛中有實。

這種虛實狀況尚容易理解，問題是右腳所占的七成實中，仍含有虛意，此中奧妙非細心揣摩不可，否則難明其意。拳論說：「虛，並非全然無力，氣勢要有騰挪，並非全然占煞，精神要貴貫注。」可見定式時腳下的虛實雖然「定」，但「定」中有不定，其虛實變化在意不在形。

正如李公景林武當劍「四空」的是心空那樣，雖然形狀上踏實了，但意念上腳心腳底皆是空的，故而能變化

快、行步疾。

即使在弓步變虛步、虛步變弓步的變化過程（漸變）中，仍然要意、氣、神來疏導腳下的虛實變化。尤其在一腳單腳支撐、另一腳懸垂欲邁之時，雖然身體重量百分之百由支撐之腳承載，但在意念上腳下並非完全占煞，仍應含虛虛上提之意。關於腳下的虛實變化，郝月如先生解釋得比較清楚，他說：「虛，非完全無力，著地實點要有騰挪之勢。騰挪者，即虛腳與胸有相吸相繫之意，否則便是偏沉。實，非全然占煞，精神貫於實股，支持全身，要有上提之意。如虛實不分，便成雙重。」（郝少如《武式太極拳》人民體育出版社版）

六、腳踏入地

無論是雙腳站立還是單腳站立，還須注意腳踏實地，這至少要注意兩點：一是腳踏地時，要有陷入柔軟的沙地之感，操之日久，腳既能鬆柔，又能宛如入地為樁，樁步穩固。二是意想腳心湧泉穴與大地接通，導致大地靈氣由腳底而上，貫通周身。此兩點對於修練腳下的反彈勁息息相關。

七、蹬腳反彈

其根在腳的作用，首先是從發放太極內勁的程序上提出的，即「其根在腳，發於腿，主宰於腰，形於手指，由腳而腿而腰，總須完整一氣。」就是說太極發勁的「根」在腳，首先從「根」發起。那麼如何從「根」上發起？簡單地說：腳掌一蹬，用蹬腳反彈之勁發起。

太極勁是整體彈簧勁，其彈簧安在何處？師門傳授有三層彈簧，第一層安在腳底，第二層安在腰隙（命門），第三層安在肩窩。腳掌（不是腳跟）一蹬，第一層彈簧發動，由下而上，三層彈簧幾乎同時彈發。

本門發勁的九一心法中，就有「腳掌一蹬」一法。但腳掌並非單單自猛蹬，而是尤其他幾個因素綜合促成的。所以雖然腳掌一蹬發出反彈之勁，但腳掌自身依然是鬆的、平實的，假若是腳掌僵硬、腳趾捲曲蹬地式的蹬腳，則通道受阻，反彈之勁難發，發了也通不出去。

促成蹬腳反彈的其他幾個因素，主要是腰胯一沉、命門（腰隙）一坐、尾閭一墜、重心一移等心法、勁法。所以蹬地發勁既要腳的自身放鬆，又要周身完整一氣，才能進入佳境。

八、腳底功夫的養生功能

修練腳下功夫，對促進生命活動的健壯成長有特別重要意義。這一點在上文放鬆要害部位的介紹中已作說明，即長青之路始於足下。此處從略。

▌第三章 ————————
捨去雙手滿身都是手——太極手

手法、手勢對於拳術的極端重要性是不言而喻的，但為什麼要「捨去雙手」呢？一句話就可回答：為了用意不用力。

　　用意不用力是太極拳的重要原則。所謂不用力，就是不準用拙力，可是人們的習慣卻老是用拙力。凡是手的任何部分，或肩、或肘、或腕、或掌與指，只要一用拙力，就不能做到「用意不用力」。所以必須放鬆，而且要完全放鬆，鬆到雙手都捨去了才算合道。雙手如何放鬆，「鬆靜篇」作了詳細介紹，這裡只著重談一個「捨」字。

　　「捨」者，即把原來屬於自己的東西捨棄掉，不要它了。正如李公景林所言：「手法者，即言全臂運用之法。肩節要卸得下，肘節要變得快，腕節要靈活而有力。」李公的一個「卸」字訣，道盡了捨去的真諦，不是一般說說的卸，而是要把它從身上卸下來，一旦卸得下，當然就沒有了。自己的雙手好像沒有了，似乎已脫離了肩膀。那麼它掛到哪裡去了呢？

　　當然，捨去雙手，並非真的手沒有了，而是指一種完全放鬆了的意境，即意念上的「有手若無手」，以及實際上的「手鬆手空似無手」，這是一種「鬆空若無」的境界。此種意境並不玄乎，可以從下列四點摸得著、感覺到。

　　（1）兩手由鬆入柔，積柔成剛。此剛非剛硬之剛，而是純柔成剛，剛則柔，柔則易變、易隨、易無。

　　（2）行拳時，意念兩手有即有，意念無即無，即忽有忽無，忽隱忽現，完全是隨機而生。

　　（3）出手時兩手似乎不是從肩膀而出，而是由腰胯帶著轉動；若要出勁，則似乎從丹田而出。

　　（4）只要時刻保持「有手若無手」的鬆空若無境界，就能在任何情況、任何角度、任何方向用手，即所謂

「於無手處，處處皆手」也。

一旦產生了「鬆空若無」的感覺，就能愈練愈精，直至階及神明，得心應手。行文至此，覺得太極名家鄭曼青先生對「有手無手」的描述比較精彩，茲引錄如下：「……不化自化走自走，身似行雲打手安用手，渾身是手手非手，但須方寸隨時守所守。」（《鄭子太極拳自修新法・體用歌》香港新聯出版社出版）

第四章
腰胯如軸氣如輪——太極腰

太極拳主宰於腰，實則是主宰腰胯，在上文「放鬆的要害部位二十四處」中已有所述，這裡再從宏觀（總體）身法的角度談談腰胯問題。

此處仍須援引李公景林的論述：「身法者，變化進退四方法之表現，即補助手法、步法之不足者也。其最重要之部，如含胸拔背，如脊樑中正，如活腰轉身，如氣沉丹田，皆稱之曰身法。」

李公指的「活腰轉身」，就是以腰胯的鬆活，帶動周身的轉動，腰胯對於全身的轉動起到主宰的作用，像車軸帶動車輪那樣，故而它是太極拳身法中最重要的部分之一，因而人稱「太極腰」。

構成太極腰的重要因素是在心意為令的前提下，有鬆、活、沉、轉、穩、進、勁七字。

鬆，即把腰胯鬆開，其法上篇已述。

活，即靈活、圓活，所謂意氣須換得靈，腰胯須轉得活，乃有圓活之趣。

沉，不但鬆而活，且要鬆而沉，故本門有腰胯鬆沉旋轉法及鬆沉進退法。

穩，即穩定，中定。大凡活腰轉身，必須持守中定，否則中軸歪斜，必危及身法之中正。故須在鬆沉的基礎上加以穩定。

轉，即腰胯左旋右轉，帶動身法靈活旋轉，我們稱之為「旋胯轉體」。假如腰胯的轉動作為公轉，四肢的轉動作為自轉，必須以公轉帶動自轉。

當然，這不是妄動，也不是浮轉，而是鬆沉旋轉，此乃太極腰的一大特徵。

進，包括退，要鬆沉進退，而且須與鬆沉旋轉相伴進行。進則鬆沉弓步進身，退則鬆沉虛步退身，如果是撤步退、上步進，則須步法相助。進退並非直線進退，其中深含車軸之意，不可忽略。

勁，即發勁。發勁必須善於用腰，所謂「其根在腳，發於腿，主宰於腰」也。李公指出：「能用腰者，其力久而旺，不然，以兩臂之力襲人，終不能貫徹目的也。」李公雖說的是用劍之道，但其義與行拳相通。

除這七字外，尚須與行氣相融，故拳家常把腰如車軸與氣如車輪相提並論，或說氣如車輪腰如軸，或說腰如車軸氣如輪，武禹襄則說：「氣如車輪，腰如車軸。」（武禹襄《太極拳論要解》）

總之，活腰轉身，主宰腰胯，都與「氣如車輪」，密切相關，不能偏廢。「內氣篇」中將介紹氣如車輪之法。

第五章
中和一體圓弧形 ——太極身

第一節 ◆ 總體身法

太極身，屬於宏觀身法的總體要求，它包括意氣為君、手眼步身腰五法為臣，以及微觀身法的轉換進退等四法，再加意、氣、神、勁、靈等內在心法的昇華，合成了形神俱佳的總體身法。

主宰其間的變化之道，即一陰一陽之道，也就是「心法篇」說的陰陽中和之道、太極之魂。正由於陰陽中和的作用，才使內內外外眾多因素包括太極腳、太極手、太極腰等因素，融合為中和一體的太極身法。進一步說就是身、心、靈（或說靈、魂、體）中和為一，三位一體，從而完善人生，且生生不息。至於內勁、技法，亦須由此為源頭，才能如活水奔流。

關於太極之魂、陰陽中和等問題，「心法篇」已有介紹，這裡只是總的提一提，並對前文尚未說到的太極身法的圓弧形運動作些說明。

第二節 ◆ 曲則全——太極拳的圓形運動

太極拳是鬆柔主靜的圓形整體運動。它的一招一式莫不走弧形、曲線、圓形，所謂「中和一體」，實質上是圓

弧形的中和體。這就是太極拳的主要特徵。

一、圓形運動的源頭

　　探根究底，太極拳的圓形規律來自《周易》及其開創的太極學說。一張太極圖就是圓轉不息原理的象徵，表明宇宙的法則是沒有直線的，萬物的成長都是走的圓弧曲線。《周易・繫辭上》說：「曲成萬物而不遺。」意謂宇宙萬物都是圓曲的，宇宙間的一切都是由曲線完成的（曲成萬物），都是「曲成」之功，連我們的生命也在這個圓圈之內，而且無處不曲，沒有一處會有遺留的了。

　　對此《周易正義》釋道：「聖人隨變而應，屈曲委細成就萬物，而不有遺棄細小而不成也。」由此可見，以太極為原理的太極拳更加不能有一點遺留。故而太極先賢循此原理，規範了太極拳是內外相濟的圓形運動。

　　圓與方是相對相依而存在的。《易經》六十四卦就有一幅方圓圖，中間是方圖，圍繞四周的是圓圖。圓圖，指時間，代表宇宙運行的法則；方圖，指空間，代表事物的方位方向。

　　圓圖作為法則，能影響方圖，故方與圓雖然分明，但同時圓中有方，方即是圓，圓即是方，方與圓簡直可以劃上等號，因為「曲成萬物而不遺」。

二、無圓不成拳

　　見之於太極拳，更是明顯的圓中有方，方即是圓。一招一式的法則是圓弧形的，其落點的方向方位又是方直的。例如「左摟膝拗步」，下摟的左手走的是圓弧形，到

落點落在左胯旁時就是直落的了；其上推的右手也須劃弧經耳旁向前推出，劃弧是法則，推到目的處則是方位。

這比較容易理解，問題是還要注意方中有圓，即落點雖然是直線動作，仍然要受到弧形法則的制約。即在左摟右推的過程中，手臂的鬆肩垂肘和掌指的變化均含圓弧形，即使到達目的時的直，其中仍含圓曲之意。所以說太極拳處處皆圓，圓中有方，方即是圓。

再以發勁為例，螺旋勁、纏絲勁等等，皆是勁自圈中生，勁自圈中發，無圈不成勁。從理論上說，宇宙間的一切是沒有直線的，所謂直線是曲線切斷，再加一些人為因素，名之曰直。一旦直線用老，仍恢復為圓曲的了。發勁亦是如此。蓄勁時是圓弧形的，發勁時從起點到終點的過程 98%～99% 的時間是圓弧線，只有達到目的的瞬間才是直的，而且此「直」仍是以圓為後盾的直。何況一發即變，不論發勁是否奏效，迅即變以圓曲的虛無蓄勁態勢，繼續待機而動。

再從內勁的性質來說，它是中和一體的整勁，不是某一局部的勁，而中和一體，是在一陰一陽的圓形變化中實現的，即在大圈、小圈、形圈、意圈，乃至氣圈等內外諸種弧圈中實現的。可以說，無圓不成拳，無圈不成勁。

三、曲則全──人生的啟示

而且，我們透過練拳還要練人性，要品味「曲成萬物」的原理對拳術、對人生的啟示。因為太極拳是性命之學，應性命雙修，若是練拳不修性，就是以偏概全，捨本逐末。「心法篇」已反覆說明了這個根本問題，現在我們再

來看看古之聖賢如何把「曲成萬物」原理應用於人生的。

老子說得更加簡潔響亮：「曲則全。」這是「老子二十二章」的標題，非常醒目。該文說：「曲則全，枉則直，窪則盈，敝則新，少則多，多則惑。是以聖人抱一為天下式。」曲若，曲線圓弧也。喻行事為人不能一味追求全、直、盈、新，而應該曲一點圓一點，即曲、枉、窪、敝，反而能夠達到全直盈新，所以聖人抱一（緊守著這個道）而做天下的楷模。

古往今來的我國傳統文化中，諸家論述修心養性雖然說法用語不同，但都有「曲則全」的內容。發展到後來，方圓之於人生的論述更加完備，形成了「圓道方德」的認同，即辦事情、想問題不可太直，應圓曲老練，隨機應變；而待人接物則應耿直待人，剛正不阿，愛憎分明，如古人所言：「智欲圓而行欲方。」孟郊將這一處世之道入詩：「萬俗皆走圓，一身獨行方。」

作為太極人士，要「曲則全」，作為行拳之術，又要把它列為處世之道，由拳術的圓形運動，時時體味「道圓德方」的人生哲理，逐漸養成「曲則全」的思想、意志、習慣。

人們常說太極拳能夠陶冶性情，這就是陶冶性情的重要一例，說說比較容易，做起來就比較困難了。

筆者早年不諳世道，辦事歡喜直來直去，故每每事倍功半，甚至碰壁不得不轉彎。後來長年在太極拳圓形運動及「曲則全」思想陶冶下，雖有改進，但仍然不如習慣於曲線辦事的人為高。繼而一想，有改進總是好的，哪怕一點點改進。

第六章
身法精功五式

此處說的身法，僅指「身法者，變化進退之四法」。為了促使身法中正，進退合度，變化有道，促進中和，師門傳有「身法精功」五式，作為基本功修練。

｜第一式 · 童子蹲牆｜

【動作分解】

1. 站牆

全身放鬆，面向牆壁近處站立，兩腳間距不超過內肩寬度，兩腳並行，兩腳尖離牆壁的距離初練時可寬些，約5公分，熟練後逐漸縮小。兩臂自然下垂，鬆肩垂肘；兩掌合攏，掌心朝上，結太極手印於下丹田處。注意提頂、墜尾、斂臀、身正。（圖4-6-1）

2. 蹲牆

承上動。隨即臀部下墜，雙膝隨之緩緩屈曲，上體慢慢地下降，一直坐身至兩大腿平行，寬如四平步狀，面向牆壁而蹲。注意雙膝不能觸碰牆壁，膝尖與腳尖上下垂合；臀部不可翹起，與後腳跟上下相對，方為合度。蹲牆的時間，初時可甫蹲即起，以後逐步延長數分鐘，蹲的時間長，功力增長多。（圖4-6-2）

3. 起身

然後緩緩起身，直至恢復蹲身前的原狀。接著，再往

圖 4-6-1　　　　　　　　　　圖 4-6-2

下蹲，再起身，升降的次數為 3、6、9 次及 9 次以上，逐步增加。

4. 背牆

面壁蹲身熟練後，可改練背向牆壁蹲身起降，練法同上。要注意臀部不可觸及牆壁，否則為犯規。（圖 4-6-3、圖 4-6-4）

圖 4-6-3　　　　　　　　　　圖 4-6-4

【呼吸行氣】

（1）下蹲時呼氣，起身吸氣。呼吸與身體升降須徐徐地一致進行，不急不促。

（2）意守臍輪。身法總訣說，臍輪調息育丹田。吸氣時意為臍輪在吸氣，呼氣時意為由命門向前送氣。

【心法要點】

1. 開胯坐身腰鬆塌

修練這一精功的標準，是面壁蹲牆時，臉、胸、手、腕、膝等絕不能觸及牆壁，其中最易碰壁的是雙膝。因為初學者蹲身時常常會犯「跪膝」的毛病，即其雙膝像下跪的姿勢，故稱「跪膝」，這是身法不正的重大弊端，而且極易使膝關節受傷。

克服跪膝的關鍵，在於兩胯鬆開，腰部鬆塌，以便臀部下坐，像坐椅子那般往下蹲坐，使雙膝屈而不跪。

2. 提頂吊襠一條線

下蹲及上升時，頭頂百會穴似有一線虛虛上提，此線向下直貫會陰穴，似乎把襠部微微吊起，促進周身之提攜。這樣的上下一線貫穿，好像是一個圓柱的中心，保證了蹲牆時軀體直線下坐，不歪不斜、中正平穩地蹲著。

3. 酥胸圓背節節鬆

軀體升降過程中，胸部須放鬆酥柔，背部自然圓撐，全身關節要節節放鬆，才能順利正確地蹲牆，切忌挺胸疊肚，以免影響關節放鬆而且勢必「碰壁」。

4. 斂臀墜尾千斤壓

還要注意斂臀墜尾的心法。當開胯、鬆腰、懸垂、中正平穩地下坐時，還須注意臀部向下並微微向前內斂，同

時尾閭向下墜去，並含有向前托起丹田之意，這樣才能保護臀部內斂，更能像秤砣壓千斤似地維繫脊樑豎起，立身中正，從而做到前面不「跪膝」，背後不「翹臀」。

【功效】

修練這一精功，能使腰胯及胸、背、脊、膝、踝、足等關節得到全面的放鬆柔性鍛鍊，從而使身法中正，趨向完善，及至完全合度，至於防止和克服「跪膝」弊端更不在話下了。

從養生的角度看，更能疏通全身關節，尤其是腰、胯、膝、踝等關節得益更多，能有效地防止關節炎，改善平衡能力，增強下肢功能，穩定自身重心，既利健步，又可防跌。鍛鍊雖有難度，實則大有益處。

【意境】

名為「童子蹲牆」，則在蹲牆時，意想自己宛似孩童在做蹲牆遊戲，關節鬆柔，升降自如，喚起童心，好玩兒得很。

｜第二式・旋轉太極｜

此式在「鬆靜篇」的放鬆回春功中已作介紹，此處從略。不過要指出一點，即此式與上式有承前啟後、相互促進的關係。兩式同樣是修練開胯鬆腰，不同在於「童子蹲牆」主要是練的軀體直線升降時的開胯鬆腰，而「旋轉太極」則主要修練左右旋轉，而且是在馬步狀態下，兩腿不得晃動的前提下開胯旋體。明白了兩者的主要不同點，更利於正確修練，獲得效果。

｜第三式・腳踩風輪｜

此式旨在鍛鍊弓步進身、虛步退身之法，即腰胯鬆沉進退法。

【動作分解】

1. 鬆沉上步

面向南，像無極樁那樣站立，接著腰胯鬆沉，帶動上體下坐，如童子蹲牆（下蹲度數隨各人情況而定），兩手自然下垂於體側；隨即向左旋胯轉體約 25°，帶動左腳外撇約 30°，重心寄於左腿，接著右膝提起，右腳向右前方上一步，先腳跟著地，上步的跨度初練時小些，約以一腳半的長度為宜（以自己的腳掌大小為度）。

此時面向偏東南，重心存左腿，右腿為虛；上體中正，雙目前視。（圖 4-6-5、圖 4-6-6）

圖 4-6-5　　　　　　　　圖 4-6-6

2. 鬆沉進身

承上動。隨即腰胯鬆沉，斂臀垂尾，重心向前移動，意念由臀尾、命門催動重心前移，帶動軀體弓步進身，右腳漸漸踏實，同時左腿後蹬，成右弓步。前弓的腿必須成90°角，使膝尖與腳尖上下相合。此時重心前後的比例是前七後三。兩手隨著進身而自然前擺。面向正南，中正前視。（圖 4-6-7）

3. 鬆沉退身

承上動。隨即腰胯鬆沉，肚臍吸氣，臀尾後移，兩胯回收，帶動重心向後移動退身，退至重心約七成在左腿，變為左腿實，右腿虛，成右虛步。此時必須留心左膝與左腳上下相合，左膝尖不可超過左腳尖；同時臀部與左腳上下基本相對，不可「撅屁股」。兩手隨之退身而擺動；中正前視。（圖 4-6-8）

圖 4-6-7   圖 4-6-8

4. 踩輪進身

接著再鬆沉進身，鬆沉退身，循環往復，須 9 次以上。

當鬆沉進身、退身熟練後，須進入踩輪進退的練習，即腳底

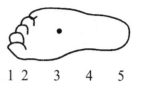

1 2　　3　　4　　5

圖 4-6-9

好像安裝著滑輪，進退均是踩著輪子滑前滑後，速度可稍微加快些。其滑行的幅度須按一定的比例講行。以前腳（右）為例：腳掌劃分五個區域，以第二趾尖為一號位，從趾尖到趾根為二號位，趾跟至湧泉為三號位，從湧泉至腳跟前沿（即腳底中心區域）為四號位，從四號位至腳跟後沿為五號位。（圖 4-6-9）

輪子安裝在三位與四號位間，向前踩輪時，滑行至二號位邊線；踩輪後退時，滑退至四號位邊線。如此循環往復地踩輪進退。兩手隨著踩輪進退而上下前後慣性擺動，須中正前視。進退的次數為 9 次或 9 次以上。須左右互換練習。

【呼吸行氣】

鬆沉進身為呼，退身為吸，吸氣時須臍輪內斂，呼氣時由命門送氣。

【心法要點】

1. 意在腰胯

此式旨在鍛鍊腰胯鬆沉進退法，進退之間全靠腰胯之鬆沉及軀體的進退，故須刻刻留心在腰隙，以便中正穩定，沉著進退；進則沉穩有勁，退則安舒有度。

2. 踩輪踏勁

由於是踩輪，故必須在腰胯鬆沉的同時，心意腳底沉

黏著輪子，若是腳底輕浮，就會被摔下。腳下沉黏的同時，意念前腳掌（約三號區域）向前、向下踏勁，即腰胯一沉、尾閭一墜、重心一送、腳掌一踏、身法一進，兩手隨之慣性一擺。此種踩輪踏勁可為練習發勁打下基礎，因此即使緩慢進身時雖無踏勁之形，亦應含踏勁之意。

【功效】

修練腰胯鬆沉進退法，既能促使酥胸圓背、脊樑中正、氣注丹田、鬆活腰胯等身法趨向正確，又能鍛鍊腿、膝、踝、足等下肢部位，從而使之上下相隨，周身協調，氣血暢通，疏通關節，還可以內修踏勁之勁意，對身法、養生、練勁均有良好的功效。

第四式・村女推磨

此式是以上三式的晉級訓練，不僅訓練旋胯轉體、鬆沉進退，而且進一步把進身、退身與旋胯轉體結合起來全面鍛鍊。雖然「鬆靜篇」曾作為「坐活感悟法」一例作過簡介，由於它是修練身法及內勁的重要精功，故特予詳述。

【動作分解】

此式有右弓步推磨與左弓步推磨兩種情況，練法相同，唯左右方向不同。現以右弓步為例介紹如下。

1. 磨圈的軌跡

前文提到，此式因其形狀像農村推磨那樣，故名村女推磨。其動作須推拉磨轉的圓轉一圈，並循環往復，圓轉不已。為了行文敘述方便，先把圓轉的軌跡列圖說明。

（圖 4-6-10）

前面

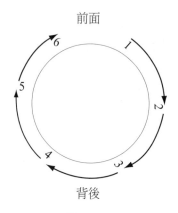

圖 4-6-10

2. 預備作勢

右弓步站立，兩手上提，與肩同高，掌心向下，宛如兩手搭在推磨架上；上體中正，弓步站穩，周身放鬆，目視前方（圖 4-6-11）

3. 退身右磨

承上動。隨即腰胯鬆沉，微向右旋轉，重心微微後退，右胯微微右旋，左胯微微向左後收，身法隨之微退，形成一個小幅度的半弧形退圖，從一號位退至二號位，同時帶動兩手向右側後微微磨轉，兩肘微屈，身正前視。（圖 4-6-12）

圖 4-6-11

圖 4-6-12

4. 坐身磨轉

承上動。不停頓地重心繼續後移，移至七成重心寄於左腿，成右虛步；同時兩胯後收，左胯並向左旋轉帶動兩臂屈肘，使兩掌在胸前做弧形磨轉，由二號位轉至三號位。此時面向偏東南，立身中直，向左微側，雙目前視。（圖 4-6-13）

圖 4-6-13

5. 旋胯過襠

承上動。緊接著命門與尾閭像軸承那樣向左旋轉，右胯後收，左胯邊旋邊前伸，使尾閭呈現一個旋轉的小弧圈，讓勁意從右向左過襠換勁，並以此帶動上體微左轉，由面向偏東南轉為稍微偏東北。其態勢由三號位轉至四號位，但兩手須磨轉至將近五號位，目視前方。（圖 4-6-14）

圖 4-6-14

6. 進圈推磨

承上動。隨即腰胯鬆沉，向右（正南）旋胯轉體，一邊旋轉一邊向前鬆沉進身，帶動兩手經五號位向六號位推磨而去，似「攬雀尾」中的按式，回復到「預備勢」狀態。（圖 4-6-15、圖 4-6-16）

圖 4-6-15

圖 4-6-16

　　緊接著循環往復地進行旋轉推磨，順圈練習 9 圈以上，然後改為逆圈推磨 9 圈以上。再調換左弓步練習，其法與右式同，唯左右方向不同。

【呼吸行氣】

　　1. 推磨一圈為一次呼吸。退圈為吸，進圈為呼。

　　2. 注意臍輪呼吸，吸氣時，意想氣從手指及臍窩吸入；呼氣時，意想氣從命門緣脊而上，通於兩手，從手指呼出。

【心法要點】

1. 推向中和一體

　　上述第五章說的「中和一體圓弧形」——太極身，是宏觀身法的要求，而本功法則是這總體要求的載體，宏觀上陰陽中和的諸要求均須落實在這一具體功法中，並把它完善地體現出來。因此「中和一體」是本功法的靈魂。在修練過程中，應把鬆腰開胯、鬆沉中正、旋胯轉體、進

身（進圈）退身（退圈）、提頂吊襠、鬆肩垂肘、斂臀墜尾、虛實變換、根在腿足，以及內在的精氣神等，按照陰陽中和之道總體融合為一，周身一家。其中的關鍵是旋胯轉體與進圈退圈有機地結合為一。

從這一點上說此式練的是「腰胯鬆沉旋轉進退法」。若把這一式練熟了、練像樣了，太極拳的身法可以說基本過關了。當然還須細心揣摩，愈練愈精。

2. 公轉帶動自轉

形式上是兩手在推磨轉圈，實際上是腰胯的左旋右轉以及身法的前後進退，帶動著兩手磨圈。關鍵要以腰胯為軸，不僅雙手要由腰胯帶著轉，就連重心前後變化也要由腰胯驅動。如果說把腰胯旋轉作為公轉，那麼四肢則為自轉，必須以公轉帶動自轉，方為得法。

3. 分清勁意

上述推磨一圈之中，內含掤、捋、磨、過、擠、按勁等各種勁意，必須分別清楚。

掤：當弓步站立、兩臂上提前伸時，手臂均含掤意，而且在推磨全過程中，無論手臂如何變動，均掤在其中。因為掤勁是太極八勁之首，乃內勁之本，也是各種勁別的後盾，故謂掤勁不可丟。

捋：上述推磨圓圈從一號位轉至二號位是捋化勁；

磨：從二號位至三號位為磨轉勁；

過：從三號位至四號位為換襠過勁：

擠：上述過勁中的後半部分，雙手磨轉至將近五號位時為擠；

按：經五號位，向六號位進身推磨時為按勁。

4. 留心磨圈過襠

圈中之勁意，要數過襠換勁最難捉摸，因其換勁的動幅較小，而且有左旋轉換及右旋轉換兩次互換，易被忽略，所以要特別提請注意。

具體說，分解動作的坐身磨轉及旋胯過襠是左右兩次過襠換勁，雖然分解說明，實際上是緊密相連，幅度很小，稍不留意，就會一滑而過，差之毫釐，失之千里，故須細心感悟。

5. 弄清上下三圈

推磨轉圈，形似一圈，實則有三圈。兩手臂隨著公轉而捋磨換推為上圈；腰胯為中圈；尾閭及襠部呈現的小圈為下圈。其中最易被忽略的是小小的下圈。這是左右換襠之圈，無論是行動走架還是推手，小圈都有不可忽視的重要作用，必須弄清楚。

6. 所難中土不離位

中土不離位，就是在進退圈的推磨過程中要持守中土，這是太極拳很重要的心法。老拳譜說：「定之方中足有根，光明四正進退身。」由於此式不僅練退身，還要把進退身與轉圈融合為一，變成進退圈，其中進圈的難度比退圈更難一些。所以拳譜又說：「退圈容易進圈難，所難中土不離位，退易進難仔細研。」可見中土不離位是關鍵。

中土，即中定，就是太極十三勢中的「進步、退步、左顧、右盼、中定」的「中定」。

持守中定，是太極拳的重要心法，要求練拳者時刻維護自己的重心穩定，並乘機破壞對方的重心穩定。其法詳見下一章「中定的原理」。

第五式・一指通玄

此式與上式「村女推磨」的形體動作基本相同。既然如此，為何還要把它作為身法精功呢？主要原因是內功心法上有更高的要求，當然形體動作也有不同。上式是雙手推磨，此式是一手一指領著轉圈，其餘皆相同。今將相同點從略，不同點介紹於後。

圖 4-6-17

1. 豎起食指

仍以右弓步為例。上式分解動作之一的兩手提起搭在推磨架上，改為右手上提，右食指豎直，指尖向上，其餘四指合攏，拇指貼在三指上；左手屈肘平置在左側前，中正前視。（圖4-6-17）

2. 一指領圈

接著像村女推磨那樣，

圖 4-6-18

身法進退旋轉，但不是雙手推磨，而是單手一指在轉圈，即右手食指領著身法步法在旋轉。也是順轉 9 圈，再逆轉 9 圈。然後調換左弓步一指領圈。（圖 4-6-18）

3. 四忘一空

至於心法，除上式「村女推磨」的六點心法適用於「一指通玄」外，還有一個最主要的不同點，即從有意進入無意。

「村女推磨」，是用意不用力地推磨運轉，那是用意。而「一指通玄」則要從有意進入無意之境，那是無意，即從用意過渡到無意。

這是一個漸進的過程，首先要將推磨式練得嫻熟無比，能夠得心應手。在此基礎上再經歷「四忘」，然後達到「一空」，即忘手、忘形、忘意、忘念，達到虛空之境。

忘手：即上文介紹的「捨去雙手」，似乎「我的手沒有了」。本來不必贅言，因手臂最不聽話，總喜自作主張，擅自行動，不能跟隨公轉而轉，所以須重提一下，忘掉手臂的存在。

忘形：即在一指領著進退轉圈時忘掉身形的存在，似乎不是自己的形體在轉，而是一個太極在旋轉不息。

忘意：即忘掉一指磨圈時的各種勁意。我們應該知勁、懂勁，但不可被勁意困擾，須逐漸超越勁意，化勁意於虛靜無為之中，然後才可能無為而無不為。

忘念：即忘掉種種雜念，心神歸一。

在「四忘」基礎上，進入「虛空」之境。所說虛空，並不是一點也沒有的空，而是指清心無慮，即「萬念俱泯，一靈獨存」的虛空。這「一靈」就是太極之靈。只須心繫太極，不管其他，一切變動皆是太極之變，一切旋轉都是太極之圈，從而使身、心、靈（靈、魂、體）歸聚於一，進入太極玄妙之境，故稱為「一指通玄」。

第七章
中定原理

中定，就是維護自身重心之中正穩定，屬太極十三勢中的「進步、退步、左顧、右盼、中定」之範疇。

地球引力作用於人而產生人體重量，而這重量有個中心點，大家一般稱它為「重心」。它維護著人身的正常活動，無論是站是坐，也不論是散步、跑步或者跳躍，都必須維持重心的穩定，才能「定之方中足有根」，才能成行，還能做個「不倒翁」。尤其是拳術的進攻防衛，更須穩定自身的重心，否則會陷入被動，所謂「守中則成，失中則敗」。因此，持守中定是練拳的起碼要求，而且隨著練拳水準的提高，中定的要求也會隨之提高，特別是進入高深境界時，須在瞬息萬變中維護中定，其要求與難度就更高了。

為此，須弄清楚中定的原理、修練心法及相關問題。其要點是：

一、中定，是中和之道對身法的要求

陰陽中和之道的「居中」原則，就是「中定」的原理，在六十四卦中，第五卦的「居中」之位，是亨、利、貞、吉的象徵，故而拳術之「中定」，就是取勝之道。

總體說，太極身法是圓弧形的中和一體，中定則是其中的中心點，像圓圈之中心垂直點，不論圓圈如何轉動，圈中之中直一點須隨著圓轉而不斷調控，始終持守著那中

空一點。所以說，沒有中和，便沒有中定。

二、中定即中土，是變中之定

　　王宗岳在《太極拳釋名》中，把「中定」比為「金、木、水、火、土」的五行學說中的「中土」。他說：「進步、退步、左顧、右盼、中定、即金、木、水、火、土也；此五行也。」據此，拳譜才提出了「進圈容易退圈難，所難中土不離位」的論斷。用「中土」比作中定，意思是中定好比是立地生根，不可動搖。

　　但不要誤會「定」在那裡固定不變了，而是說「定」的時機必須落地生根，拳勢一旦變化，就必須隨著形勢的變動而變移中定的位置轉入安全之區。所以中定是變中之定，即「定、變、定」的循環不已之中的「中定」。當「定」之時，應落地生根，毫不動搖；該「變」之機，則應敏捷迅速地隨變而變。這點是陰陽中和之道的「時中」原理的反映，能時中，就能守中。

三、人體重心的分辨

　　我們通常說的重心一般有三種情況。一是常說的重心，即人體重量的中心點；二是人體中心垂直線，即身法總訣說的「提頂吊襠一條線」；三是中心線的落點（即落實之點）。

　　這三種情況既要弄清楚，又要能融合，可以把它們統稱為重心中直落點，簡稱中直落定（或中心落定），那便是中定（中土）之位，即穩定重心的安全區域。

　　分辨重心的三種情況，是為了更好地弄清重心之點，

以利於穩定中土之位。常見初學者做虛步時，只注意把重心落在實腿，不知道還有個中心落點該落在哪裡，常把中心落點落在實腿的外側邊緣，結果中心線歪斜，連帶上體傾向一側面，以致失中。此時如果有人將他輕輕一撥，很容易被撥倒在地。

四、靜態與動態之中定

由於中定是變中之定，故在「定、變、定」的過程中呈現兩種形態的中定，即定勢的靜態中定與變勢的動態中定。靜態中定比較容易把握，動態中定的難度較大。

靜態中定：

以太極起勢的開立步站姿為例。此時人體重量分置左右兩腳，重心在臍下丹田處；人體中心線在百會穴與會陰穴的上下一條直線；其中心落實點在尾閭下墜的地面，即兩腳之間的中心地面的那一點，那便是中定之位。

再如虛步，中心直落點在後腳（實腿）的腳心至腳跟之間的中心區，不可偏側至腳的邊緣。如果是弓步，則中落點在前腿與後腿之間位置，以尾閭下垂指向地面的那點為準，其前弓之腿的重量落在腳下四號位與五號位之間。

無論站立、虛步、弓步等，均須輔以立身中正，才能穩住中定。

動態中定：

由於拳術運動是式式變化的，尤其推手的變化更多更快，所以變化的動態中定比較困難一些，它要在升降起伏、移位換形、左旋右轉中適時調控中直落點，的確難度大一點。難在何處？這不是一般的難，而是難在中直落點

看不到，只能感覺到，一旦看到了，就失中跌倒了。故而必須在剛剛感到「中土」受威脅時，迅速敏捷地予以調控。為此，師門傳有中墜轉移調控法。

五、中墜轉移調控法

中，中心落點；墜，墜尾斂臀；轉，鬆沉旋胯轉體；移，把對方加在自身的力點移開，轉移至安全區域。此法的動作過程大致是：行拳時，意想某處被對方制壓，有失中之虞，迅即懸頭墜尾，旋胯轉體，變移重心，把受制之點轉移開去（即空其勁），調整中心落點至安全區域。

在此過程中，須特別注意領椎、提吊、懸墜、移點八字。其口訣是：大椎一領身中正，提頂吊襠中心線，懸頭垂尾神貫頂，墜尾斂臀壓千斤，重心變移得中定。為便於操作，可歸結為八個「一」：警訊一現、頭頂一提、大椎一領、精神一振、尾閭一墜、腰胯一旋、重心一變、中定一穩，就能化險為夷。當然這八個一不是機械分開的，不可有先後，應同時同步地一氣呵成，才能奏效。

上述「村女推磨」中的「坐身磨轉」及「旋胯過襠」的動作，亦屬於調控中心落點之法。

但是，這僅是意念調控法，應經過長期修練，養成條件反射，進入無意之境，才能虛靈不昧，一觸就轉，一轉就空，一空就穩，穩了就可以進。

六、中定與內勁及養生的關係

中定作為原理，在太極拳中是無處不在、無時不現的，既是太極身法的總體要求，又是一招一式的具體要

領，尤其對修練內勁有著重要作用。別的不說，僅就與內勁密切相關的人體重力來說，平時分散在各個部分（上體、四肢、體外、體內等），一旦急需，可以迅速集中起來，集合於某一點發出，此即所謂「整勁」。

此種整勁並非局部的人體重力，而是人體的總重力，而且不僅是肉體的總重力，還包括意、氣、神、勁在內的內外合一的總勁力，這是太極勁與眾不同之處。

整體總勁力在訓練、養蓄、聚集、發放的過程中，都離不開「中定」。

不難想像，如果軀體前俯後仰、左歪右斜、搖頭晃腦，能夠練出功夫來嗎？只有時刻持守中定之法，身法中正，重心穩定，才能在圓弧形的中和一體中激發潛能，練出內勁，並把內外合一的內勁發出去。

中定一法，更利於養生保健。因為太極拳的任何招式都離不開重心穩定，只有持守中定，才能中正安舒，周身協調地進行技法和心法的修練，取得性命雙修的美好效果。

第八章
步法精功六式

步法也離不開中定原理，所以「中定「一章安排在身法精功與步法精功的兩章之間，以示上下皆通之意，無論何種步法、步型，都應貫徹圓心之中直落點，才能步履沉穩，步法輕靈。

第一式・五行進退步

【釋名】

五行進退步，簡稱五行步，它是太極拳十三勢中的重要基礎步法。王宗岳在《太極拳釋名》一文中，把太極拳的掤、捋、擠、按、採、挒、肘、靠八勢八法比作八卦，把進、退、顧、盼、定比作五行。他說：「進步、退步、左顧、右盼、中定、即金、木、水、火、土也；此五行也。合而言之，曰十三勢。」可見，五行步是太極拳十三勢的五種步法。它與五行學說相對應，即進步為火，退步為水，左顧為木，右盼為金，中定為土。進退為水火之步，顧盼為金木之步，中定為樞機之土，懷藏八卦，腳踩五行，一派太極風韻。因此練好五行進退步，既是太極拳的入門功夫，又是登堂入室的晉階之途。

為了方便介紹練法，先列圖標明五行步的態勢：

進步
（火）

左顧　　中定　　右盼
（木）　（土）　（金）

退步
（水）

五行步勢圖

【分解動作】

1. 鬆沉邁步

按無極樁身法站定，然後腰胯鬆沉，微向右移約

15°，右腳尖外撇約 10°，略微坐身，重心移寄右腿，屈膝坐實；隨即左腿鬆膝提起，高度約與胯齊，左小腿下垂，左腳經右腳裡側向左前方邁去（邁步的幅度量力而行）。須用腰胯鬆沉法助送左腳前進，先左腳跟著地，此時重心大部分仍在右腿，兩臂自然下垂體側，上體中正，目視前方。（圖 4-8-1）

2. 進身弓腿

承上勢。腰微向左轉，用腰胯鬆沉法邊轉邊沉，邊重心前移，弓左腿，蹬右腿（不可僵直），向前進身，成為左弓步，左腳尖內扣 2°～3°，後腳尖外撇約 10°。前後腿的重心比例為前七後三。中心直線在尾閭下墜之地面，前腳的重心以 4 號位為中心，前移不超 3 號線，後移不過 5 號線。前後腳之間橫向距離至少 10 公分，不能踩在一條線上。兩條手臂隨著弓腿進身而自然移動。此時面向正南，上體中正，雙目前視。這是第一次進步。（圖 4-8-2）

圖 4-8-1　　　　　　　　　圖 4-8-2

3. 鬆沉右邁步

承上動。左弓步定位後，隨即腰胯鬆沉，向左微轉，帶動左腳尖外撇約 10°，重心全部移寄左腿；接著鬆右膝、提右腿，右腳收回左腳裡側，腳尖虛垂地面（初練時可腳尖點地片刻），隨之向右肩前方邁進，重心逐漸前移，進身成右弓步。具體要求與左弓步相同，這是第二次進步。（圖 4-8-3）

4. 再進左步

按上述要求向右微轉，右腳外撇，重心寄右腿，接著按左進步要求，提左腿向左前方邁進，為第三次進步。然後練習退步。（圖 4-8-4）

圖 4-8-3

圖 4-8-4

5. 提膝懸足

承上動。左弓步，腰胯鬆沉微向右轉，略沉身，重心全部後移右腿，屈膝坐實，變成過渡性的左虛步；隨即放鬆左膝，提起左腿，把左腳收回右腳內側，小腿自然下

垂，左腳尖虛懸向地（不落
地），宛似獨立勢，上體中
正，兩臂下垂，雙目前視。
（圖 4-8-5）

　　但要注意這單腿懸足之
勢，初練時可一提就撤，虛懸
短暫，功深後應適當延長懸足
的時間，以便加強腰腿功夫的
鍛鍊，又可修練靈活用腳之
意。因為虛懸之足可進可退，
可上踢也可下踩，還可插襠套
腳。此式雖是練的退步，但進
退在一念之間，故須適當延長
懸虛時間，以增進用腳的勁
意。

圖 4-8-5

6. 沉腰退步

　　承上動。隨即鬆沉腰
胯，左腳經右腳裡側向左後方
撤退，須用腰胯鬆沉之勢，助
送左腳後撤。左腳從上勢的收
腳懸足，到此勢的後撤，其行
經的線路宛似是三角形狀，稱

圖 4-8-6

三角退步。先腳尖著地，繼而腳掌、腳跟著地，此時重心
前後的比例為前六後四，前腳尖仍然向右外撤，後腳尖向
左外撤，前後兩腳有點像錯綜八字步。上體中正，兩臂下
垂，目視前方。（圖 4-8-6）

7. 坐身虛步

承上動。重心漸漸後移左腿，坐腿屈膝踏實，右腳微微內扣約 5°，變成右虛步。此時前後腿占重的比例在前三後七之間。虛步的膝關節須放鬆自然，不可挺直，略含屈意，腳掌放鬆黏地，腳尖虛伏。虛步的中心落點，見前「中定」一章介紹。此時上體中正，虛靈頂勁，尾閭中正下垂，實腿的

圖 4-8-7

膝尖與腳尖上下相合，臀部要與後腳跟上下相合。（圖 4-8-7）

8. 連續退步進步

承上動。當「坐身虛步」坐實之時，即為第一次退步完成，接著退右步，再退左步，連續退三步，練法與要求同上。然後再進三步，再退三步，循環往復地練習三回、六回、九回以上（進三步退三步為一回）。

【心法要點】

1. 左顧右盼

顧、盼是五行步中的兩法，因其無明顯的外形動作，全是神意的反映，故列入心法敘述。

所謂顧、盼，是指眼神的視向，向左為顧，向右為盼，即左顧右盼。而眼神則是雙目之光與神意之光的合稱，它能反映一個人的精神狀態與拳法的深淺。雙目神光炯炯與眼神暗淡無光，表示了兩種截然相反的內在神態，

可以從眼神上看出練拳者的功底如何。因此，訓練神光之顧、盼，不單是步法所需，而且是太極身法的總體要求。

如何顧盼？不是搖頭晃腦，東張西望，而是用眼神及神意顧盼，並且顧中有盼，盼中有顧。例如進步時，雙目前視，但前視之中有顧、盼，即用左右兩目的眼梢再加神意向左顧，向右盼；退步時大體與進步相似。至於進退轉身之間的顧、盼，則須時時留神，隨之所視，切忌低頭看手，更忌目光散亂，神情呆滯。

顧、盼的訓練更與意氣神勁密切相關。練至功深，應進入目之所視，就是神之所至、氣之所到、勁之所達的境界。

2. 時時處處中定

中定，是互行步法之重要一法，其原理及心法，前面「中定」章中已有詳述，此處不再重複，照上章所述修練。不過要說明一點，中定不僅是五行步之中定，而且是行拳及推手全過程中的中定。為了節省篇幅，以下篇章中有關功法、拳招，凡涉及中定之處，除非特需，不再一一說明。

3. 進退須有轉換

五行步的進退之間有著轉換的過程，即左右之間的轉換，其實質是虛實間（陰陽）的相互轉換，轉換的關鍵又在於主宰腰胯。以邁左步為例，在鬆腰鬆胯、身法中正的前提下，右腰及右胯微向右鬆轉，並用右腰眼微微托起左腰眼（意念性的），使左胯、右腰微微向前送去，助送左腳緩緩邁出，柔順落地。邁右步也是這樣，唯左右不同。左右兩胯及兩腰眼一上一下、一前一後、一虛一實，以虛

托實，虛實相濟，使步法轉換靈活。而且進中含有退意，雖進蓄退；退中含有進意，雖退猶進，亦即虛中含實，實中含虛。例如虛步的前腳虛中含有實意，後腿雖實但並非完全，而含虛靈騰挪之意。其變化全在內，不在外，進退不拘泥於某一腳，而須有隨機應變之意。

第二式・復勢貓行步

【釋名】

「邁步如貓行」，是太極拳的重大特徵之一，各家太極拳莫不重視這一步法的訓練。本門的這一精功則另具特色，不但步法要像貓步那樣輕柔，而且在進退之間須有虛實變換的進身、退身的轉換，並有明顯的旋胯轉體動作，還須手勢相配合，更要模仿貓行撲鼠的神態，雙目須炯炯有神，所以稱之為「復勢貓行步」。

初學者分不清貓行步與五行步的區別，常把五行步誤認為貓行步，這是必須分清的。

【動作分解】

1. 合氣坐身

面南自然站立，兩腳跟靠攏，腳尖八字形；左右兩臂皆鬆肩垂肘，同時向外、向上劃弧，平舉於左右兩側，掌心向上，意想勞宮穴採集自然靈氣。（圖 4-8-8）

圖 4-8-8

接著，兩臂毫不停頓地向內合攏，意想向眉心灌氣，兩掌沿胸前而下，合氣於丹田，同時微微屈膝坐身。（圖4-8-9）

接著腰胯鬆沉，向左旋胯轉體約 30°，轉至面向偏東南，蓄勢待變。（圖 4-8-10）

圖 4-8-9

圖 4-8-10

2. 上步蓄勢

接上動。隨之腰胯鬆沉，重心移寄左腿，右腳向前上一步，成右虛步，面略偏西南，此時兩臂下垂，中正前視，蓄勢欲進。（圖 4-8-11～圖 4-8-13）

圖 4-8-11

圖 4-8-12

圖 4-8-13

3. 轉腰撇腳

上動不停。腰胯鬆沉，向左旋轉約 20°，腰轉身隨，帶動左腳外撇 10°～20°，此時面略偏西南，重心仍寄左腿，兩臂自然下垂體側。（圖 4-8-14、圖 4-8-15）

圖 4-8-14

圖 4-8-15

4. 移重轉腰

上動不停。腰胯右轉 5°～10°，同時重心前移，右腳

踏實，後腳（左）隨著轉腰移重之勢，腳掌碾轉（稱前輪轉），腳跟微離地，準備提起。此時隨重心前移而將前臂略微提起，置於腹前，手腕放鬆，五指下垂，似貓兒提爪狀，做勢欲撲，身法中正，前視。（圖 4-8-16）

5. 坐胯提膝

上動不停。腰胯鬆沉下坐，後腿（左）乘勢提起（防止上體抬起），意念先提膝再提腿，接著左腳提至右腳裡側，左腳尖虛懸下垂；兩手趁勢微微上提至上腹部，凝神前視。（圖 4-8-17）

圖 4-8-16　　　　　　　　圖 4-8-17

6. 邁步貓行

緊接著腰胯鬆沉，提起左膝左腿，用腰胯下沉之勢，把左腳送往左肩前方，向前邁進。其過程是：先提膝，再動小腿，隨之大腿跟進，左腳落地要特別注意不能直落下去，必須用鬆膝之法，似貓足那樣輕柔落地，先腳跟著地。在此過程中兩手同時隨勢上提至胸部上方，仍鬆腕垂指，目視前方。（圖 4-8-18）

　　緊接著，鬆沉轉腰弓腿，重心前移至左腿，催動左腳掌緩緩踏實，後腳掌隨之碾轉，成弓步。同時，兩手隨著弓腿進身之勢，模仿貓爪前撲，肘不過膝。此時面正南，中正前視。（圖 4-8-19）

圖 4-8-18　　　　　　　　　　　　　　圖 4-8-19

7. 左右貓行步

　　接著練右進步貓行，練法與上述分解動作 1～5 相同，唯左右方向不同。然後再左進貓行，左右互換，循環練習。前進步數視場地而定，到了頭再返回練習。

【心法要點】

1. 慢而不斷

　　上述分解動作較多，整個貓行步的過程連綿不斷，動作雖然慢，但須慢而不斷。

　　由於貓行步進退轉折較多，稍不注意就容易出現停頓現象，故須更加留心各個動勢之間的連續銜接，無論分解動作多少，均不可有絲毫停頓，應綿綿不斷，一氣呵成。這一點是整套拳術的共同要求，以後各招各式均要注意遵守。

　　動作的連綿不斷，主要靠意念上的生生不息作保證。太極拳是「用意不用力」的運動，各動作之間的銜接，全靠意念相連，這就叫做「形斷意不斷，勁斷意可接」。只有靠意念的綿綿不息，全套拳式才能無停頓、無斷續地融為一體。

2. 螺旋圓轉

　　這是太極拳的核心原理，在「曲則全——太極拳的圓形運動」一節已作詳解，前述的「村女推磨」「一指通玄」等都是實踐這一原理的精功。至於復勢貓行步，不但左右轉動的幅度較大，而且退身與進身之間也須圓轉。

　　例如，分解動作之二的「上步蓄勢」，應腰胯鬆沉做螺旋型旋轉，邊轉邊移重心邊後坐，不可直線往後退；接著做轉腰撇腳、移重轉腰以及轉腰弓腿進身時，都要運用腰胯鬆沉旋轉法，在旋轉中蓄勢，在旋轉中進退，才能練好步法，練順內氣，練出內勁。

　　本門太極內勁的特徵是螺旋寸勁，即勁自圈中生，勁自圈中發，要特別注重螺旋圓轉的訓練。

3. 往復須有摺疊

　　進退須有轉換，往復須有摺疊，這是太極拳的重要法則。由於「復勢貓行步」進退往復的轉換幅度較大，尤其要注意往復之中的摺疊。

　　折者，曲折、折合之義；疊者，重疊之義，即有層次的折合重複。摺疊，就是把一個或兩個以上的東西折起來使之重疊相合。太極拳的摺疊，運用在兩個方面，即自身練拳中的摺疊與推手對抗中的摺疊。

　　自己行動走架時，動作呈圓弧形及曲線，勁走螺旋，

並把兩個以上的勁路有層次地折合在一起，使之相合統一。

摺疊用於推手，主要是呼吸（蓄發）、開合、虛實的變換，都出自內氣、內勁的變換，在內不在外，外面看似未動，而其內已有變化摺疊，所變極其細微。

太極截勁往往使用摺疊。使用截勁時的拳勢呼吸較為短促，我甫感來勁，即將彼力吸入並迅即變化為發人之勁，所謂「借力打人」是也。至於手法上的屈肘彎肱，則是外形上的一種摺疊，它也是隨意而動、由內及外的。

4. 中定不可丟

中定是普遍的法則。此式的中定，要特別注意在轉換中的搖晃情況。

因為在轉身撤腳、移重轉腰、沉身提膝等動態過程中，很容易重心不穩，上體晃動，故要特別留心中定之位，無論如何中定不可丟也。

5. 練步又練神

貓行步，不僅邁步要像貓步般輕靈柔和，而且要有靈貓捕鼠時的那種神態。即使在平時，貓的眼神不怒而威，威而不凶，給人以神和之感。

練貓行步就應練貓的神態。太極十三勢中的左顧右盼，就是對神態的要求。

6. 遵守內外三合

內外三合是形神俱練的總體要求，每招每式均須做到。前邊已作了一些介紹，此處借復勢貓行步作進一步說明。

「內三合」，指意、氣、勁相合，即意與氣合、氣與神合、神與勁合；「外三合」，即手與足合、肘與膝合、

肩與胯合。前者是內功的要求，後者是外形招式的要求。外三合又包含著步法、手法、身法等要素。以貓行步的右弓步為例，須身法中定，右肩與右胯上下相合，右肘與右膝上下相合，右手與右足上下相合。

　　所謂相合，就是要上下對齊，不能歪斜，不能越位。其中最容易犯的弊病是膝蓋前衝，超越腳尖，以致牽連肩胯不合、肘膝不合，並危及中定。這些問題，初學者要特別引起重視。

　　扣足轉膝，是防止和克服膝蓋越位的有效辦法。所謂扣足，就是前弓之腿的腳尖微微內扣，所扣幅度 $2°\sim 3°$。所謂轉膝，即弓腿之膝蓋必須放鬆，並微微外轉，使膝蓋中心與腳尖中心對齊，可防止歪斜和越位。同時後蹬之腿的膝蓋也應與後腳的中心對稱，前後兩膝均不能歪斜，保持節節貫穿。

　　因此在進身、進步、弓步、退步、虛步、中定以及轉換過程中，都要刻刻留心這內外三合，使步法綿綿，一氣呵成，進似貓行般輕柔，退似撐車般穩健，定似山岳般屹立。

｜第三式・進退貓洗臉｜

【釋名】

　　貓洗臉，就是模仿貓用前爪洗臉的動作，兩手在臉前做弧形掩面的姿勢，同時配合進退等步法身法，形成上肢貓洗臉與下肢貓行步相結合的上下相隨、進退相宜的獨特風格，是本門獨具一格的精功之一。它有進步洗臉，進退洗臉、換步洗臉等態勢。茲分述如下：

【動作分解】

1.進步洗臉

（1）**預備勢**：面南右弓步站定，兩臂自然下垂於軀體兩側。

（2）**收腳舉手**：腰胯鬆沉，重心向前全部移寄右腿，左腳收回至右腳內側，左腳尖虛懸不落地；同時右手上舉至右臉外側，手腕外旋，掌心向外，中正前視。（圖 4-8-20）

圖 4-8-20

（3）**左弓步右洗臉**。承上動。左腳向左前方邁進一步，重心逐漸移至左腿，向前進身成左弓步；在弓步進身的同時，帶動右手腕內旋，經右臉向左臉做掩面洗臉狀，須掌心朝臉（掌與臉相距約 10 公分），弧形旋腕而洗，此為左弓步右洗臉，中正前視。（圖 4-8-21、圖 4-8-22）

圖 4-8-21

圖 4-8-22

（4）**右弓步左洗臉**。緊接著，鬆腰沉胯，重心全部移至左腿，同時右手弧形下落至小腹前，左手弧形上舉至左臉外側；繼而右腳向前邁進一步成右弓步，左手旋腕洗臉。練法與右洗臉同。（圖 4-8-23、圖 4-8-24）

圖 4-8-23　　　　　　　　　　圖 4-8-24

（5）**連續進步洗臉**。接著再做左進步右洗臉，左右交替進行。步法與五行步相同，唯手法不同。進步次數可多可少，但至少須三次。這一精功可直接應用於拳術。本套路第十七式「進步摟膝」就是連續進步洗臉掩手的運用。

2. 退步洗臉

（1）**仍以右弓步為預備勢**。

（2）**退身右洗臉**。腰胯鬆沉，左手上舉至右臉外側，向左側旋胯轉體，重心約七成後移左腿，向後退身，似將成右虛步，一邊退身，一邊左手內旋從右向左掩面洗臉，左手暫置左頰下，右掌置左胯旁，面向偏東北，中正前視。（圖 4-8-25）

（3）**撤步舉臂**。承上動。隨即腰胯鬆沉，右腳收回，經過左腳內側斜向右後方撤步退身，重心後移右腿，成左虛步，但腳尖依然外撇，尚未內扣。同時右手經右側上方弧形下落至右腹前，左手弧形上舉至左臉外側蓄勢。此時仍然面向偏東北，中正前視。（圖 4-8-26）

圖 4-8-25

圖 4-8-26

（4）**轉體左洗臉**。承上動。隨即鬆沉腰胯，向右側旋胯轉體，帶動左手旋腕從左向右洗臉。右掌置腹前，左腳尖內扣。此時面向略偏西南，中正前視（圖 4-8-27）。此為一次退步右洗臉。

（5）**接著撤左步，舉右臂**。練法與動作 3 相同，唯左右方向不同。

圖 4-8-27

（6）接著轉體右洗臉，練法與動作 4 相同，唯左右不同。這是第二次退步洗臉。接著再做第三次退步貓洗臉。

（7）然後練習進步貓洗臉，也是連進三步，練法與上式進步洗臉相同。前後計退三、進三貓洗臉，可反覆練習。

（8）變化應用：這種進退步洗臉法在套路中應用較多。如第 38 式退進步指襠捶，就是先退步洗臉兩次，再進步洗臉兩次，然後做指襠捶動作。它還可以變為換步洗臉，如第 17 式換步摟膝，就是先跟上半步洗臉，再退一步洗臉，接著進一步洗臉，同時做摟膝推掌。

【心法要點】

1. 中軸旋轉是關鍵

練好進退貓洗臉的關鍵，在於中軸能否正常靈活旋轉。若能以中軸旋轉帶動手勢洗臉與步法貓行，則兩者便能同時同步地協調動作，從而使手勢與步法齊運，洗臉與貓行一體。

何謂中軸？拳家都說是「腰如車軸」。不錯，這是經典性表述。但練拳時，不能停留在字面上，應深入下去品一品。這「車軸」的範圍有多大，圓周的中心及其中心落點在哪裡？轉動時是怎樣的情狀？這些問題具體化了，才能心中有數，運轉自如。

據師門傳授及本人體悟，腰與胯的前後左右一圈就是車軸的圓周範圍，圓周的中心便是上自百雲穴下至會陰穴的一條中心直線，其中心落點就是尾閭下墜之處。中軸旋轉，就是中心直線及其落點在旋轉，從而使腰胯的圓周形

旋轉能靈活自如。我們常說的旋胯轉體帶動四肢運行，換個說法，就是中軸旋轉帶動四肢動作，這樣便能上下相連，周身一家，且能一動無有不動，一靜無有不靜。

如果說太極拳主宰於腰胯，那麼「中軸旋轉」便是主宰的主宰，適用於太極拳所有拳招功法，現在將貓洗臉提出來重點敘述，是因為這一精功能把「中軸旋轉」生動地顯現出來，有「一葉知秋」的作用。

先前介紹的「村女推磨」「一指通玄」等功法，也都是以中軸旋轉來帶動的。當然，中軸旋轉能否帶動四肢運行，尚須以四肢放鬆為條件，否則「帶」而不動。

2. 旋腕劃弧巧洗臉

貓洗臉，顧名思義是模仿貓洗臉的動作。僅從手勢來說有兩個重點要注意：

一是洗臉時必須手腕旋轉

其過程是（以右手為例），右手從下面上舉至右臉右側時，手腕外旋，掌心向外，指尖向上；當向左做掩面洗臉時，手腕須內旋，應一邊內旋、一邊掩向左臉洗去，掌心朝臉，指尖向上，這就稱做「旋腕洗臉」。如果不旋腕，僅僅用手移過面前，那不屬於洗臉動作。

二是手勢須上下劃弧成圈

從右手上舉，經洗臉而下，須在胸前、臉前劃一圓圈；接著左手上舉，經洗臉而下，亦須在身前劃圈，從而使兩手左右上下交替劃弧洗臉。

從攻防意義上說，這樣能使身前形成連綿不斷的保護圈，加上身法的進退轉換，攻守進退皆相宜。當然還須內氣、內勁的協同，才臻完美。

3. 提腿必須先提膝

進退之間，若要步法輕靈柔和，必須提腿先提膝。當腰胯鬆沉、一腿支撐、一腿提起向前邁進之際，必須膝關節放鬆，意念先把膝蓋鬆鬆提起，帶動提腿，小腿毫不用力地懸垂著，然後由腰胯鬆沉之勢向前邁出，這樣步法才能像貓行似的輕靈。如果僅用大腿直接提邁，勢必舉步滯重。

退步更應如此，後撤之腿必須先提膝帶動提腿，再乘腰胯鬆沉之勢，由鬆膝助小腿後伸而撤，才能輕靈著地，沉穩退步。因此，大凡動步，不論進退，均應在鬆腰沉胯的同時，提腿先提膝，才能邁步如貓行。

｜ 第四式・動態虛實步 ｜

【釋名】

動態虛實步這個式名鮮見於他派太極拳，乃為本門獨特之步法，常用於練勁與發勁的訓練。本套路第 23 式「換步雲摩彈」用的步法就是典型的動態虛實步。

弓步為實（含虛），虛步為虛（含實）。動態虛實步，就是弓步、虛步在動態下快速變換虛實的一種步法。由於它定勢亮相的姿勢常常是虛步，故又簡稱動態虛步。

動態虛步，有原地與活步兩種形態。原地者，即站定姿勢後在原地做虛步與弓步的快速變換。活步者，有逢進必跟的進步；先退步、後進步、再跟步的換步；還有後腿蹬、前腳躍進、後腳跟進的躍步式動態虛步等幾種情況。這些都是本門太極拳常用的步法。

【動作分解】

一、原地動態虛步

1. 小弓步站立

依照弓步要求站定，不過
跨度比一般的弓步為小，前後
距離約一腳半（35～40 公
分）。功深後可以逐步加大跨
度。（圖 4-8-28）

圖 4-8-28

2. 磨圈發勁

隨即按照「村女推磨」式練法雙手推磨，先順向磨 5
圈以上，待感到身、心、氣及腰、胯、腿等順遂時，即弓
腿進身發勁。（圖 4-8-29、圖 4-8-30）

圖 4-8-29

圖 4-8-30

3. 實即變虛

上述進身發勁另有心法介紹，這裡主要講步法。當弓

腿踏勁進身發勁時，在踏勁的
瞬間為弓步，為實，一旦內勁
發出，重心應迅速後移，瞬間
將弓步返回虛步。此種由實返
虛的速度要快，以前腳踏之
勢，一踏而返，乾淨俐落，無
任何滯重之象，以體現出在疾
速的動態之中變換虛的特色。
而且迅速再由虛變實、由實變
虛、虛實互換地進行磨圈，磨
了再發，發了再變，循環不

圖 4-8-31

已。這快速變換虛實，就是動態虛步的主要特色。

　　註：上述「磨圈發勁」與「實即變虛」的過程十分快
速，難以用圖片表示，只能附一幅動態虛步的定式圖片。
（圖 4-8-31）

二、活步動作

1. 逢進必跟步

　　承原地動態虛步之勢。當
發勁將發未發之際，前腳向前
邁進半步（功深後步子可大
些），身法隨之迅速平穩前
進，前腳落地時迅即踏勁，帶
動兩手按勁發出，後腳乘勢跟
進半步，亮相時仍為虛步，此
謂逢進必跟。逢進必跟的虛實

圖 4-8-32

還有另一種情況，即跟步之後
不變虛步，重心仍在前腿，後
腳離前腳約半腳或一腳之距，
且腳掌踏實，腳跟虛虛似落地
而未全落地。（圖 4-8-32）

2. 進退互換步

即前腳（例如右腳）先退
半步（或一步），左腳向前進
一步，右腳再跟上半步，亮相
時仍變為虛步。但可視招式需
要，跟步之後，重心仍在前
腿，仍是前弓後虛。（圖 4-8-33）

圖 4-8-33

3. 向前躍進步

以右虛步為例。後腿（左）蹬腳發勁，前腿（右）向
前躍進一步，左腳乘勢跟進一步，定勢亮相時仍為動態右
虛步。此式的關鍵在於前腳躍進時是由後腳蹬腳之勁送出
去的，且要拔腰騰身，才能躍得快、躍得遠、有勁道。若
是僅前腳用勁，是躍不遠的，也沒有勁道。（圖 4-8-34～
圖 4-8-37）

【心法要點】

此功法旨在練習步法的動態變換，至於磨圖等法，以
上述「村女推磨」為準。動態虛實變換的精髓，在於靜、
穩、輕、快、彈等五字。

1. 靜，即雖動猶靜

在變化虛實的動態之中，必須「雖動猶靜」。「動」，
指兩手磨圈及進退虛實等形體動作以及內氣運轉等機能活

圖 4-8-34

圖 4-8-35

圖 4-8-36

圖 4-8-37

動，皆屬於「動」。「靜」，即指在動態之中要讓心靜下來，讓大腦放鬆，使之處於良性的抑制狀態，思想入靜，精神安詳，進而進入「致虛極，守篤靜」的境界，能靜中觸動，雖動猶靜，虛實相宜。

2. 穩，即身法中正沉穩

在動態變化過程中，任何時候都應腰胯鬆沉，身法中定，下盤穩妥，在「穩」中應付變動，應有「任憑風浪起，穩坐釣魚船」的氣勢，以收「萬變不離其宗」之效。

3. 輕，即舉步輕鬆靈活

不論原地之法，還是活步之法，均應舉步輕柔靈活。關鍵在鬆沉腰胯的前提下要提腿先提膝。沒有膝蓋及踝關節的放鬆，便不能輕鬆提膝，若不提膝只提腿，終不能邁步如貓行。

4. 快，即快速動態變換

此處所說之快，是指虛實步法變換時應快速地返回虛步，不能出現絲毫的呆滯。

5. 彈，即一彈而發，一彈而回

這是動態虛步的核心動作，向前發勁時把內勁一彈而出，此時前腿為實，為弓步；緊接著，幾乎在同一時刻，趁前腳掌一踏發勁之勢，仍由腳掌之踏勁把重心反彈回來，迅敏地由弓步恢復虛步。

這裡要注意，弓步之發勁是一彈進身；虛步之返回亦是一彈而退身。其間的彈出、彈回是一瞬間的短暫過程，粗心的人看不出來，還以為是虛步發勁呢。

這種動態虛步的彈發內勁，常見於「雲摩彈」拳式，而「雲摩彈」則是李景林當年練勁發勁的至尊一式，「拳術篇」將詳作介紹。

上述五點融合為一體後，動態虛步便能進入佳境，即起步於無形，變換於無狀，待到亮相看見定式時，已經「功成身退」（指由實變虛）了。

│ 第五式・八卦擺扣步 │

　　本門太極拳步法中，借鑑了八卦掌的一些步法，尤其是活步架、游身架用的比較多。游身八卦太極拳就是主宰太極，步行八卦，身如游龍，許多招式都在八卦走圈中完成。

　　本書介紹的武當太極拳大架，雖然用的不算多，但仍有一定比例，主要用的步法是擺步、扣步、三角步，以及擺扣轉身、回身等步法。簡介如下。

一、擺扣步

1. 擺步

　　自然站立，兩腳跟靠近，腳尖均外撇，成八字步，腰胯鬆沉，微微屈膝坐身，上體中正，目視前方。

　　接著左腿微提膝，腳掌平行提起，向左前方弧形外擺落地（腳尖外撇約 35°），左腿微屈，右腿也微屈，右腳尖向右順直，重心比例為前（左）四後（右）六，兩腳跟距離半步。此為左擺步。上體中正前視（圖 4-8-38）

圖 4-8-38

　　若右腳在前外擺，左腳在後順直，即為右擺步。（圖 4-8-39）

2. 扣步

以左擺步為例。右腳提起，向前、向左弧形內扣落地踏實，與左腳尖相對，兩腳尖距離約半腳或一腳，兩膝內合，膝蓋相平（亦可兩膝相接），鬆腰坐胯，此時兩腳形成倒八字狀，重心分置兩腿（亦可視需要調整比例），上體中正前視。此為右扣步。若左腳內扣，便是左扣步。（圖 4-8-40）

圖 4-8-39

圖 4-8-40

3. 擺扣互換練習

依照上述擺扣步法，當右扣步後，隨即左轉身，右腳弧形外擺，此時兩腳形成錯綜八字步（圖 4-8-41）；向右轉身，帶動左腳向右腳尖附近內扣，成倒八字形，這是第一輪擺扣。隨即進行第二輪擺扣練習，即左腳外擺，右腳內扣，然後做第三、第四輪的連續擺扣，直到場地盡頭，再轉身回頭繼續進行。

此種連續擺扣，須與身法轉換配合協調進行，做到步

隨身走，身隨步轉，把步法與身法結合起來訓練。

二、擺扣轉身進步

以高架右虛步或右弓步為例。當拳勢需要向右轉身時，左腳向右腳前扣步，扣步的幅度比上述扣足的幅度要大，須扣成丁字步（即左腳橫形、右腳豎直）（圖 4-8-42）。重心移向左腿，向右後轉身 180°。

圖 4-8-41

右腳輾轉，視右後方（圖 4-8-43）。隨即右腳向前邁進一步。此為左扣步右轉身。

本套路的「馬後揮鞭」及「翻身撇身捶」等均採用這種步法。也可以右扣步、左轉身，左右交替練習。

圖 4-8-42

圖 4-8-43

三、擺扣回身馬步

以面向南方、高架右虛步右轉為例。

腰胯鬆沉，向右轉體，帶動右腳跟原地向外碾轉（此為後輪轉），右腳尖外撇約 90°（亦可提起右腳外擺），右腳尖指向西；接著提起左腳向右後方弧形大跨一步，約扣 180°，使左腳尖指向北，同時轉身面北，重心移至左腿。（圖 4-8-44、圖 4-8-45）

圖 4-8-44　　　　　　　　圖 4-8-45

接著繼續右轉身，右腳趁勢向南橫撤一大步踏實，同時左腳內移順腳，左腳尖斜向東南，重心迅速移向右腿，坐胯沉身，形成面向東的大馬步架式。若要手勢配合，則兩手在擺扣轉身過程中合攏於胸前（左上右下），當撤步成為馬步時，兩手左右分開，弧形向兩邊下按，置於兩膝旁，中正前視，形成白蛇伏草式。（圖 4-8-46）

接著，擺左步，扣右步，向左大轉身撤左腳，成面向

西的馬步伏草式。可左右交替
練習。本套路第 45 式「回身
連環三肘」就是採用這種步
法。

四、擺扣走圈

這一步法也是從八卦掌
移植過來的，常用於本門的活
步太極拳及游身八卦太極拳。

其練法是：屈膝坐身，
用擺扣蹚泥步行走一圓圈，每

圖 4-8-46

圈 8 步。先左行，再右行，其間用扣步轉身法轉換方向。
走圈次數多多益善，但至少左右各走 4 圈。

其走圈線路如下圖：

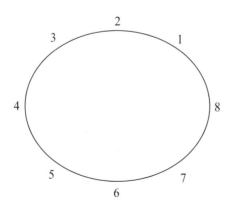

｜第六式‧三角步｜

三角步步型如下圖：

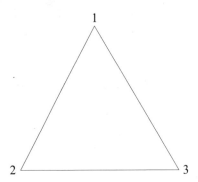

練法：以右弓步為預備勢，右腳在 1 號位，左腳在 2 號位。

（1）右腳後退至左腳 2 號位處，但不停留，立即向右側的 3 號位橫移開步踏實；

（2）左腳隨之向右橫移，經過 3 號位，與右腳內側踝關節磨蹭，不停留地向 1 號位進步踏實，成左弓步；

（3）左腳隨即從 1 號位撤回至 3 號位，不停留地向左側 2 號位橫移橫進踏實；

（4）隨即右腳提起，向 2 號位橫移橫進，與左腳內側踝關節磨蹭，不停留地向 1 號位進步踏實。如此左右交替三角進步。

以上步法精功六式，說是步法，實際上也有身法在內；在身法精功中也有步法的成分，所以身法、步法相映成一體，只是各有側重而已。練習時，要有整體意識，不能截然分割。

第九章
步型、步法、腿法

　　武當丹派太極拳的步型步法，既有各派武術的共性，又有本門的特性，本篇前幾章尤其是第八章已作了介紹。但那是分開來說的，這一章裡再集中起來作一介紹。

第一節　◆　步　型

1. 並立步
　　兩腳跟靠近，間距在 1 公分以下，兩腳尖外撇，間距約 20 公分，呈八字形。如預備勢站姿。

2. 開立步
　　兩腳開步，與肩同寬，兩腿自然站立，如太極起勢等。

3. 四平步
　　兩腳橫開，與肩同寬（不超過外肩範圍），腳尖均朝前，屈膝坐身，兩腿四平八穩，又稱小馬步。

4. 馬步
　　兩腳左右橫開，超過雙肩，間距約 0.6 公尺，屈膝坐身，兩腿平穩坐實，重心在兩腿中間。

5. 半馬步
　　前腿屈膝，腳尖稍內扣；後腿半蹲，腳尖外撇，兩腳間距約 0.6 公尺，重心偏於後腿。

6. 弓步

有正弓步與側弓步兩種。正弓步是正面向正前方，側弓步是側身向前方。

正弓步是前腿屈膝前弓，膝與小腿垂直，全腳踏實，腳尖微內扣；後腿自然伸直（勿挺直），腳尖外撇約40°，身體正面向正前方，如摟膝拗步的步型。

側弓步的練法與正弓步相似，唯上體不是面向正前方，而是微有側轉，如斜單鞭等。

7. 虛步

有高架與低架之分，兩者姿勢相同，僅架子高低有別。其步型是：一腿在前，另一腿在後；後腿屈膝半蹲，全腳踏實，腳尖外撇約 40°，重心大部分在後腿。前腿腳掌著地，膝微屈；或腳跟著地，腳尖微微上翹。左腿在前方為左虛步，右腿在前為右虛步。

8. 丁字步

有兩種情況，一是後腿屈膝半蹲，前腿腳尖近距離點地，如白鶴亮翅的前腳點地。另一種是一腿屈膝半蹲，另一腿腳尖不點地，而過渡時是虛懸在後腳內側，如進退轉身的抱球懸足蓄勢狀態。

9. 歇步（坐盤步）

一腳擺步橫落在另一腳前，兩腿交叉屈蹲，後腿抵在前腿的小腿處。如半蹲，稱半歇步（半坐盤）。

10. 仆步

後腿屈膝全蹲，臀部靠近腳跟，腳尖外撇；前腿伸直接近地面，腳尖內扣。兩腳都要全腳著地，腳跟不可離地。如左右翻身下勢。

11. 獨立步

有三種狀況。一是一腿穩定支撐全身重量，另一腿鬆膝垂直提起，膝蓋盡量往上提，提至胸口前上方，此謂高提腿獨立。另一種是低提腿獨立，僅提膝至另一腿的膝上方。再一種是一腿穩定獨立，另一腿不是垂直提起，而是斜橫提起，如獨立打虎的獨立提腿態勢。

第二節　◆　步　法

1. 上步（邁步）

後腳向前進一步，稱上步，又稱邁步。

2. 進步

左右兩腳連續向前各進一步，即連續進步，也有連續進三步的。如本套路的進步摟膝，就是進三步。

3. 墊步

前腳向前進步，腳尖外撇，腳型斜橫，為後腳的進步鋪墊，故稱墊步。

4. 退步

前腳後退一步或半步，或兩腳依次後退，稱退步。

5. 撤步

一腳後退一步，留在前面的腳隨勢後撤一步。

6. 跟步

一腳前進一步後，另一腳迅速跟上半步或一步，落於前腳的後側踏實。

7. 橫移步

雙腳依次向左或向右橫開一步或半步。如雲手的雙膝

移步。

8. 扣步

前腳落地時，腳尖內扣，與後腳前後相對。

9. 擺步

前腳落地時，腳尖外撇。

10. 碾步

以腳跟或腳掌為軸旋轉稱碾步。腳跟碾轉，稱後輪轉：腳掌旋轉，稱前輪轉。

11. 踩腳

前腳提起，向前橫腳著地，與腿法中的踩腿同時作用。

12. 插步

一腳提起，向支撐腿後側橫腳插落。

13. 蓋步

一腳提起，橫腳落於支撐腿前。

14. 交錯八字步

一腳在前擺步，一腳在後，腳尖外撇，兩腳距離接近，似交叉八字步形。

15. 換步

兩腳前後互換，即一腳退步，一腳進步，此為一退一進的換步。還有一種是後腳先跟上半步，前腳再退一步，然後後腳向前上一步，此為一跟二退三進步。如換步摟膝等。

16. 連環退進步

退一步（或左右連續各退一步，計退二步），墊一步，再進一步。但退步、墊步、進步須連續不斷，連環進

退。

17. 動態虛步

詳見步法精功第四式。

18. 行步

腰胯鬆沉，雙膝微屈蹲身，兩腳連續行進，或直行、或斜行、或擺扣走圈，輕靈飄逸。這是李公景林要求把武當劍的行劍步法用於太極拳。李公說：「步法要項有三，其一速、其二穩、其三輕。」此種步法常用於本門活步太極拳及游身八卦太極拳之中。

19. 三角步

詳見步法精功第六式。

20. 跳步

雙腳蹬地，身體騰空，雙腳於原位落地，或換位置落地。

21. 縱躍步

雙腳蹬地，使雙腳離地向前跳躍進步。或前腳蹬地，後腿前縱；或後腳蹬地，前腳向前躍進。

第三節　◆　腿　法

1. 蹬腳

一腿穩定支撐，另一腿屈膝提起，腳尖朝上，用腳跟（腳底）向前蹬去。

2. 分腳

一腿穩定支撐，另一腿屈膝提起，用腳尖向前方伸出點擊。

3. 踢腳

一腿穩定支撐，另一腿提起，用腳尖由下而上直線上踢，勁貫腳尖。

4. 拍腳

一腿穩定支撐，另一腿提起上踢，同時順勢以一邊的手掌拍響上踢之腳的腳面。

註：上述四法都是高腿，踢蹬等腳的高度皆在腰膝以上部位。以下介紹的寸腿、踹、踩等法，所用腳的高度均在腰胯以下，稱為低腿。

5. 寸腿

一腿穩定支撐，另一腿提起，小腿下垂，發螺旋寸勁，用腳尖向前快速點踢，高不過襠。

6. 踹腿

一腿穩定支撐，另一腿提起，腳型斜橫，腳心朝前，向前橫踹、踹向對方膝蓋或以下部位。

7. 踩腿

一腿穩定支撐，另一腿提起踩出。踩法與上述踹法相似，但有兩點不同，一是所踩部位略低，主要踩迎面骨；二是踩法一經著的，迅速順著迎面骨向下劃踩，或踩向腳面。

8. 擺蓮腿

一腿穩定支撐，另一腿提起，先向內側上踢，接著不停頓地向外側擺腳，呈扇形外擺腿態勢；同時，兩掌拍響外擺的腳面，啪啪連響兩聲。

9. 二起腿

雙腳蹬地，身體騰空，兩腳上踢（略有先後），左右

兩掌分別拍響左右兩腳，或單掌（右掌）拍擊，須拍出聲響。

第十章
「機在目」——眼功四法

第一節 ◆ 「一目五調」及推手中的眼神視向

眼睛是人類心靈的窗戶。道家十分重視眼睛在修練內丹中的重要作用，認為「下手功夫在雙眸」。道家經典《陰符經》有一句名言：「機在目。」機者，事物發動的樞機也。人的神在於心，心之機在於目，即目為心之先鋒，目之所至，心亦隨之；心之所至，氣亦至焉。因此得道真人感嘆：「一部玄功，觀為主體。」

太極拳作為道家內丹功的動功，當然很重視眼神的修練，而且各有各的妙法。本門練眼之法主要圍繞「機在目」進行，弄清巧運雙目與調心神、調意念、調身法、調勁氣、調手勢的相互作用，叫做「一目五調法」。

先師從兩方面教導我們，一是結合每招每式的運作及推手演習，解剖眼神的運用與作用，二是傳授眼功四法。前者主要弄明白如何修練眼到心到，心到意到，意到氣到，氣到勁到，重點是弄懂眼神的作用。為此，先師反覆講解並演示眼神在推手中的奇妙作用。

先師說，推手發勁時，眼神內視對方下盤（註：意念

上的內視，並非低頭下視。下同），能使對方雙腳離地，騰空跌出；眼神視其胸、腹，對方就直退或向後跌出；若眼神上視（意念，勿抬頭），對方就會仰身後跌或側身倒地。為了讓弟子們體驗這上、中、下三種眼神的不同作用，先師就與我們推手做試驗。

為了消除我們的顧慮，先師說只讓我們有感覺，不把我們發出去。果然，一試之下我就有感覺。當我兩臂在身前欲擠出時，先師雙掌按著我兩臂說這是下視，話音未落，我就感到血氣上升，胸腔似乎被推著往上，雙腳亦似有離地之感。接著試驗平視及上視，均有相應的感覺。先師說，這眼神的作用，必須細細體會，才能練出味道來。

第二節 ◆ 眼功四法

此外，師門還傳有專門訓練眼神的四個功法。

一、極目遠視法

找一視野深遠之地，最好遠處有綠色草本。面向不拘，只要寬廣有綠就行。其法是：

1. 開步自然視立，全身放鬆，兩臂下垂，鬆肩垂肘，立身中正，尤其要注意「提頂吊襠神貫頂」，雙目凝視前方。

2. 凝視的雙目，不是運用全部眼球晶體，而是使用眼角（鼻梁兩側），要凝神於左右眼角，由眼角極目遠視；而且兩眼角的視點，在遠處要彙集成為一點，這一點愈視愈遠，愈遠愈好。

3. 目不轉睛。遠視的眼神須專注一方，目不轉睛，而且只能向前，不能退後（收勢除外）。即使在轉換呼吸時，也只能稍微收緩一點，不能退回，直到收勢。

4. 呼吸自然。在極目遠視的過程中，呼吸任其自然。就是說只管向前看，不管如何呼吸。結果，無意呼吸反而成為有節奏的配合，即呼氣時極目遠視，隨著呼氣的深遠，眼神看得更遠；吸氣時，目光停留原處（或稍微緩一緩），仍然是凝視前方。但不要管這，一管就不自然了。

5. 適時收功。按兩種情況處理，一是定時練功，則需時間長一些，至少 2～3 分鐘。收功吸氣時，兩臂托掌上舉，劃弧向胸部合攏；呼氣時，兩掌沿腹而下至丹田，然後兩手分開，恢復原狀。此種兩掌上托劃弧合氣的收勢動作，至少做一次，最好做三次。另外一種情況是不定時練習，即隨時隨地，只要能遠視、有時間就可以練習，時間長短不拘，隨時可收勁。

二、眼睛呼吸法

1. 自然站立
站法與極目遠視法相同。

2. 雙吸單呼
此法與上一法不同，上一法不管如何呼吸，而這一法不但要注意呼吸行氣，而且是眼睛要呼吸。吸氣時，眼角與眼梢同時微微向內收斂，意念由眼角、眼梢同時把氣吸入，此為雙吸。呼氣時，由眼角呼出，隨著呼氣極目遠視，此為單呼。就是說，吸氣時眼角與眼梢雙雙吸氣，而呼氣時只須眼角單獨呼出就行了。但要注意遠視的眼神不

能變，無論是吸還是呼都必須向前遠視，這樣，才能在一吸一呼之間，使眼睛得到按摩與鍛鍊，提高視力，防治老化，加強眼神。

3. 臍輪調息

就是以臍輪為中心的呼吸行氣。其法有多個層次，此處只須一個層次，其餘在「內氣篇」及相關篇章中詳談。

此處的臍息，即在吸氣時，臍窩及眼睛同時吸氣，吸氣至命門；呼氣時，命門與眼睛同時呼出，命門呼氣注入丹田，眼角呼氣前視遠方。這樣就把眼睛呼吸與內氣運行結合起來，隨著功深而逐步加深。

4. 適時收功

情況與要求與遠視法相同。不過，這兩法的練功地點均宜在室外能夠遠視之處，如果在室內，須在能遠視的臨窗之地。

5. 功效顯著

這兩個功法一學就會，只要堅持，功效卓著，不但能提高視力，加強眼神，而且能調理五臟六肺的精氣。中醫理論認為，五臟六腑之精氣，皆上注於目。《黃帝內經》說：「五臟六腑之精氣，皆上注目而為之精。精之窠為眼，骨之精為瞳子，筋之精為黑眼，血之經絡，其窠氣之精為白眼，肌肉之精為約束，裹擷筋骨血氣之精而與脈並為系，上屬於腦，後出於項中。」這清楚地說明了眼睛與五臟六腑的對應關係，五臟的精華皆發於目。

修練這兩法及下面兩法，確能調理臟腑精氣，使周身感到舒坦，而且元神充實。一些內丹經典還把臟腑比擬五行生化原理，把五行分別比作五臟，從「機在目」入手修

練，就能攀登「五氣朝元」的神明境界。當然，單靠眼功四法尚不足，還須進一步深層次修練。但是眼功四法可以奠定較好的基礎。

三、左右移球法

1. 站坐兩便

此法可取站勢，站法與上述兩法相同；也可取坐式，可以平坐凳子上，也可以打坐（自然盤、單盤、雙盤均可），比較簡便。

2. 出指預備

右臂上提屈肘，前臂斜立於身前，坐腕立掌，食指豎立，其餘四指屈指合攏；食指尖高度與印堂同高。此為預備勢，然後開始向左右移動。

3. 以指領眼

雙目凝視食指，食指向左側緩緩移動，兩眼的眼球跟隨著食指移動而移向左側，一直移視至左側極點；然後，食指原路返回至中線（印堂處），兩眼球也隨之返回至起點處，此謂左移眼球。

接著食指向右側徐徐移動，兩眼球也隨之右移，一直移視至右側極點，然後食指領著眼球返回至起點處，此謂右移眼球。如此以指領眼地來回移動，從左至右往復為一次，須移動 9 次以上。

4. 眼動頭不動

無論站姿或坐姿，須上體中正，魁首正直，兩眼左右移動時，頭顱切不能搖來搖去，必須保持中正姿態，此即謂眼動頭不動也。筆者體會，眼動頭不動是此法的關鍵，

只有在頭部毫不動搖的條件下，才能逼使眼球大幅度移動，特別在移向左右兩端的極點處時更能加大眼球的移動幅度；最後必須用眼睛的餘光才能看到手指，這餘光十分重要，練拳中的所謂「左顧右盼」，都是用眼角餘光顧盼。

5. 呼吸與速率

眼球向左移動為吸，返回起點為呼；向右移動為吸，返回起點處為呼。

以指領眼移動的速度應當是緩慢的，呼吸越是深長，眼球移動的速率越慢，不能操之過急。

6. 雙目自動

手指領著眼球移動熟練後，可以免去手指帶領，由雙眼自行移來移去，效果不減，反而方便。

四、眼球轉圈法

在左右移動眼球的基礎上練習本法。

1. 打坐為佳

此法取站姿、坐姿均可，但筆者體會，以打坐（單盤或雙盤）為佳。坐定以後，兩手合攏結太極手印，接著調整身形，須頭頂虛領，酥胸圓背，脊椎鬆直，不可彎曲。須思想安靜，周身放鬆，雙目平視，意念在雙目，然後開始轉圈。

2. 眼球大轉圈

先要說明，運轉眼球的前提是頭項正直，既不可左右搖移，又不能低頭，更不可仰首，不論雙目如何運轉，頭部巍然不動，在此前提下才能開始運轉眼球。其法是：

　　雙目直線下視雙掌，意念雙目一直透視至地面，隨即目光沿著地面向左移視，眼球也向左轉動，一直移至左側極點處；接著兩眼從左側向上移動，眼球在眼眶中緩緩向上、向右回轉，轉至中間起點處。此段過程是由下而左、再向上、向右轉左面半個圓圈。

　　緊接著，兩眼不停頓地向右、向下轉右面半個圓圈，方法與轉左半圈完全相同。總的說，兩眼的轉圈幅度愈大愈好。向上看時，兩眼似乎要插入頭顱中去了；向下看時要直視地面，這叫上天入地。向左右移視時，要顧盼東西兩端，這樣上天入地、左顧右盼，就能使眼球轉一個大圓圈。

　　轉圈的次數，以「9」的倍數計數，9、18、27、36、45、54 等均可，視情況而定，但至少 9 次。左轉次數滿後，再換右圈，左右圈數須相等。

3. 臍輪調息

　　此處的臍輪調息，只是指意守臍窩，吸氣由臍吸入，呼氣以命門向前下注丹田。但練到一層次，就不必管他如何呼吸，只要留心臍窩就可以了。

　　呼吸的節律以緩慢為好，左半圈為吸，右半圈為呼；緩緩地呼吸，慢慢地轉圈，一面轉眼球，一面養氣，氣以直養而無害。

4. 不忘不妄

　　不忘，就是專心一致地眼球轉圈，精神不能分散，更不能忘乎所以。

　　不妄，就是不要生雜念。特別在身體發生自發震顫現象時，更不能妄生他念，仍然一心一意轉眼球，不論出現

任何現象，都不要去管它，更不能追求什麼，只能任其圓轉眼球。

第三節 ◆ 奇妙的效益

眼動四法，尤其是眼球轉圈法，功益不僅僅在眼，而且布澤全身。

《仙道正傳》說：「目之所至，心之所至；心之所至，氣亦至丐。」就是說，眼功有立竿見影的奇妙作用。這裡姑且不說雙目在內丹功中的「觀為主體」的重要功效，只說眼功對練好太極拳的重要作用，就筆者體驗所得，轉眼球等四法有五大功效。

一、提高視力，延緩老化

眼功的直接效益是提高視力及防治視力減退、延緩老化，無論是青少年及老年人都能身受其益。

以白內障來說，是老年人的通病，筆者長期伏案寫作，亦難逃此症。但是近二十多年來，白內障並未多大發展，如今年屆七十九，視力仍保持在左 0.6，右 0.7，其原因主要是練太極眼功得法。

二、目之所至，神采奕奕

初期練拳時，老是低頭看手，以致產生屈背的弊病，常被先師批評。經先師循循善誘，得到兩方面的改進。一是練拳時目視手的前方，並關顧左右。目視前方就要像眼功「極目遠視法」那樣凝神前視。至於關顧，是指用眼睛

餘光顧盼，似「左右移球法」用餘光看兩端。這樣就能目之所至，心之所至，手勢亦到，神與氣亦隨之到位。

另一方面改進，就是練眼功，眼功的修練，直接起到心神與手法、身法相隨的作用，能促進練拳架時眼到心到手到神氣到，使心神與拳架、真氣與招式渾然為一，造成一種神采奕奕的氣勢。

三、心息相依，衝開雙胯

轉動眼球能直接使「目之所在，心亦隨之，氣亦隨至」，逐步進入心息相依的境界。由於一心一意在轉眼，心無旁騖，故能漸漸進入定靜。此時內氣周流不息，能衝開僵硬的關節。

例如，練眼球轉圈法（打坐），練功到一定火候時，我第一個反應是雙胯的髖關節被疏通了、衝開了，並左右旋轉。眼球向右轉動，胯就向右轉，眼向左轉，胯亦左轉，亦步亦趨，眼與胯同步旋轉。

而且旋胯帶動軀體轉動。此時的轉體是頭頂以下、雙胯以上的軀幹整體性旋轉，好似手與胯以下的下肢脫節了，因為盤膝坐在那裡，下肢不可能被胯帶著轉，胯只能帶著軀體轉，這才是真正意義上的旋胯轉體。

太極拳的「腰胯帶手」的原理，必須依靠這樣的旋胯轉體才能真正實現。

但是，當以胯旋轉體的景象出現時，不可留意它。若是留意轉胯，胯就不轉了，只能你轉你的胯，我轉我的眼，才會眼亦轉，胯亦隨之轉。

當然，就打坐練功使身體旋轉來說，據說練到高深層

次，整個身體包括盤膝的雙腿在內才能一齊轉動。不過那是一種精深層次的功夫，就大多數練拳者來說，修練眼功已受益不淺了，是否還要深下去呢，似乎無此必要。

四、心目相依，激發活力

目之所至，心神隨之，能促使漸漸進入靜定境界，練到一定火候，就能靜極忽動。上文說的旋胯轉體就是靜極忽動的一種反應。另外還有兩種動態，一種是身體顫動，包括結手印的兩手突然自發散開甩出去，近似手勢發勁；再一種是下丹田或海底輕微跳動，海底（會陰）甚至連續跳動。

這兩種動態亦屬正常範圍，不必驚慌，亦不要貪戀，還是上面說的那句話，你跳你的動，我轉我的眼，做到「來者不貪，去者不追」，效果反而好。

附帶說明一點，「海底」跳動是好現象（但不要貪）。海底是人身的生命基點，一旦開發出來，就能常保青春活力。尤其是中老年人更需要修練。

張三豐《無根樹道情二十四首》的第十五首中說的「一任洪波海底翻」，就是說要激發海底能量像洪波般翻浪，然後才能「返老還童壽命長」。當然，眼功僅僅是初步功夫，要達到「海底翻浪」，必須按太極心法，潛心練拳練功，「內氣篇」將有詳述。

五、安神醒腦，增強記憶

眼功還有一個日常性的功能，即醒腦安神，增強記憶。今舉兩例，足以佐證這種功效的神奇。一例是本人的

經歷，另一例是科學的研究。

當我伏案筆耕時間長了時，有時會感到腦子有些發脹，思路有些受阻。此時，我只要擱筆練一練轉眼功，立刻就好轉。辦法很簡單，坐在原來的位置上（或者移坐至窗口），依照眼球轉圈法練功，只消轉 9 圈，兩邊太陽穴一下就有鬆弛下來的感覺，再轉 9 圈腦子就清醒了，心神也安靜了。於是再轉 9 圈或者閉目休息一兩分鐘，又能繼續奮筆疾書了。這辦法屢試屢中，速效神奇，好像服了一貼速效醒腦丸。

另一例是英國科學家的研究。2007 年 6 月，我看到一則報導，說英國曼徹斯特都市大學的研究人員發現，眼球運動能促進左腦、右腦之間的互動，可以增強記憶、提高記憶的準確性。這項研究報告刊登在最新一期的《腦與認知》雜誌上。

報告說，研究人員給 102 名學生播放了一段錄音，包括 20 組單詞，每組單詞 15 個。隨後他們要求三分之一的學生左右移動眼球 30 秒鐘，另外三分之一的學生上下移動眼球 30 秒鐘，剩下的學生保持眼球處於平常狀態。然後，研究人員測試這些學生對錄音中單詞的記憶，發現前兩組學生記住的單詞比第三組多 10%。主持這項研究的安德魯‧帕克說，研究小組將進一步研究眼球運動與增強記憶的關係，以便詳細闡明其中的奧秘。

六、心目領勁，發勁似神

只要把眼功與拳架中的眼神結合起來修練，並且持之以恆，日久功深，就能目之所至，心之所至，達到眼到心

到手到，勁氣神統統都到，用之於推手就能得心應手，產生奇妙作用。第一節提到的先師示範的眼神在推手中的神奇功能就是明證，這叫做心目領勁，發勁有神。

可見，無論是練內丹還是練太極，都是「機在目」「下手功夫在雙眸」。連日常生活中也常常藏有「機在目」。例如，一位智者說：「眼中有形勢，胸中有決策。」這就是「機在目」的生活化。

第五篇

內氣篇

引 言

2006 年秋，西雅圖 BCC 社區大學的太極拳秋季班已進入期中。那天上課前，一位美國學員興奮地說：「先生，我感到氣的存在了。」他揚了揚右手說：「只要按先生教的練，手指很快就會感到熱、脹，胃裡也比原先舒服一些了。武當太極拳真好。謝謝先生。」同學們聽了，都笑嘻嘻地說有同感。

原來這位學員開初聽我們講內氣問題時，他根本不相信有內氣，他說他是學科學的，看不到氣，也感覺不到，氣在哪裡？

經過一個多月的練習，事實改變了他對氣的認識，從不信氣到確信氣的存在，而且已經感到了，這不能不說是一大進步。

太極拳是「修陰陽中和之氣，煉天地至柔之術」的拳術。練太極，不能不練氣；練氣，則先要認識「氣」。

第一章
氣的概論

　　氣，是中國傳統文化中的重要概念。只要考察一下氣概念的產生、發展、衍生、應用的過程，就不難發現，自古以來我國關於氣的概念有三種類型，一是哲學概念的氣；二是人體修練之氣；三是世人廣泛引申運用之氣。

第一節　◆　哲學概念的氣

　　古代哲學家認為宇宙是由元氣生成的。最早完整提出「氣」概念的是《周易・繫辭傳上十一章》，說：「是故易有太極，是生兩儀，兩儀生四象，四象生八卦，八卦定吉凶，吉凶生大業。」此即說明，宇宙之始，唯有太極元氣，元氣經過運動變化，生出兩儀（陰陽二氣），從而化生天地萬物。可見太極元氣是宇宙的本原。哲學家們稱這種觀點為元氣本原論，又稱元氣一元論。

　　在漢代，元氣本原論普遍流行。東漢的哲學家王符，對元氣本原論作了系統論述，不但論證了混而為一的元氣及陰陽二氣，還進一步論證了「和氣生人，以統理之」，說明其中最重要的氣是「和氣」，由和氣生出人類。王符那精彩的論述，我在「哲源篇」中已引述，此處從略。

　　發展到宋明時期，出現了氣本體論，又稱氣一元論。元氣本原論與此時的氣本體論，兩者都是古代的哲學精華，不過後者比前者更抽象、更概括。後者認為氣是宇宙

的本體，宇宙萬物本質上都是氣，看得見摸得著的東西都是氣聚合成的，空間也充滿著氣，天下只有一種單純的氣，氣隨時都在聚合而成萬物，同時萬物也在消滅而復歸於氣。

學者周桂鈿認為「王符是元氣一元論的系統論述者，而張載是氣一元論的體系創立者」。（《中國傳統哲學》1990 年 7 月版）

與太極拳密切相關的周敦頤《太極圖》及《太極圖說》，在前人成果的基礎上，發揚了元氣本原論。這是太極拳把培育太極元氣作為練拳核心的源頭。

歷代學者對於哲學概念的氣，有許多精當論述，也提出不少精闢的觀點，因本書非哲學專著，不可能一一引述。總之，氣是我國古代哲學的重要概念，不瞭解氣，便是不瞭解我國古代哲學。

第二節 ◆ 人體修練之氣

古代哲學家，把宇宙生成論與人生論結合起來，認為人類也是由「氣」生成的，有著無窮的潛力，因而《周易》開創了生命無窮論的哲學觀，站在「生」的一端看待宇宙人生，肯定人生有「參贊天地之化育」的功能，建立了「生生不已謂之易」的生命觀。

於是，我國古代兩大文化主流儒家與道家，便從生命無窮的哲學觀出發，創立了練氣為內容的一套養生理論及卓有成效的修練方法。

道家認為人的生命可以與「天地同休（齡），日月同

壽（命）」，為此建立了修練精氣神為核心的內丹學說。儒家的養生之道，發展到孟子時，他直截了當提出了「吾養吾浩然之氣」的目標及修練程序。及至佛教傳入中國，其修練之道也有與道、儒相通之處。道家的所謂氣，即佛教的息（呼吸），道家的服氣法，與佛家瑜伽術的修氣方法有異曲同工之妙。

　　本人未曾練過瑜伽，在此特借南懷瑾先生的說法作一表證：「這些煉氣方法的最後目的，都是憑藉呼吸的作用，由此而引發生理潛能的『真氣』……所謂『真氣』，也只是無名之名的代名詞，在瑜伽術中又有別稱它為『靈能』，或者形容它是『靈蛇』。至於西藏的密宗，則別稱它為『靈力』，或名為『靈熱』。總而言之，借用現代語來說，它就是生命的本能。」（《靜坐修道與長生不老》48 頁，復旦出版社）

　　可見，儒、道、釋的養生之道，縱然有思想修養、品德修養、意志鍛鍊乃至靈性修練等內容，但都離不開氣的修練，而且都以激發生理潛能為終極成果。至於中國醫學，更離不開氣。《內經》《難經》根據周易原理，將氣的概唸作為中醫理論，用氣來解釋中醫的生理、病理及治療，創立了頗具特色的中醫氣學說，並與陰陽學說相結合，構成了中醫學的重要理論，為中醫學的永存與發展作出了不朽的貢獻。（參見楊力《周易與中醫學》第十二章，1990 年版）

　　可以說，離開了氣的概念，便不成其為中醫了。

　　再說武術，何嘗能離開氣。招式的千變萬化，都是氣的蓄聚與散發，尤其是太極拳，更不能不練氣，更不能不

懂氣與勁、氣與養生的關係。王宗岳《十三勢行功歌》，從頭至尾都是講的意與氣，明確提出「意氣君來骨肉臣」，就是要把意與氣作為拳道的「君皇」，而骨肉等招式皆是臣子，必須服從君皇的號令，練氣練招，才能練出效果，達到「延年益壽不老春」，否則「枉費功夫貽嘆息」。

綜上所述，經儒、道、釋、醫、武五家的倡導與實踐，關於練氣的學說與方法，得到不斷髮展，日趨完善。我們在上節提到，若不瞭解氣，便不瞭解中國古代哲學；中醫若離開了氣，便不成其為中醫。如今，同樣的道理，似乎可以問一句：若不瞭解氣，算是瞭解太極拳嗎？

第三節 ◆ 人世廣泛運用之氣

氣的概念被抽象出來以後，成為無形的物質概念，於是人們把一時看不到原因但有顯著變化的現象，當作氣的作用所致，從而多方引申、廣泛運用，成為人們生活中不可或缺的概念。

除了上文談到的哲學概念的氣、人體修練的養生之氣，及中醫的宗氣、原氣、真氣、榮氣、衛氣、先天氣、後天氣、水穀氣、病氣、戾氣、腎氣等外，氣之說俯拾皆是。

用於自然界，有空氣、大氣、天氣、地氣，以及春夏秋冬四季變化的節氣、氣候、氣象，還有寒氣、暑氣、冷氣、熱氣，再有山氣、澤氣、沼氣、濕氣、瘴氣、霧氣等等。

用於人文，有預測者、堪輿者使用的陰陽二氣、五行之氣、八卦卦氣，配以天干地支等術數，測人有福氣、運氣、喜氣、祥氣、吉氣、手氣等，或說人遭遇晦氣、邪氣、鬼氣、惡氣等，需要破戒。

人們常用正氣、忠氣、節氣、骨氣及邪氣、流氣、奸氣，來評價人品的正忠奸邪。

人們還勸誡親友，不可有驕氣、嬌氣，不能趾高氣揚，不可老氣橫秋、神氣活現，要減少火氣，不能常發脾氣。受了挫折，不可洩氣，受了委屈，不要怨氣沖天。不能輕易生氣，更不可滿腔怒氣。軍隊要鼓舞士氣，公司員工也要精神上打氣，氣可鼓而不可洩也。

形容兩人愛好相同或利益一致，會說「氣味相投」「臭味相投」「一鼻孔出氣」。

人貴有志氣，要發揚朝氣，克服暮氣；鼓足勇氣，不可洩氣。

人們還把「一團和氣」「和氣生財」「平心靜氣」作為處世之道。平時注意說話的「語氣」，探聽人的「口氣」。

衡量人的素質，常常用天賦稟氣，以及氣質、氣度、氣宇等概念。在古代甚至用氣來區別聖人與凡人的不同，說精氣中有更加細微的和氣，那是區別聖人與凡人的主要材料。甚至提出更高級的光氣，則是天子所獨有之氣，即皇家之氣。

總之，氣文化已成為我國傳統文化的重要一脈，無論在哲學的殿堂上，還是在雲房書齋裡，抑或在日常生活中，氣的影子無時不在，無處不現。

第二章
上藥三品精氣神

　　道家內丹功，以「煉精化氣，煉氣化神，煉神還虛」為修練的不二法門，並把精、氣、神作為煉內丹所需的內藥，而且是上上好的內藥，稱為「上藥三品精氣神」，進而把它作為內三寶。張三豐說：「精、氣、神為內三寶，耳、目、口為外三寶，常使內三寶不逐物而游，外三寶不透中而擾，呼吸綿綿，深入丹田……此金丹大道之正宗也。」（《道言淺近說》十二）

　　於是，「天有三寶日月星，人有三寶精氣神」，成了練功者的口頭禪，也成了內家拳鍛鍊的重要內容，人們孜孜以求的太極內勁，便是精、氣、神的結晶。

　　然而，對什麼是精、什麼是氣、什麼是神？傳統解說較多，但萬變不離其宗。例如《心印妙經》說：「上藥三品，神與氣、精。」《心印妙經注》註解說：「靈明知覺之謂神，充周運動之謂氣，滋液潤澤之謂精。以其分量而言，則神主宰制，氣主作用，精主化生，各專其能。」（轉引自劉緒銀《太極混元功》）

　　傳統的解說通俗性稍差，所以當代學者及練家，都嘗試用現代語言解釋，其中南懷瑾的解釋堪稱精明。他說：「如果用今天的複雜詞彙勉強借來描寫一下，那麼所謂的『精氣神』就好像現在人們心中的『光熱力』。」他接著說：「所謂氣，是一種生命能。所謂精，是一種生命力。所謂神，就是一種生命之光了。但請大家千萬不要誤會，

這種說法只不過是一種比喻的解釋，使我們比較接近明了而已。」（《道家密宗與東方神祕學》第二部分第八章）

南先生又在另一部著作中說：「我們就引用宇宙物理的『光』『熱』『力』來作比方。『精』是生命的『熱』，『氣』是『力』，『神』便是『光』。人生的生命，如果失去了『光』『熱』『力』的功能，那便是死亡的象徵。」（《靜坐修道與長生不老》）

我們再從古代關於氣字的三種寫法來分析。

一是「炁」字。這是古文的氣字，由上下兩個字組成。它上面的「無」字，即是無字的古體，與今天簡化的「无」字相同。下面四點就是火的變體，意思是說，「無火」便是「炁」。何謂無火？五行學說中，心屬火，即現今俗稱的心火，必須息心清靜，無思無妄，才能進入真「炁」蘊蘊的境界。

二是「气」字。也是古文的「氣」字，與今天簡化了的「气」相同。此氣是代表自然界的靈氣。

三是「氣」字。是繁體字的氣字，即簡體之前通用的气字。

道家與中醫認為，這是人們服食米穀之後而有生命呼吸作用的「氣」，所以在下面加了個米字。

道家煉氣，就是利用呼吸的屈伸起伏，按照一定的經絡穴位運行，修練成能開發生理潛能的真氣。何謂真氣，簡言之，真氣就是生命的本能。不過，這種「本能」的能，並非物理學上的「能量」之能，也不是生理上的「本能」之能，而有特定含義的「能量」之能。南懷瑾先生說「暫名之謂『生命的本能』。」而生命的本能，便是人的

「潛能」，所謂太極內勁，便是人體潛能的開發與利用；一旦人體潛能被開發出來，就會湧流出無窮的青春活力。

第三章
修陰陽中和之氣

修陰陽中和之氣，是本門的練功總訣之一，更是太極拳之魂的第二個要素，在「心法篇」中已經提及，現作進一步介紹。

從總體上說，陰陽中和之氣屬於「一陰一陽之謂道」的範疇。也就是說，陰陽中和之氣的修練，來源於《周易》開創的太極學說，所以要分析中和之氣，必須以太極學說及道家內丹功為依據而展開。

第一節 ◆ 周子太極圖的啟示

周敦頤的《太極圖》，既是一幅宇宙生成圖，又是一幅陰陽中和之氣的運行圖，尤其是該圖的第一層圈和第二層圈，具體描述了中和之氣的運行狀態。

該圖第一層圈，是一個白色圓圈，表示無極之虛圈，由無極而進入太極。第二層圈，由四個小圓圈組成。外圍較大的第一圈半黑（陰）半白（陽），第二至第三圈也都是半黑半白，不過黑白的位置有變動，相互調換了位置，即白的變到黑的那邊去了，黑的變到白的那邊去了。最有意思的是居於當中的一個小白圈，非常惹眼，引人深思。

外圍的大中小黑白三圈，表示陰中有陽，陽中有陰，而且二氣相互交感，周流無礙，圓活無方，不凹不凸，放之則彌於六合，卷之則退藏於密。當中最小的一個全白的小圈，象徵是中和之氣，由此氣而生萬物。對修練者來說，這個小小的白圈就象徵人的真元之氣，習練太極拳就是要修練這一白點的中和之氣。

中和一氣，即太極一氣。孫祿堂前輩在談到這個問題時說：「太極即一氣，一氣即太極。」「人自賦性含生以後，本藏有養生之元氣……所謂中和之氣也……開合像一氣運陰陽，即太極一氣也。」這一氣在哪裡？孫公接著指出：「開合自然，皆在當中一點子運用，即太極是也。」又說：「即太極拳起點腹內中和之氣，太極是也。」（孫祿堂《太極拳學》自序及「太極拳之名稱」）

如果把孫公的「當中一點子運用」及「起點腹內中和之氣」的論點，作為周子太極圖中那個小白圈的註解，則能對兩者豁然感通。

行文至此，需要解釋一點，為何多次引錄孫公論著。因為李景林與孫祿堂是莫逆知己，1929 年（民國 18 年）杭州打擂比武大會期間，李、孫兩公彼此命自己的徒弟拜對方為師，一時傳為武林佳話。先師當然拜在孫公門下，先師生前經常勉勵我們要重視孫公的著作。由於這個緣故，筆者一再引用孫公之言來說明問題。

第二節 ◆ 陰陽交感而成和

所謂中和之氣，是陰陽二氣相互交感而化成的和氣。

其修練過程是，透過行功走架，把體內的陰陽二氣進行交感而致中和，融合為一，仍返歸太極一氣；還要與自然界的精靈之氣內外交感，中和為一，並且循環往復，生生日新，不斷優化，以培植元氣，煉成真氣，把隱藏於人體內部的潛能（體能與智能）開發出來，激發新的生命活力。

追根溯源，陰陽交感妙合，是太極學說的基本觀點。認為太極生出陰陽二氣後，必須透過陰陽妙合才能化生物。假如一氣歸一氣，陰陽二氣歸二氣，各不相干，互不交感，怎能化生成萬物呢？所以周敦頤在《太極圖說》中詳細描述了宇宙的生成過程，有六個序列，即無極──太極──陰陽──五行，乾男坤女──化生萬物。

在漫長的宇宙生成過程中誰起了關鍵作用？周敦頤指出是「無極之真，二五之精，妙合而凝」「二氣交感，化生萬物」。這讓我們清楚地看見，無極的真諦，加上陰陽二氣及五行的精髓，非常奇妙地凝合為一，於是生出了天地萬物。

道家內丹功的煉精化氣，煉氣還神，亦是煉的陰陽中和之氣。張三豐在《太極行功法》中指出：「太極行功，功在調和陰陽……其息自調，進而吐納，使陰陽交感，渾然成為太極之象……若才得太極拳法，不知行功之奧妙，摯直不顧，此無異煉丹不採藥，採藥不煉丹，莫道不能登長生大道，即外面功夫，亦絕不能成就。」又在《太極十要訣》中說：「太極拳者，其靜如動，其動如靜，動靜循環，相連不斷，則二氣即交，而太極之象成。」

可見，陰陽二氣必須在行拳過程中相互交感，才能成太極之象，這是太極拳體用兼備的必由之路。

第三節 ◆ 返歸太極一氣

陰陽中和之氣，並非一加一等於二，而是中和成為新的一，即返璞歸真為新一輪的太極一氣，並且不斷昇華。何以見得？

從人的生成來說，人也是透過陰陽交合、中和為一而生成的。周敦頤在《太極圖說》中說：「惟人也，得其秀而最靈，形既生矣，神發知矣，五性感動而善惡分，萬事出矣。」在天地萬物的生成中，人得到上天的恩寵，獲得「秀而最靈」的靈氣，然後才能形神俱備，成為有生命的人。

張三豐則從另一個角度說明這個問題：「父母始生之時，一片靈氣投入胎中，此太極時也。」「嗣後，父精藏於腎，母血藏於心，心腎脈連，隨母呼吸，十月形全，脫離母腹。斯其時也，性渾於無識，又以無極伏其神；命資於有生，以太極育其氣。」（《大道論》）可見，人的生成乃是陰陽中和以後復歸太極一氣而成的。

從培本固元來說也須中和為一。人之初生，元氣充盈，陰陽和合，生命旺盛。但由於後天失調，陰陽失和，元氣日損，以致疾病纏身。為了防病治病，常保青春，儒、道、釋、醫、武諸家，無不重視恢復太極元氣，培本固元。就本門來說，透過行功走架及靜功的修練，使先天元氣與水穀之氣中和，從而體內的陰陽二氣中和，而且又與大自然的靈氣中和。這三個中和，合成一團太極元氣，以便開發潛能，常登壽城。

從煉氣層次來說，太極拳的煉功層次，由低到高，由

淺入深，即從分清陰陽，到陰陽平衡，進而陰陽中和，中和為一。其中陰陽平衡與陰陽中和是兩個不同層次的過程，不可混淆。

練太極拳當然要分陰分陽，求陰陽平衡，但還不夠，不能到此為止，應當更進一步，邁向中和之美景。因為陰陽並非凝固不變，而是變動不居的。即使是使用陰陽動態平衡的概念，仍不能充分地完整地反映陰陽變動不居的本質。事實上，陰陽的動態變化，並非一直停留在平衡的層面上，而是經過平衡又向前發展了，產生了新的氣質，即產生了新一輪的太極一氣，並且循環往復，不斷螺旋昇華。道家經典《太平經》，乾脆把陰、陽、和三者作為三種氣質來看待，主張三氣中和為一。它指出：「陰、陽、和，三者和合，上應天理，下合人倫。」

再從太極拳的懂勁來說，也要中和為一。王宗岳在拳論中描述了懂勁的全過程：「由著熟而漸悟懂勁，由懂勁而階及神明。」怎樣懂勁呢？他進一步說：「須知陰陽……陰陽相濟，方為懂勁。」這說明陰陽相濟是懂勁的必由之路，而且是別無他徑的要道。

陰陽在太極拳中含義較為廣泛，但首先指陰陽二氣，人無氣而不生，勁離氣而不成。那麼陰陽相濟如何理解？濟者，渡也、和也；相濟，即相互濟渡到對方裡面去。因此王宗岳說的陰陽相濟，可以理解為陰陽二氣相互濟渡到對方裡面去，和合為一團太極之氣，即三者和合之太極一氣；不能把陰陽相濟理解為五陰五陽的平列，若是一半陰，一半陽，各自平立，怎能練成妙手呢！

王宗岳提出的懂勁過程分為六步走，一是著熟，二是

知陰陽，三是陰不離陽、陽不離陰，四是陰陽相濟。這第四步是最關鍵的一步，這一步練成了，才能進入「懂勁後愈練愈精，默識揣摩，漸至從心所欲」的第五步；最後進入第六步的「階及神明」。

　　所以，無論是煉氣層次，還是懂勁過程，乃至修心養性、練勁防身等等，都必須認真修練陰陽中和之氣。那麼如何修練呢，有何妙法？有。師門傳有臍輪調息妙法。此法簡便易行，行之有效，故特設立一章，詳為介紹。

┃第四章
臍輪調息法——中和之氣的修練要道

第一節　◆　臍輪調息的由來

　　臍輪調息是內丹功的範疇，與胎息密切相關。胎息術曾是一種單獨的修練術，後來被內丹功吸收，成為內丹功的重要內容，其法比較深奧。

　　張三豐在《道言淺近說》中提出了簡便的入手功夫。他說：「凝神調息，調息凝神八個字，就是下手功夫。」又說：「心止於臍下曰凝神，氣歸於臍下曰調息。神息相依，守其清淨自然曰勿忘，順其清淨自然曰勿助。」清楚地說明，臍輪調息，神息相依，是內丹功的入手功夫，當然也是太極拳的入手之處。

　　後來武當丹派第九代傳人宋唯一在《武當劍譜》中，

概括為「揉轉玉環，鶴息歸臍」的心法。及至第十代傳人李景林，繼承發揚了這一心法，總結出易知、易煉、效果好的修練法——臍輪調息法，故而師門傳有「太極一氣中和通，臍輪調息命根旺」之訣。

其實，道家早就把臍輪作為修練要道。邱長春（處機）真人說：「金丹之秘在一性一命而已。性者，天也，常聚於頂；命者，地也，常潛於臍。頂者，性根也；命者，命蒂也。」（《大丹直指》）可見，臍輪調息，修練命蒂，能使天地相會，可收性命雙修之效。

臍輪，俗稱肚臍眼，穴名神闕。它是人處母胎時賴以呼吸的臍帶，出胎後臍帶雖斷，但元陽一點（元氣）尚存，輸氣血、通百脈的功能猶在，故是人之「性根」「命蒂」，成為內丹功的修練要穴，亦是煉中和之氣的入門要道。

第二節 ◆ 臍輪調息的層次

臍輪調息（以下簡稱臍息），有打坐靜功的修練與練拳動功的修練兩種情況。此處說的主要是行拳過程中的臍息，靜坐煉功中的臍息將在後面介紹。這兩者雖然原則上相同，但具體操練有所不同。前者是在靜態中練，後者是在動態中練，情況不完全相同。行拳中的臍息，其修練過程，細分有七個層次，由淺入深，逐步晉階。

一、意守肚臍

守肚臍內部深處約寸許。如上所述，此處是人體太極

氣化、氣機升降出入的總樞，它與五臟六腑相通，又直接與奇經八脈的任、督、衝、帶等四條經脈相連接。我們練拳時若能自始至終守此肚臍深處，則有利於激發臟腑經脈氣血的運行，促進陰陽平衡乃至陰陽中和。先賢說：「常守肚臍，壽與天齊。」

但是，所謂守臍，只是若有若無的守，用意不可強烈，更不可執著。尤其是初學者，練拳之初，只要有一點意思就可以了，不去管他是否臍輪在呼吸，還是鼻子在呼吸，只要想到肚臍就算得法。待練到一定火候，就會有感覺。各人情況不同，有的一兩個月就有感覺，有的要練了三四個月才會有感覺。無論時間長短，只要靜心修練，就會漸入佳境。

二、吸氣斂臍

吸氣時，意念肚臍眼微微向內收斂；呼氣時，意念內斂的臍窩自然向外散開，一吸一呼，即一斂一散。起初，只是意念上的斂與散，肚臍自身尚未曾動，練之日久，意念一到，肚臍也就動了，能真正地一吸一斂、一呼一吸了。當然，這是緩慢的、自然的，不是執意的做作。

由於臍輪與心、肝、肺、脾等經脈相通，是「心腎之門戶」，所以守臍、吸臍能刺激肚臍（神闕穴），調節臟腑血氣，防治多種病變。

三、臍輪命門兩相通

在上述基礎上進入第三層修練。即意念肚臍吸氣，臍窩內斂，小腹自然內收，吸氣一直吸到與肚臍背後直對的

命門穴，使命門表層微微外撐，逐漸呈現飽滿狀態。

命門處平時有一條凹陷的溝槽，此時被氣填平了、充滿了。起初我們對此毫無認識，後經先師示範講解，讓我們摸他的命門處是否飽滿，果然一摸之下，發現先師的命門處圓滿舒坦，使我們大感驚奇，開始有了認識。這是指的吸氣。

呼氣時，氣由命門前送，下注丹田，帶動小腹自然地緩緩放鬆（不是挺腹），這樣臍輪與命門就前後相通。由於臍輪又稱前丹田，命門又稱後丹田，故這前後相通又叫做「兩田相會」。因為命門屬火，心腎屬水，所以兩田相會、命門飽滿，能促使水火相濟，生發真氣。

這兩田相會的呼吸，實質上是以臍輪、命門為出入門戶的腹式逆呼吸，是太極拳特有的調息法。

說到此處，須說明一個與此相關的問題，即吸臍與吸腹的問題。上述吸氣時帶動小腹自然內收的現象，是由吸臍、斂臍自然帶動的，並非是一般說的「吸腹」。如果硬要說「吸」字，那是「吸臍」，不是「吸腹」，兩者有很大的不同。

筆者反覆做過試驗，感到確實以吸臍為好。再說呼氣時小腹緩緩放鬆，那是鬆腹，不是挺腹。鬆者，是腹部皮膚自然之理，如果挺來挺去，必受其害。

四、命門輸氣兩臂貫

在兩田相會的基礎上進入第四層，即呼氣時，意想氣由命門緣脊而上，過夾脊，貫兩臂，敷於手指。

以練習「左摟膝拗步」為例。當左手開始下摟、右手

向前推掌時，意想氣由命門而上，貫於兩肩，隨著手勢移動而徐徐通向肘、腕、掌、指，當上下兩手的手勢到位時，氣從掌指吐出。吸氣時，仍是臍輪吸入，貫通命門，若要做第二次摟膝拗步時，方法同上。初練時，可能無所感覺，練之日久，就能氣透掌心手指，手指的麻、脹、熱等氣感油然而生，久練下去，自能氣滿勁足。

五、湧泉臍輪同吸呼

接著，修練第五層。意念臍輪吸氣時，湧泉穴亦同時吸氣（吸地氣）；臍輪吸氣至命門，湧泉吸氣也至命門（其線路是，由湧泉沿大腿內側而上，過會陰，抄尾閭至命門），兩者在命門會合成為一氣。呼氣時，這會合之氣由命門而上，通貫兩臂，從掌指吐出。其實這層功夫並不複雜，只是在第四層功夫上加上湧泉吸氣而已。方法雖不複雜，但作用很大。

湧泉吸氣一法，源自丹道。張三豐在《大道歌》中說：「蒙師指我一段功，先將九竅關門通。九竅原在尾閭穴，先從腳底湧泉衝。湧泉衝起漸至膝，膝下功夫須著力……」此處說的雖然是靜坐的練功心法，但基本精神同樣適用於練拳，湧泉吸氣就是此話的具體運用。

此法練之日久，確能腳底湧泉衝氣而上，會同臍吸之氣，形成拳架中的內氣內勁。仍以摟膝拗步為例，在邁步屈肘蓄勢吸氣時，臍輪與湧泉同時吸氣至命門；在弓腿進身摟膝推掌呼氣時，氣由命門而上，從掌指吐出。此時要特別注意在摟膝推掌達的到會之際，有三點不可忽視：

一是腳掌一踏，即湧泉向下踏勁，地氣上衝；

二是命門微微往下一坐，氣上兩臂；

三是坐腕吐勁，勁氣由掌心指尖吐出。

這三點須同時同步到位，不可先後脫節。

眾所周知，太極功夫「其根在腳」。湧泉吸氣、衝氣踏勁是「其根在腳」的內氣內勁的保障，也是發勁的基礎，否則其根不實不固。正因如此，在下面的「內勁篇」「拳術套路篇」中常有「踏勁」一詞出現，都是這個意思。例如「太極起勢」這一式，兩手上提（本門練法是兩掌上托）時的內氣內勁，就是從「根」上反彈上來的，並不是靠兩手的拙力，是勁氣把手掌托上來的，所以本門這一式的心法叫做「氣托千斤」。

六、陰蹻調息海底活

接著進入第六層陰蹻調息的修練。陰蹻，即會陰穴，亦稱海底，它是生命的基點。其息如何調息，並不複雜。張三豐說：「調息不難，心神一靜，隨息自然，我只守其自然，加以神光下照，即調息也。」（《道言淺近》）

張祖又輯錄潛虛翁的話說：「凡調息以引息者，只要凝神入氣穴。神在氣穴中，默注陰蹻，不交自交，不接自接，所謂隔體神交理最祥，古仙已言之確矣。」（《張三豐全集》三豐先生輯說）

這些修練內丹的心法如何運用於練習拳架呢？應先明白其精神。本人體會其要點有四，一是心神一靜；二是心中之氣相會於氣穴；三是神光下照，默注陰蹻；四是上下相通。

其中最關鍵的是「心神一靜」，默注陰蹻，會陰立即

就有感覺，尤其在每一拳式的身法手勢到位定式亮相之時，心中一靜，會陰穴氣感頓生。有時是微微的氣感，有時稍稍的萌動，有時是短暫的感覺，有時則感覺時間長一些，情況不一。假如某天練拳時不算太靜，便沒有那種感覺。所以說心神一靜是關鍵。心中靜了，才能守其自然，才能使心中之氣與神闕穴（臍輪）、會陰穴相會，才能使神光下照於陰蹻，從而激發生命之能量。

調陰蹻之息，既能開發活力，又能氣斂入骨，氣達肢梢，防止練拳過程中產生氣勢散漫的弊病，趨向氣斂、神聚、勁整。如李亦畬所言：「蓋吸，則自然提得起，亦拿得起人；呼，則自然沉得下，亦放得出人。」

七、臍息昇華入胎息

上述六層修練均屬臍輪調息，再進一層就是胎息，胎息是臍息的昇華。經過前一段臍息的修練，慢慢忘卻鼻息（實際尚存），似乎只有臍窩在呼吸了，進而「呼吸綿綿，如嬰兒在胎之時，故名胎息」。（《萬密齋書十種、養生四要》）

如何入手？張三豐說：「初學必從內呼吸下手，此個呼吸，乃是離父母重立胎胞之地。人能從此處立功，便如母呼亦呼，母吸亦吸，好像重生之身一般。」（《道言淺近》十八）

此個內呼吸如何進行？用現代語言說，「內呼吸是指人的細胞呼吸，即人體細胞經過細胞膜從體內環境中攝取氧氣，經過氧化還原代謝後又向體環境排出二氧化碳的過程。」（岳龍《話說胎息》）

在內呼吸的同時，還須外呼吸配合。外呼吸是指人體本身與外環境之間的氣體交換，即本篇第三章說的，把體內的陰陽二氣進行交感而致中和之氣，還要與自然界的靈氣內外交感。兩者交感的管道是借用呼吸系統，經口鼻、氣管、肺與外界環境交換；同時人的皮膚、毛孔、腧穴等也直接與外環境氣體交換。透過修練，就使人體的固有換氣功能得到強化，從而使口鼻呼吸大為減弱，出現若有若無、綿綿虛空的狀態，從而體內外的呼吸和諧一致，促進人體潛能的開發。

但是，這種潛能的開發，必須在高度入靜即虛靜無為的狀態下才能發揮出來。太極拳是動功，如何做到這一點？總的是要修練「動中之靜謂真靜」的靜，在此種「真靜」下，才能進入胎息的修練。

為此，練拳必須做到「著熟」，熟練到大小動作都了然於胸，打拳時用不著記憶，就能隨心所欲，這樣才能把全部心思用在內意內息上。到此地步才能動中入靜，才能臍息乃至胎息。

第三節　◆　臍息為中心的拳勢呼吸

臍輪調息（簡稱臍息），是煉氣、煉勁、邁向返老還童的要道。但作為太極拳的整體呼吸運動，則還有一些具體內容需要介紹。

從整體來說，太極拳的呼吸運動是以臍息為中心的拳勢呼吸運動，它不同於人們平時的自然呼吸。兩者的不同點在於：

一、目的有所不同

自然呼吸是依照固有的生理機能，不需人的意志調控（或極少調控），為了維持生命，沿著一定的頻率自然進行的呼吸。

而拳勢呼吸不但要維持生命，而且要使生命活得更好更美，故須按照行功走架的拳勢需要，由人的意志調控的呼吸，所謂「以心行氣」。

二、頻率有差異

自然呼吸按照一定的頻率進行，其頻率均勻、緩慢，很少有快慢（勞動或體育運動除外），如果過快了或過慢了，便是病態。而拳勢呼吸的速度，雖然總的是均勻、緩慢、深細、柔和的，但為了拳勢的需要，可以調節，有時快些，有時慢些，即所謂「動緩則緩隨，動急則急應」。

三、變化不一樣

一般的自然呼吸，吸是吸，呼是呼，不需要變化，即使有變化也是很微小的。

而太極拳的呼吸，由於拳勢（拳架與推手）的需要而發生變化。在動作轉換之時有小呼吸；在蓄發、開合、發放中，有時需呼中有吸（即合中有開），吸中有呼（開中有合），所謂「蓄發相變」也。

四、部位有分別

自然呼吸是肺部的呼吸運動，而太極拳的拳勢呼吸則是腹部的呼吸，稱腹式呼吸。

腹式呼吸又分腹式順呼吸與腹式逆呼吸兩種，其他體育運動項目也有採用這兩種腹式呼吸的。

本門太極拳採用的是以臍息為中心的腹式逆呼吸。吸氣時，臍窩內斂，帶動腹部微微內收；呼氣時，臍窩外散，帶動腹部微微向外鬆開。簡單地說，吸氣則臍腹內收，呼氣則臍腹外鬆。初練時，由於招式動作不熟練，動作與腹式逆呼吸難以一致，可以從自然呼吸入手。

第四節 ◆ 拳勢呼吸與招式動作

以臍息為中心的拳勢呼吸，落實在招式動作上須和合一致。即練拳架時，凡進退、出收、升降、開合、起沉、提放、蓄發以及轉身換影等動作，均應與呼吸相互一致，不可脫節。通常情況下，進為呼，退為吸；上升為吸，下降為呼；出手為呼，收回為吸；開為吸，合為呼；起為吸，沉為呼；蓄為吸，發為呼。在移步換影、轉身變勢時，以及各式的過渡動作，可視情況，或仍用一般的拳勢呼吸，或用小呼吸調節。

所謂小呼吸，即呼吸的時間較短暫、幅度較小，插在通常的一呼一吸之間，有時吸了再吸，吸中有呼；有時呼中有吸，呼即是吸，均視動作幅度大小而定。因其呼吸短小，變換靈活，故稱小呼吸。它既可保證各式過渡動作的銜接無縫，又可防止憋氣，有利氣順息暢。這種小呼吸，也適用於推手，某種程度上說，推手中使用小呼吸的機會比拳架時為多。

總之，臍息為中心的拳勢呼吸，與招式動作必須和諧

一致，順暢通達，才能使陰陽中和之氣充盈全身，才能激發生命真氣，邁向不老春。

至於一招一式中，如何具體進行臍息的拳勢呼吸，則在「拳術套路篇」的每招每式中詳解。

第五章
返老還童不是夢

第一節　◆　樹老要接新嫩枝

返老還童是道家內丹修練的重要目標，而練太極、臍呼吸，是邁向這一目標的重要途徑之一。

因為臍輪調息是三豐派內丹功的入手功夫，上述引錄始祖的話就是明證：「心止於臍下曰凝神，氣歸於臍下曰調息。」本門臍輪調息法的特點是，臍息與命門、會陰相合，並上通心輪。臍輪是生命之蒂；命門是水火之府，陰陽之宅，是先天元氣元精的所在；會陰即海底，是生命的基點。

練拳到一定火候，行功時只要心中一靜，一念到臍，立刻就有連鎖反應，使心腎相交，水火既濟，神氣合一，激發活力。心腎相交，即坎離相濟，是內丹功的中心環節，也是返老還童的必經要道。

三豐始祖為此寫了《無根樹道情》二十四首，講的中心問題就是返老還童的心法。其二說：「無根樹，花正微，樹老將新接嫩枝。桃寄柳，桑接梨，傳與修真作樣

兒。自古神仙栽接法，人老原來有藥醫。訪明師，問方兒，下手速修猶太遲。」

　　所謂「無根樹」是借物喻人，比喻人身的元氣，樹老了（人老了）需要接嫩枝、育根株。元氣在丹功中隱語稱為鉛氣，五行屬水，水性易沉，故以鉛喻之。無根樹開花，形容修練內丹，激活腎水，水火既濟，神氣相合而成丹。所以在以下各首道情中，圍繞鉛（水）汞（火）相交而展開。

　　例如其十五首說：「無根樹，花正鮮，符火相煎汞與鉛。臨爐際，景現前，採取全憑渡法船，匠手高強牢把舵，一任洪波海底翻。過三關，透泥丸，早把通身九竅穿。」說的就是要汞鉛相煎，翻起海底之浪，激發生命基點。故而其十九首說：「無根樹，花正雙，龍虎登場戰一場。鉛投汞，配陰陽，法象玄珠無價償。此是家圓真種子，返老還童壽命長。上天堂，極樂方，免得輪迴見閻王。」

第二節　◆　臍輪息　海底活

　　無根樹，實際上有根。張三豐說：「說是無根卻有根。」這根就是生命的源頭。太極先賢王宗岳秉承張三豐的論述，在《十三勢行功歌》中說：「十三總勢莫輕視，命意源頭在腰隙。」腰隙即是命門。王宗岳把「命門」作為太極拳修練生命的源頭，與三豐始祖的教導是一脈相承的。而本門的臍輪調息法，亦由此而來。

　　臍輪，穴名神闕，是人體的神經叢中心，道家把它作

為修練內丹的中心部位。著名道家經典《黃庭經》的書名「黃庭」二字，就是說的「臍內空處」。

近代著名道教學者陳攖寧說：「欲讀《黃庭經》，必先知『黃庭』二字作何解說。黃乃土色，土位中央，庭乃階前空地，名為黃庭，即表中空之意。」接著，他以「臍」為中心作進一步闡述：「吾人一身，自臍以上為上半段，如植物之幹，生機向上；自臍以下為下半段，如植物之根，生機向下。其生理之總機關，具足上下之原動力者，植物則在根幹分界處，人身則在臍……神仙口訣，重在胎息。胎息者何？息息歸根之謂。根者何？臍內空處是也。臍內空處，即『黃庭』也。」（陳攖寧《黃庭經講義》）

實際上，《黃庭經》是以臍區（黃庭）為中心的煉丹經典。其《內景經》第二章說：「上有魂靈下關元，左為少陽右太陰，後有密戶前生門，出日入月呼吸存。」《外景經》第一章又說：「上有黃庭下關元，前有幽闕後命門。」先解釋這幾句口訣中的幾個隱語，幽闕即生門，生門即臍。密戶即命門。關元在臍下三寸，故說「上有黃庭下關元」。綜觀這六句口訣，都是說明合上下前後左右，暗藏一個「中」字，這個「中」乃是以黃庭為中心的「中」。陳攖寧認為「修練家以心神注守黃庭，名曰『黃庭真人』」。

再從煉氣存神的要求看，《黃庭內景經》第二章說：「腎部之宮玄闕圓，主諸六府九液源，百病千災當急存，兩部水主對生門，使人長生非九天。」對此，被譽為仙學大師的陳攖寧又解道：「腎屬水，故為六府九竅津液之

源，腎氣衰則百病叢生。修練家常以心火下交腎水，使火不上炎，水不下漏，水火既濟而結丹。」他接著說：「腎有二枚，故曰兩部，腎水為水之主，故曰『水主』。對生門者，前對臍也。」最後，陳大師加重語氣說：「人能常以不動之神，藏於臍腎兩者之間，以立命基，則長生不難致矣。」

可見，《黃庭經》以「黃庭」為名，證實了以臍輪為中心的調息法，上合修練內丹之道，下合太極煉氣之要。

我們再來看看南懷瑾先生用現代觀點對臍輪的論述。南先生分析說：「臍輪，是神經叢的中心，由此開始，向外分散六十四根脈，中間分散達到腰的四周，往上分散到心輪，向下分散到腳跟。」又說：「海底輪，由臍分散的脈，接到海底輪，就是男性的會陰，臀下的三角地帶，女性的子宮口之上。」（《道家易經與中醫學》。見《道家密宗與東方神祕學》）

這使我們看到，臍輪上通心輪（心神），下連海底，橫散四周，外分氣脈六十四根，可謂牽一臍而動全身。

據幾年前的有關雜誌報導，一家醫院曾用針灸對「神闕」（臍輪）進行探測試驗，看看它是否如理論所說的能影響全體。結果證明，神闕受針刺後，在生理上激發了三條傳感線路，一條是縱向循行的任督脈，一條是橫向環行的帶脈，一條是斜行向胸腹射狀。

從而他們得出結論，臍輪呼吸確實能直接、間接地內聯十二正經、奇經八脈及五臟六腑，具有通經絡、和血氣、平衡陰陽、培本固元的功能，對調理脾胃、促進消化、防治便秘失眠，以及緩解情緒、提高修養等都有特殊

的作用，所以中醫有獨特的「臍療法」行世。

　　無論從道家經典、丹道修練、傳統醫理或修練者的體驗，都證實臍輪調息以及以臍區為中心的煉氣煉丹，對於修補、恢復、提高、優化人體功能有著意想不到的奇妙作用，尤其能調渡海底之氣，生發青春活力，邁向長壽。

　　正如南懷瑾先生所言：「到了海底，是生命能的基點。這個基點，多數人一生未能發動，如果能發動的話，絕對可返老還童。而且海底之氣發動後，人經常可以保持愉快，碰見不愉快的事也不受影響。」此處所說發動海底之氣，就是《無根樹道情》十五首中所說的「一任洪波海底翻」的景象。

第三節 ◆ 孫大師的體驗

　　一代武學宗師孫祿堂對練拳發動海底之氣有深切體會。他說：「余練化勁所經者，每日練一形之式。到定式時，立正，心中神氣一定，每覺下部海底處（即陰蹻穴處），如有物萌動。初不甚著意，每日練至有動之時，亦有不動之時，日久亦有動之甚久之時，亦有不動之時……以後練至一定式，周身就有發空之景象，真陽亦發動而欲洩。此情形似柳華陽先生所云，復覺真元之意思也。」接著，孫公詳細敘述了海底萌動及內外一氣、綿綿空空的經歷，並總結性地說：「自己體察內外之情形，人道縮至甚小，消除百病，精神有增無減。以後靜坐亦如此，練拳亦如此。到此方知拳術與丹道是一理也。」（孫祿堂「練拳經驗及三派之精意」，引自《拳意述真・第八章》）

孫公經驗談中雖然未直接使用「臍息」字樣，而用了丹田、海底之名，但觀其過程，察其海底萌動，就可知其理一貫，都歸於「拳術與丹道是一理也」。故而筆者引錄孫公之言，以證臍輪調息激活海底之法，是邁向返老還童的一個良好途徑。

第四節 ◆ 只恐相逢不相識

大凡修練內家拳者，只要對「拳術與丹道」稍有體會，就會產生類似孫祿堂大師的經驗，海底被逐漸激活。筆者對此亦有感覺，上文已提及。當然，筆者的感覺僅僅是初步的、淺層的，比之孫公的功臻化境，差距甚遠。不過總算已有了一些感覺，算是良好的開端吧，並對返老還童之說也看到了一些端倪。

如今筆者已屆望八之年（按農曆計七十又九），身心俱泰，練拳時既能邁步如貓行，又能高腿下勢，還能跳前跳後；平時行路，雖說不上健步如飛，也可以說是足下生風；而且讀書寫作，筆耕不輟，文思不枯，朋友戲稱我是「老頑童」。此種佳境，皆太極所賜，乃臍息之功。

當然，單單講年紀，當今盛世，長壽者比比皆是。順口溜說：「七十不稀奇，八十多來些，九十小弟弟，百歲瑞人不算稀。」但是長壽了還要健康，假如九十、一百，臥床不起，需人料理，有何幸福可言。所以應當在「健康長壽」後面加上一句「長壽健康」。為了長壽又健康，必須老樹接嫩枝。筆者禁不住唱道：

「無根樹，花正稀，快練太極接嫩枝。臍輪息，海底

活，鉛鼎溫溫現寶光。若得真鉛正祖宗，返老還童不是夢。太極拳，內丹功，只恐相逢不相識。」

註：此詞係仿張三豐《無根樹道情》，並集其佳句，再穿插些文字而成，不能算是筆者創作。

▌第六章
煉氣精功六式

｜第一式・先天無極樁｜

一、樁功釋義

無極樁，源於「無極而太極」的哲學原理。太極先賢遵循這一原理設計了無極樁。本門把它列為必須修練的精功之一，既作為煉內氣的一個單煉功法，又冠於套路之前，作為預備勢鍛鍊。

練此精功，皆在以象喻人，以無極的自然現象，比擬人的身心狀態，要求習拳者經過長期修練，讓身心像「無極」那樣，返璞歸真，回到嬰兒的初生狀態，即體鬆心和，無憂無慮，心靈淨化，形神相合，恢復天性。這是人體的最佳健康狀態。

平時若能堅持每天站無極樁十幾分鐘，身心就能得到最好的調節，撫慰、滋養，其樂無窮。是煉氣、煉勁、煉意的重要功法。

此椿功只是靜站，無任何外形動作。

二、靜站姿勢

面南站立，兩腳跟靠近，間距約 2 公分；兩腳腳尖八字分開，宛如八字形，間距約一橫拳寬；全身放鬆，按「鬆靜篇」。要求節節鬆開，兩手臂自然下垂，置於體側，掌心向內；提頂吊襠，頸項鬆正，鬆肩垂肘，從頭頂百會穴至會陰穴，上下保持一條中心直線，即「提頂吊襠線一條」。身體重量分置兩腳腳掌（勿置腳跟）；面容祥和，舌抵

圖 5-6-1

上齶，雙目垂簾，神光內視臍窩，摒棄一切雜念，內無所思，外無所視，空空洞洞，如入「無極」景象。（圖 5-6-1）

三、調息心法

無極椿無任何外形動作，只是靜站，故其調息也在於一個「靜」字。即心神寧靜，神守於臍，使神入氣中，氣包神外，呼吸綿綿，以食太和陰陽之氣。如《黃庭外景經十八章》說：「仙人道士非有神，積精累氣以成真。人皆食穀與五味，獨食太和陰陽氣。」中醫理論說：「食穀者，智慧而夭；食氣者，神明而壽。」亦是此意。

但是，食氣不能執著追求，必須遵循「無極」之意，靜至虛靜，似有非有，似無非無，悉任自然，細細綿綿。

煉至功深，忘卻意念調息，逐漸進入「萬念俱泯，一靈獨存」的境界，以收「呼吸虛無入丹田，玉池清水灌靈根」之效。無極樁既是單練的精功，又是拳術的預備勢，這將在「拳術篇」中具體介紹。

第二式·太極混元樁

一、樁功釋義

無極之後，便是太極。而此時的太極雖然已孕陰陽，但尚未分出，仍處於混元一氣的狀態，仍然是混元為一的統一體。今循此原理，煉此太極混元樁。

顧名思義，這一樁功主要修練混元一氣，即修陰陽中和之氣。關於中和之氣，上章已作詳解，此處從站樁煉氣的角度，講一些煉法。

二、站樁姿勢

1. 平行站立

周身放鬆，自然站立，隨即左腳向左開步踏實，兩腳距離與肩同寬，兩腳平行而立，呈「11」形，兩臂自然下垂於身體兩側，掌心向內，目視前方。（圖 5-6-2）

特別要注意兩腳與肩同寬，以便腳掌的湧泉穴與肩部

圖 5-6-2

的肩井穴上下相互對應，使湧泉穴的「泉眼」與肩井穴的「井眼」上下流通交感，使人體氣血上下暢通，這是站混元樁的基礎。如果兩腳距離過寬，甚至大馬步似的站立，與此理不合，可能是別的功法。

2. 穩坐高凳

接著腰胯微微向下鬆沉，帶動雙膝微屈，臀部微微下去，宛如坐在高凳子上，叫做「穩坐高凳」（不是扎馬步）。此時須提頂吊襠，頸項鬆正，軀幹中正，尤其要注意尾閭下墜，臀部內斂，膝尖不超過腳尖，做到「前後不過」，即身前雙膝不能超過腳尖，背後臀部不能超過腳跟，應與腳跟上下一線。（圖 5-6-3）

3. 環抱圓球

隨即兩臂鬆鬆提起，高不過肩，低不過臍，肘不過膝，肩不過胯；兩手旋腕翻掌，兩掌勞宮穴遙遙相對，手指鬆展；手臂半圓，兩臂環抱於胸前，宛如抱了個大氣球，形成一個人體渾元氣場。（圖 5-6-4）

圖 5-6-3

圖 5-6-4

4. 五官自然

下頦微斂（不是低頭），意念鼻尖與肚臍相對（便於任督兩脈流通），臉含微笑，自然閉嘴，牙齒合攏，舌抵上齶，雙目垂簾，似閉非閉，神光內視肚臍眼，抱元守一。

5. 心靜體鬆

此功的鬆靜法，也是「機在目」。先讓眼皮鬆弛下來，繼則面部肌肉放鬆，連帶大腦皮層放鬆。大腦一鬆，就能促使心神入靜；心一靜，又能促使引導全身關節逐節鬆開，連肌肉也隨之放鬆。周身的鬆靜，宛似打開了閘門，使內氣暢流無阻，逐步邁向「氣圓、勁圓、神亦圓」的渾元一氣的境界。

三、煉氣要點

做到上述五點後，渾元樁的站樁姿勢就告站成，然後開始煉氣。可分三個層次。

1. 少意

起初呼吸自然，與平時一樣。不必多用意念，只要意守臍輪就行，其他不去管。這是初始階段。

2. 用意

就是用意念引導煉氣。這一層有兩種煉法，一是前述的臍輪調息，二是意念誘導產生「熱、麻、脹」的功能態感覺。前者的要點是：

（1）**以臍輪為起點，走小周天循環**。初時，僅僅是意念在走轉，毫無氣感，煉之日久，便會逐漸產生氣感。如果發現哪裡關節通不過去，不必著急，仍然輕意文火，久而久之，自會潛移默化，感而遂通。

（2）**然後，神光下照海底。**不要企求一照就靈，還是不急不躁，日積月累，自能激活海底。

（3）**上下同息。**以臍息為中心，兩臂及兩腳心同時吸呼，但決不能強烈追求，只能繼續用文火溫煉。

這一種練法純熟後，對拳術水準與養性健身均有顯著效益，是否還要練習後一種方法，可視各人情況而定，如若要練，其法大體是：

先誘導手指的感覺。手指最靈敏，俗語說「十指連心」。所謂誘導，就是意想我的手指熱了，先是食指（或中指）熱了、麻了、脹了，然後是十指都「熱、麻、脹」了。先是意想、誘導，不久果真會感到「熱、麻、脹」。

再誘導全身的皮下內層肌肉、所有的內臟器官，乃至大小骨骼、骨髓都一一產生「熱、麻、脹」的感覺。練到一定程度，能防治心、肝、胃、關節等多種慢性疾病。但是，誘導的意念不可太重，不能執著，對「熱、麻、脹」的感覺，只應似有似無，勿忘勿助，防止產生流弊。

3. 無意

上述各點都是用意念引導煉氣煉意，達到一定深度後，就應進入不用意的階段。即上述種種用意包括引導、誘導等，統統不用了，歸於虛靜的無意狀態，只是靜靜地、鬆鬆地、無慾地站在太極元氣之中，到後來無意之中才有真意。

四、煉勁心法

此式既煉混元之氣，又煉混元之勁。混元氣是太極元氣，混元勁是太極本勁。其內勁的煉法，已歸入「內勁

篇」詳說，此處從略。

｜第三式・兩儀長勁椿｜

一、椿功釋義

此功合「無極生太極，太極生兩儀」之理，是本門煉氣、煉勁的重要功法。

二、椿勢動作

1. 開步舉臂

兩腳平行分開，兩腳距離與肩同寬，兩臂鬆肩垂肘，緩緩向前提舉，提至手腕與肩同高，掌心均向下，五指鬆展，指尖朝前。兩臂橫向距離與肩同寬，似直非直，似曲非曲，肘尖下垂（不可橫向朝外），軀體中正，目視前方。（圖5-6-5）

圖 5-6-5

2. 屈膝下坐

接著腰胯鬆沉，屈膝下坐，成四平步（非大馬步），高度較太極混元椿低些，但臀部不能低於雙膝高度。體重分置兩腿，同時兩臂、兩掌隨著屈膝坐身而下落下按，兩手仍與肩同高，指尖朝前，掌心虛空，眼神凝視前方。（圖 5-6-6）

三、心法要點

1. 平穩三合

四平步坐勢定位時，必須
提頂吊襠，中正平穩，尤其要
注意外三合，即前伸平舉的兩
臂，要肩與胯合，肘與膝合，
腕與足合。尤其要注意不可撅
屁股，必須斂臀垂尾；身前不
可跪膝，必須膝與足合，否則
身法散亂，影響行氣。

圖 5-6-6

2. 氣與勁合

上述坐勢中正平穩後，接著開胯圓襠，鬆腰鬆腹，臍
輪調息，腳踩湧泉，腳趾貼地，神貫於頂，以意行氣。

在臍輪調息過程中，注意一呼一吸之間，兩臂、兩手
會有多種勁意，需要明白施為，以臻氣與勁合。其所含有
鬆沉、下墜、上掤、頂撐、內扣、前伸等勁意。

具體情況如下：

（1）雙肩含鬆沉吐勁之意；

（2）兩肘含下垂之意，即肘尖向地面下墜，並與膝
合；

（3）左右前臂均含上掤之意。掤，並非拙力，而是
內氣的運作，即內氣由臍而下，再由湧泉而上，而腳而膝
而腿而腰胯，緣命門而上，形於兩臂，煉出一種如水負舟
的內勁；

（4）兩手腕含下沉之意，掌根又含向前頂撐之意，

掌心圓空又含內扣之意，手指又含前伸之意，且是極盡遠伸之意；

（5）頭頂虛虛上拎，尾閭下墜地面，在此上拔下墜之間，雙手、雙臂的勁意綿綿。如此肩沉、肘垂、臂掤及掌指的沉扣撐伸，加上腰胯鬆沉，腳踩湧泉，引氣提神，很能調和內氣，增長內勁，還能穩固下盤。

每次練習時間，視各人情況而定，當然儘可能時間長些。

｜第四式・三才心意樁｜

一、樁功釋義

三才心意樁，曾名川字樁、琵琶樁。本門這一樁功別具新意。因先師曾先後拜形意大師尚雲祥、孫祿堂為師，故把形意拳三體式樁功的一些心法與太極川字樁結合起來，形成新的特色。

所謂「三體」，即指天、地、人「三才」，故取名三才心意樁。

二、三才站姿

（1）面南自然站立，軀體中正，周身放鬆，兩臂自然下垂於身體兩側，目視前方（圖 5-6-7）

圖 5-6-7

（2）雙膝微屈，上體微微向下坐身，宛如坐在高凳上，向右旋胯轉體 35°～45°，轉至面向西南；帶動右腳外撇 35°～45°。（圖 5-6-8、圖 5-6-9）

圖 5-6-8　　　　　　　　　　圖 5-6-9

（3）重心移至右腿，左腿提起，左腳向前跨出半步踏實，前後腳之距離約一腳半長。雖然全腳著地，但腳底有虛實，即腳掌為實，腳跟稍虛。此時重心前三後七，後腳的七成重心落在後腳跟內側，利於整體平衡。兩腳之間的橫向距離約一橫拳，不宜過寬過窄。（圖 5-6-10、圖 5-6-11）

（4）兩臂鬆肩垂肘，兩手鬆鬆提起向前平伸；提時掌心均向下，伸至前方時旋腕翻掌，兩掌掌心斜相對，左掌在前，右掌在後，置於左肘附近，兩手腕如合抱琵琶。（圖 5-6-12）上述第 3 點出腳與第 4 點伸手，練至純熟後，須同時同步進行。

（5）上述姿勢站定時，要周身放鬆，上體中正，提

圖 5-6-10

圖 5-6-11

圖 5-6-12

頂吊襠，鬆肩垂肘，舒胸圓背，腰胯鬆沉，斂臀墜尾，臍輪調息，神光前視。

　　此為左式，可以右左輪流練習，練法左右相同。

三、心法要點

1. 明白三才

名為三才心意樁，就應明白三才。三才之說，來自太極學說，即「太極虛無生一氣，便從一氣生陰陽，陰陽凝合成三才，三才生生萬物張」。所謂三才，指天、地、人三才，用之於拳術，即指外形的上、中、下三盤（頭部、上肢、下肢）；內在的精、氣、神三寶，要把內外三才練成一體，即「三才歸一體」。

具體練法，要注意「三圓、三扣、三頂、三催」。

三圓，指掌型，即手心圓、手背圓、虎口圓。手心要圓而空，即李景林武當劍四空之一的「手心空」。至於手背、虎口之圓，均要自然放鬆，不能執意做作，虎口不可拙力外撐，只能鬆而撐之。

三扣，即齒扣、手扣、腳扣。

齒扣，指嘴輕閉，齒輕切，以煉骨梢之勁氣。手扣，即十指及兩掌含相合相扣之意，以煉上肢筋梢之勁氣。腳扣，指前腳掌微內扣約 5°，湧泉穴踩氣踏勁，氣貫腳趾；後腳雖然腳尖外撇，亦要含內扣之意，氣達湧泉腳踵，以煉下肢筋梢之勁氣。

三頂，指舌頂上齶、頭頂虛空、手頂腕根。前者可倦食降氣，有利臍息平穩，氣注丹田，歸根養生。頭頂，可使神貫於頂，身軀伸拔，振起精神。手頂，即上式所說的腕根向前頂撞之勁意。

三催，有上三催與下三催兩種情況：

上催是腰催肩、肩催肘、肘催手。這是指內氣內勁向

外發送過程中幾個關鍵部位的作用。內氣內勁由下而上，由腰隙（命門）催送至肩窩，接著由肩窩吐勁，催送至肘節，並由肘節催送至手而發出。站樁時要有此意想，似乎氣勁從下而上，經「三催」而發至手掌，兩掌像合抱琵琶似地合氣合勁（只是意動，手未動），練之日久，自然長勁。

下三催是，從出腳進步時起，就腰催胯、胯催膝、膝催足，換句話說，在腳向前邁步時，是由腰胯把腳催送出去的。當站定後，隨著一吸一呼，仍須繼續此「下三催」之意。

2. 知曉五行

這一樁功雖然處於靜站之態，但內中仍應含太極十三勢中的進、退、顧、盼、定這「五行」之意。五行之中還含有攻防之勁意，如懷抱琵琶的兩手含有纏腕捌肘的勁意，以及開合提放之勁意。

3. 符合六合

所謂「六合」，眾所周知是內外三合的總稱。內三合，即心與意合，意與氣合，氣與勁合。外三合是手與足合，肘與膝合，肩與胯合。

這在上文均已提到。此處要說明的有兩點，一是向前踏出的左腿、左腳與前伸的左臂、左手必須上下對齊相合，保持在一個前進方向的直線上。二是屈膝坐身的後右腿，膝蓋亦須內扣，既可與前膝相合，又可與右腳尖上下相合，利於斂臀裹襠，利於臀部與後腳跟上下相對。在站樁過程中始終要符合六合，才能求得內外一致、上下相隨、周身一家、渾然一體的整勁。

4. 靜中求動

一般說，樁功都是靜功，但要靜中寓動。三才心意樁很注重靜中求動，即拳論所言「靜中觸動動猶靜」。這種從靜態中求得的「動」才是真動。

靜中求動，是透過意氣來實現的。一開始出腳伸臂時就要注意臍輪調息與勁、意、神融和在一起。此時外形上站著不動，完全處於靜態之中，但內在的意、氣、神、勁卻都在「動」，具體講則體現在上肢、下肢、臍輪等幾個方面。

上肢：在鬆肩、垂肘、頂勁、圓背的前提下，前手與後手須隨著臍息的一吸一呼，意想兩掌一開一合（掌不動，只是意），而且要留心勞宮穴，日久會有氣感、脹感，甚至微微的「動」感。到此地步就可逐步邁向氣貫梢節、勁貫掌指的境界。

下肢：在腰胯鬆沉、斂臀墜尾的前提下，左腳（前腳）踏實含後挺之意，前膝又含前挺之間；同時後膝內扣，後腳踏實，含蹬之意，加上沉身墜尾，隨著一吸一呼，配合兩手一開一合，前後兩腳一挺一蹬（僅是意念）。練之日久，兩腿兩腳均有氣流感，尤其是湧泉穴更明顯。此法既能煉氣煉勁，又能防治關節炎及坐骨神經痛等疾病。

臍輪：依照上述臍輪調息法調息，促使內氣與上肢下肢開合的「動」意協調進行。同時，無論吸或呼，都須神光下照，默注海底，煉之日久，海底會產生「萌動」之感，有利於修練「一任洪波海底翻」，促進人體潛能的開發。

│ 第五式・陰陽開合式 │

此式旨在遵循「二氣交感，化生萬物」的原理進行煉氣。其站姿與上述兩儀長勁功相似，都是四平步站式，唯雙臂的姿勢不同，前者是掌心均朝下，而本式是兩掌掌心及勞宮穴相對，宛如捧球狀。

所謂陰陽開合，是說左手為陽，右手為陰，隨著臍息的一吸一呼，兩手一開一合；開（吸）時兩手向外拉開，合（呼）時兩手向內合攏，同時上體一升一降，開為升，呼為降。在開合升降之中進行煉氣。即開時，左掌的陽氣被拉進右掌的陰氣裡去，而右掌的陰氣同時被拉吸進左掌的陽氣裡去；呼時，兩掌所含的陰陽二氣相互合到對方裡面去，稱之為二氣交感，如此反覆相互交感，氣就在其中了。（圖 5-6-13）

此式既是煉氣的精功，又是套路中的一式，故在「拳術篇」中將詳解其站姿及心法，此處從略。

圖 5-6-13

| 第六式・太極靜坐法 |

一、釋義

靜坐，不過是練功的一種形式。無論哪家功法、其坐姿都基本相同，或雙盤、或單盤、或自然盤，也有端坐凳椅上的。至於煉功煉氣的心法則各有千秋。就太極靜坐法來說，各家的煉法與要求也不盡相同，但有一點是共同的，即若要練好太極拳，不能不練靜坐法。

儒、道、釋、武各家，都有各自的靜坐法。傳統的太極靜坐法，基本上是道家內丹功的修練法，假如完全照搬，則比較繁奧，且費時甚久，對今天大多數人來說可能並不完全適合。為了適應大多數人的需要與可能，根據師門傳授及本人體悟，從師門所傳靜坐法中理出幾點簡便之法介紹如下。

二、靜坐姿勢

1. 盤膝端坐

靜坐姿勢任選一種。若是盤膝（無論是雙盤、單盤、自然盤），須左腿在外，右腿在內。左屬陽，右屬陰，稱之為「陽抱陰」。若是女性，則右腿在外，左腿在內，稱「陰抱陽」。若取平坐式，須用木凳子，不可用沙發凳，避免臀部下陷及彎腰駝背；同時兩腿須持平，若凳子太高，可在腳下墊些東西，以求平穩。

2. 結太極手印

接著雙手結成太極手印，安置於小腹丹田前。

太極手印的結法：先做左手，左拇指與左中指均彎曲，兩指尖接攏，拇指掐在中指尖上（此位是午時位），兩手形成一個圓圈；左手的其餘三指也做彎曲狀，靠附在中指兩旁。接著做右手，右拇指插入左手的指圈中，並掐在左無名指內側的根部（這是子位）；同時右中指掐在左掌掌背的無名指根部外側，與右拇指內外相合一起掐住子位，而右手的其餘三指都附著在左掌掌背上，形成兩掌合攏狀態，宛似雙魚形太極圖。至此太極手印結成。

由於手指掐在子午位，又稱太極子午印。此時右手在外，左手在內，稱陰抱陽，與雙腿的陽抱陰正好相對。

三、心法要點

1. 意守臍輪，守而非守

靜坐姿勢端正後，隨即摒除一切雜念，僅留下一個守臍之念。所謂守臍，並非守肚臍表面，而是守臍內寸許。僅此一守，不問其他，既不問意想什麼，又不問如何行氣，更不求達到什麼，只要守著肚臍就行了。

但要注意，所說守臍，只能輕守、文守，不能重守、武守，更不能執著，只要有那麼一點意思就夠了，即若有若無，似守非守也。

此法很簡便，一看就懂，一學就會。但就其實質來說，卻暗合道家內丹功的「凝神調息，調息凝神」的入手功夫。上章引述的張三豐所言即是「心止於臍下曰凝神，氣歸於臍下曰調息」。守臍就是心止於臍、氣歸於臍，當然是內丹功的入手功夫了。

若能堅持修練，很快就會有感覺。先是隨著深勻柔細

的一吸一呼，感到肚臍一斂一收（一起一伏），繼而臍輪周圍微感溫暖，後又感到氣血流暢，周身和順。到此地步離「三家相親」（身、心、意三者和合）的境界不遠了。

此一簡便之法，對修身養性大有裨益。如果因時間等原因，只練此法，不練其餘各法，也未嘗不可。只要持之以恆，就能找到真意，從而性命雙修。

2. 天蒂相會，神光下注

上述守臍一法煉至產生感覺後，如果還要深入下去，即可取「天蒂相會」一法。此法亦很簡便有效，只須在上述守臍的基礎上，意想頭頂天根與臍內命蒂相會和合即可。天，即天根，上聚於頂，是為性；蒂，命蒂，下潛於臍。通過臍輪調息與神貫於頂，使天蒂相會。這是修練自身的陰陽二氣中和，並與天地靈氣中和為一。說它簡便，因為只要一念想到天蒂相會就行了。

神光下注，即神意默注會陰穴（海底）。所說默注，顧名思義是默默地下注，不露聲色地意注，而且把這默注與天蒂相會結合起來，一念之間兩者都包括在內了。久而久之，臍輪及丹田之氣融融洽洽，周身酥綿舒樂，丹氣自然貫注海底，激起海底波浪，乃至陰蹻萌動，間或有陽物舉動之感，久之就能激發生理潛能。

上法與此法如果堅持一併修練，效果更好。假如因時間等原因，只練此二法，不再往下進修了，亦可以。只要能堅持下去，潛心修練，體認默察，效果亦會很大。

3. 任督周天，氣行兩臂

如需繼續深造修練，接下去可按通常小周天的行氣法進行，但有兩點小小的改動。

第一點改動是，由臍吸氣時，吸氣貫注下丹田的同時要貫至後丹田（命門），即一念一吸之間，兩田同時、同步貫氣。

再一點改動是，當小周天行氣數週後感到順暢時，可稍稍改變氣的上行線路。即氣沿督脈上行，過夾脊、至大椎時，暫不往上去，而是分注兩肩，經手臂指尖，再由手臂內側返回至大椎、過玉枕而上，然後沿任脈下行，回歸丹田。

這兩點改動，主要是為了適應練太極拳的需要而作的。前者是為了貫徹本門太極的煉氣之法即臍輪調息，後者是為了適應日後練太極發勁「敷於兩臂，形於手指」的需要而添改的。

此法雖然氣行小周天，但還是比較簡便，多數人能夠做到。至於再要作深層次的修練，則要進一步學習內丹功法了。如果尋找教材，應以權威性的經典為準。在眾多的經典中，《張三豐全集》不失為一部好教材。

《中國內丹功》一書的作者清河新藏說：「全面來評論，《張三豐全集》可以說是金玉良言，滿篇皆是，實在是丹經的上乘之作。」但是，單單看書還不夠，還須尋找明師，正如張三豐所言：「勸賢才，休賣乖，不遇明師莫強猜。」（《無根樹道情》第九首）

4. 變自發為自在

上述三法練到一定火候，會出現自發顫動、抖動等現象：或是兩胯旋轉，帶動上體左右轉動；或是丹田微動；或是海底萌動乃至跳動；或是陽物漸舉；或是兩臂抖動，像向外發勁似的抖動，同時會發出哼（哈）一聲。

　　這些自發抖動現象，乃是靜坐功的正常反映，切莫驚慌，也莫反對，更不能陡生妄念，必須一如既往，心靜神寧，守護臍輪虛境，任其呼吸悠悠，養吾丹田之氣。

　　當自發抖動暫停時，如果想收功，即可按前述收功法收功。如繼續靜坐下去，又會重新出現自發抖動，直到收功。

　　待自發抖動現象持續一段時日後，尤其是兩手自發性發勁反覆多次出現後，就要設法把自發變為自覺自在。因此要琢磨在什麼情況下出現自發的，找到它的規律，然後依照找到的規律軌跡，由意念加以引導，使自發的發勁變成自在的發勁。這樣對於修練內氣內勁的蓄聚與發放大有益處。不過由於各人情況不同，琢磨到的規律心法可能不會完全相同，或者說基本相同但各有特色。

　　筆者遵照師門心法，經反覆體驗，得出一條十分便捷的途徑，今公開於同道：

　　（1）當靜坐多次出現兩手自發性發勁後，就可予以引導。吸氣時意想氣由臍輪吸入，抵達命門暫蓄；呼氣時，氣緣命門而上，至兩肩兩臂兩手發出。初時，只有氣感，並無自發動作，但修練一段時間，就會出現兩手抖動而發的自發性發勁。

　　（2）在第一點基礎上，再修練些時日，可轉入深一層修練。即吸氣時，臍輪吸氣的同時，意想湧泉穴也向上衝氣，就是說臍輪與湧泉同吸送，吸至命門，合而為一；呼氣時，由命門而上，過夾脊，通兩臂兩手發出。此時的發勁與第一點的發勁相比，似乎更舒服而有勁一些。

　　（3）再深一層，就是肌膚吞氣，一觸即發。即意想

氣由兩手兩臂吸入，緩緩吸入臍輪；呼氣時由命門而上發出。這是由兩臂肌膚吸氣的煉法。再練些時日，從兩臂吸氣擴大到以臍輪為中心的全身肌膚吸氣的發勁。到此地步，只要一想手臂吸氣了，立刻就能意到、氣到、勁到，迅速自動發出。

這一肌膚吞氣發勁的關鍵，在於一個「吞」字。假想推手時，對方按我雙臂，我迅速將對方之氣全部吞入，與自己的內氣中和為一，並迅敏地放還給他。出現的形態是，一觸即吞，一觸即彈，一觸即發。

這裡須辨明一點，上述的一吞即發，是指靜坐時的自發性發勁，它不同於拳架中的發勁。前者雖然有意念引導，但乃是由氣機的發動來催動手臂發勁的。

換句話說，手臂的發出不是手臂自己出動的，而是由氣機催發而動的，是屬於氣機的自發性動作。而拳架的發勁，雖然同樣由意念引導，但手的動作是腰腿帶動手自身通出去的，不同於氣機的直接催發。這種不同點是很清楚的，可以從形態上覺察到，也可以從內氣鼓盪上感受到。因此不能把兩者混同起來，否則就失去靜坐的意義了。當然，兩者各有各的妙處，都應修練，而靜功的妙處在於能促使發勁更加完善。

5. 溫煉溫養

上述各點，雖然都是從內丹功而來，但並不是完全按照煉成金丹、得道成仙的要求進行的。因為大多數練拳同道主要是為了健康長壽、修心養性及行事為人而練，即使有人還要進修內勁、研習攻防，也與修練大丹有別。故而在修練過程中，只須用文火溫煉溫養，不用或很少用武火。

　　所謂文火，是指用意輕輕的、緩緩的、細細的、溫溫的；武火，則是意念重重的，甚至是猛急的，如猛火冶煉。在內外修練中，何時用文火，何時用武火，都有嚴格的規則，稍有不慎，易出問題，尤其是用重火。我們採用文火，並非避重就輕，而是目的不同，暫時無此必要。因此修練上述各點，在心神寧靜的靜態中進行，意念輕輕的，呼吸緩緩的，內氣溫溫的。即使煉「吞氣」發勁，仍然是輕意溫火，應抱著能發也好、不能發也好，無所謂的態度，這樣才能由「虛靜無為」進入「有為」之境。

　　練拳煉氣，是功到自然成的過程，不能急於求成，也不必「只爭朝夕」，而應持久不息地進行。故而要摒棄妄念，杜絕邪念，心定意靜地溫煉溫養。

　　此溫煉溫養之法，適用於上述其他各式樁功，乃百利而無一害也。

　　「內氣篇」所述，可以總結為一句話：太極拳就是氣功，而且是高級氣功，屬性命雙修之學。

第六篇

內勁篇

引　言

內勁，又稱內功，是各門各派通用的專用術語。無論內家拳、外家拳，都把內勁的深淺作為衡量功夫高低的主要標誌，所以有志於武功者莫不重視內勁的訓練。

至於太極內勁，則與眾不同。它以性命雙修為根基，以養技自愛為目標，不僅可測量功夫的深淺，更能提高修心煉性的層次，不可等閒視之。

但是，初學者往往存在著疑慮。

曾經有學生當場提問：師父，我們練太極拳，主要是活動活動身子，為了健康而已，用得著練內勁嗎？有的問：內勁難嗎？

這樣提問並不奇怪，因為他們不瞭解內勁為何物，誤以為與健康無關，又覺得很奧妙，所以感到迷茫。我就盡量用簡單明了的語言給以解釋：

「內勁並不神祕，它是我們自身精、氣、神、靈修練的結果。這種結果是什麼樣的呢？是把我們體內潛在的能量（潛力）開發出來，聚集成為一種新的能量。所以內勁是開發出來的人體新能量。」

「因為潛力人人皆有，一經開發，人人都可獲得新能量。這種新能量可以驅除病邪，強身健體，延長青春歲月，還能變得聰明一些。所以內勁與生命、內勁與智慧密切相關。」說到這裡，我觀察現場，有的人似乎明白了什麼，有的人卻是似懂非懂的模樣。於是我繼續講解：

「修練精氣神，開發新能量，聽起來覺得很玄乎，其

實那是摸得著、能夠感覺到的東西，只要依法修練，一定會得到內勁的感覺，而且一天比一天明顯。」這樣一說，大家似乎有點信了。

為了堅定大家的信心，我因勢利導提出，現在大家來做個小試驗，體會一下內勁的味道。

學員問：如何試驗？

我答：用我自身做試驗。我邊說邊伸出右臂，做出屈肘托掌式，足踏高架右虛步。請學員中出來兩人，一人用手壓我右掌，看能否把我右手壓垮；另一個輕輕摸著我的前臂或上臂，測驗是僵硬還是鬆柔。

於是學員中走出兩人，一個年輕高大的白人，先用右手壓我右掌，繼而再加上他的左手，兩手使勁下壓。我紋絲不動。然後我腰腿微微向前一送，他當即就搖晃著向後退去，一臉驚奇的表情。

小試驗結束。那位摸著我手臂的人報告說，師父的皮膚很鬆柔，不僵不硬；壓我的那個年輕人也說：師父的手掌是鬆鬆的。

我大聲說，我是七老八十的人了，是個瘦小老頭，論力量比年輕人差了一大截，為什麼一時沒有被壓垮呢？因為太極內勁幫助了我，外面雖然鬆柔似棉，內裡卻由精氣神產生的新能量作依靠。當然我的新能量還不強，需要繼續修練，但大家總可以從中看到內勁的一些影子吧。

接著我提議，請大家說說有什麼想法。這一下可熱鬧了，大家情緒活躍，議論開了：師父快八十了，身體還很好，還有這樣的能耐，原來太極內功很管用啊！

不僅初學者存在著疑慮，曾見學太極多年者，對內勁

仍然知之甚少，談起內勁，總是搖了搖頭：難，難，難！
別洩氣，只要持之以恆，修練得法，細心揣摩，終能登堂
入室。

▋第一章
認識內勁

第一節 ◆ 潛力開發的新能量

內勁，一般名詞解釋為內在的勁力。若進一步問，何
謂勁，何謂力，怎樣練，有何特徵等，則要說的內容可就
多了。

據師門傳授及本人體悟，認為太極內勁是依照太極心
法進行修練，待精、氣、神、靈練到一定火候，就把深藏
的潛力（潛在的智能與體能）開挖出來，凝聚成一種新的
能量，日積月累，能蓄能放，平時伏於內，臨陣放於外，
全係一念一彈之間，爆發出超乎平常極限的驚人能量，而
且生生不息，與日俱增。

簡言之，太極內勁，是人體潛能（生命能）開發出來
的一種超常的新能量。

這種新能量的特徵具有「六性」：

一是柔和性，即體鬆心靜，剛柔相和。
二是整體性，即渾然一體，周身一家。

三是氣質性，即混元一氣，運氣生勁。

四是螺旋性，即螺旋走圈，圈中長勁。

五是靈感性，即神意馭勁，心靈觸動。

六是爆發性，即一觸即發，發如彈簧。

這「六性」，將在下列相關各章分別介紹。

第二節 ◆ 潛力寶庫人皆有之

每個人都有一個深藏的潛力寶庫，潛藏著無比強大的生命之能，只是被各種執著蒙蔽了，不知道自己有多大的潛力，更談不上開發和利用了，以致體內的固有潛力（潛在的生命能）處於自在的、分散的、眠息的狀態，平時毫無作用，一旦遭遇突發事變、特別警訊的刺激，就會在瞬間爆發出平時意想不到的驚人能力。

例如，有的人在情急之下，能從失火的房屋中扛了幾百斤重的東西衝出火場，事後再叫他做，無論如何做不到了。這種超常潛能，人人皆有，只是有待開發而已。

我國著名科學家錢學森，把開發人體潛能作為人體科學、提高人的能力的一大目標。他在一次報告中談到練功後出現的功能時說：

「看，人有多大的潛能啊！」「這是人類某種潛在的固有功能的顯現。」「所以說明人還有一般所不認識，也因而未加利用的能力，也就是人的潛力。」接著錢學森提出：「我想從現在開始，我們應該利用現代工具和方法……從一切潛在的人體機能去開發人的潛力。」（《論

人體科學》人民軍醫出版社，1988 年版）

所以，人人都擁有一個待開發的潛力寶庫。

第三節 ◆ 人體第六功能態

與內勁相關的另一個問題是，人體功能態。有的功能態是常見的，有的則不容易看到。因為人體是一個複雜的巨系統，其中有相對穩定的幾種功能態，它們可以透過外界的作用，透過意識的引領，能夠從一種功能態轉入另一種功能態。這就為挖掘人體潛力找到了路子。

人體有幾種功能態呢？錢學森教授把它們分作五種。

一是醒覺功能態；

二是睡眠功能態；

三是傷病等情況下出現的危機功能態；

四是在競技、航天、戰爭中出現的警覺功能態；

五是催眠功能態。

但是錢學森在講完了這五種功能態後繼續說：「五種人體功能態的劃分也不見得恰當，將來深入研究後，可能有另外的劃分。但人體不同的生理、心理功能的功能態是肯定的，再加上一種氣功功能態自然是可以的了。」（《開展人體科學的基礎研究》）

請注意，錢教授說的「氣功功能態」，是廣義的，包括保健氣功和太極拳等內家拳在內的武術氣功。由於太極拳是專氣致柔、性命雙修的拳術，一直被列為高級氣功。所以太極內勁，也可以說是人體的第六功能態。

第四節　◆　太極先賢論內勁

我們再來看看太極先賢對內勁的論述。

一曰，勁是道之本。

老拳譜《太極體用解》說：「若以武事論之於心，用之於勁，仍歸於道之本也。故不得獨以末技云爾。」這段話明確訓示練拳者，不得把太極內勁看做雕蟲末技，而是「道之本也」。

太極拳以道為本，是張三豐的一貫思想。所謂「三教無兩家，統言皆太極」，這些在「心法篇」等篇章中已有所述。這篇「拳經解」，也是從道談起，再論及勁的。

文中首先說：「理為精、氣、神之體，精、氣、神為身之體。心為身之用，勁力為身之用。心、身有一定之主宰者，理也。精、氣、神有一定主宰者，意誠也。誠者，天道；誠之者，人道。」

意思說，太極內勁是修練天道、人道的結晶，所以不得看做是末技。反過來也可以說，如果煉勁不修道，即使煉成了內勁，也可能淪為「末技」。

順便提一個與此相關的問題。稱作「老拳譜」的拳經解，究竟來自何處？它原是楊家的珍藏。1980 年吳公藻在香港再版《吳家太極拳》時，公佈了 40 篇。吳公藻特手筆說明經過，全文如下：

「此書乃先祖吳全佑府君拜門後，由班侯老師所授，是於端芳親王府內抄本，在我家已有一百多年。公藻在童年時即保存到如今。吳公藻識。」

　　吳先生清楚地說明了所謂老拳譜「由班侯老師所授」。那麼楊家此譜從何而來？假設是楊露禪當年得自陳家，按楊公的品行為人，不可能欺師滅祖予以抹殺，肯定會據實相告的，楊家公佈這些老拳譜時，並未交代來處，只說是祖傳，可見並非得自陳家。

　　那麼它到底來自哪裡呢？吳先生的說明中露出一點點線索：「是於端芳親王府內抄本。」端親王府的抄本又從哪裡來的，時至今日，尚未有人回答。

　　但是從內容上分析，這些老拳譜與張三豐的拳論及丹道論著是一脈相承的，不少用詞、表述也相同，雖非張祖手筆，但可視為係其傳人記錄張祖口授的文字，尤其是最後三篇，標題就寫明「張三豐承留」「口授三豐老師之言」「張三豐以武事得道論」。因此筆者把它當作張三豐的拳經解看待。

二曰，精氣神之內壯。

　　《太極體用解》的最後一節著重講勁與力區別，說道：「勁由於筋，力由於骨。如以持物論之，有力能執數百斤，是骨節皮毛之外操也，故有硬力。如以全體之有勁，似不能持幾斤，同精、氣、神之內壯也。雖然若是功成後，猶有妙出於硬力者，修身體育之道有然也。」

　　老拳譜另一篇進一步指出：「氣走於膜絡筋脈，力出於血肉皮骨。故有力者，皆外壯於皮骨形也。有氣者，是內壯於筋骨象也。」（《太極力氣解》）

　　老拳譜反覆指出勁與力的區別，目的在於要後學者重視修練精、氣、神。內勁，是精、氣、神練出來的「內

壯」；換句話說，內勁（內壯）是精、氣、神從人體潛力中開發出來的新能量。所以「是精氣神之內壯也」這一表述，概括了太極內功的本質。

三曰，陰陽相濟方為懂勁。

王宗岳《太極拳論》說：「欲避此病，須知陰陽……陰不離陽，陽不離陰，陰陽相濟，方為懂勁。」此話雖表述「懂勁」二字，但其義有二。

一是練拳者要懂得「一陰一陽之謂道」，才能進入懂勁階段。

二是內勁是陰陽相濟的產物。何謂「相濟」，濟，渡也，即渡到彼岸去；相濟，就是彼此相互濟渡，即陰渡到陽裡面去，陽渡到陰裡面去，陰陽二氣中和，變成中和之氣。中和之氣是一種新的氣機和氣質，氣機即能量，新的氣機就是開發人體潛力的新能量。

四曰，整勁。

李亦畬在《五字訣》中，敘述了前三字後指出：「四曰勁整：一身之勁，練成一家。」雖說是五字訣，實際上可歸結為一個「一」字，即心靜、身靈、氣斂、勁整、神聚五字，最後「練成一家」「一氣鼓鑄」。

常言道，太極拳就是整勁。所謂整勁，就是集中一身的精、氣、神、意、靈，開發體內潛力，練成渾然一體、混元為一的整體之勁。整體即一體，體現了萬川歸一、太極即一的妙道。

先賢關於內勁的論述，有些是屬於用勁、發勁的範

圍，如「運勁如抽絲」等，將在用勁章節中介紹。

第二章
懂勁之道

懂勁之道在哪裡？王宗岳指出：「雖變化多端，而理唯一貫。由著熟而漸悟懂勁，由懂勁而階及神明。」

接著又說：「須知陰陽；黏即是走，走即是黏，陰不離陽，陽不離陰，陰陽相濟，方為懂勁。」（《太極拳論》）

這是王宗岳提出的懂勁之道，可以分以下幾點來理解。

第一節 ◆ 懂一點易理

王氏所說：「雖變化萬端，而理唯一貫」的「理」，是指《易經》之理。因為該拳理首句所說「太極者，無極而生，陰陽之母也」，就是易理太極學說的核心，而且拳論本身就是一篇精彩的易學著作，整個太極拳體系都是以易理為靈魂的，所以「理唯一貫」的理，當然是易理了。

所以欲要懂勁，必須學習易理，懂一得易道。易理的中心是「一陰一陽之為道」，是唯變是適，趨吉避凶，也可歸結為一個「變」字，從變中求吉，從變中得一。這啟示我們，太極內勁是在變中求得的（修練就是變化的過程），也是在一陰一陽的變動中應用的（用勁的過程也是

變的過程），太極拳就是變易之道。

進一步說，《周易》是中華文化的最高元典，拳道從易道而來，它是太極拳心法的主宰，不懂一點易理難以從根本上弄懂內功心法。故本書特設「哲源篇」，並在「心法篇」中詳述了《周易》是太極心法的源頭及主宰。

第二節　◆　從著熟中漸悟

著熟，包括拳術一招一式的「著」，以及推手之「著」，兩者不可偏廢，都要熟透，才能漸悟懂勁。

拳諺說：「拳打千遍，其理自現。」又說：「功到自然成。」

這是鼓勵人們要晨昏無間、寒暑不易地長期修練，自然能豁然貫通，說得很對。

但是用功練拳要有正確的前提，就是要懂一點易理，以及每一招的理法心法，才能「其理自現」，內功有成。如果不明所以、不知就理地埋頭悶練，至少事倍功半，不知何年才能「功到自然成」，甚者原地踏步，更甚者謬誤滋生，事與願違。

有鑒於此，我們既在前幾篇中介紹易理與太極拳理，又在拳術篇中詳述每一招每一著的原理心法，便於初學者在「著熟」上下工夫，體悟每一著的理與法，從每一著的「著熟」中「漸悟」懂勁。

這「漸悟」二字很有意思。因為最好的理法，如果不去身體力行，便將淪為一紙空文，所以漸悟很重要。在日積月累的「漸悟」中，漸悟漸通，漸通漸懂，點滴積累，

聚沙成塔，豁然貫通而懂勁矣。

第三節 ◆ 須知陰陽

　　陰陽是個大題目、大概念，整部《易經》都是講的「一陰一陽之謂道」。所以懂勁就是懂陰陽變化之道。根據王宗岳拳論所說，至少要懂四點：

　　一是懂陰陽二氣在體內變化的法則，並依法進行修練，使二氣中和為一，成為混然為一的混元內氣，從而煉出混元內勁。

　　二是懂得黏走更是陰陽。王宗岳所謂「黏即是走，走即是黏」，是作為「須知陰陽」的內容提出的。因為黏者，陰靜也；走者，陽動也。所以黏與走，便是陰與陽。

　　黏，通常與沾字並提，稱作沾黏勁。而走，則與化勁有相通之處，常言道走化是也。因此懂得黏走之道，修練黏走之勁，是懂勁的重要內容。

　　沾黏與走化，在太極拳內勁中，尤其在推手的用勁中，有著突出的重要作用，擬單列一節專論之。此處只是點明它是懂勁的一大要義，以防疏忽。

　　三是弄懂陰陽原理在拳術中的各種對應關係，即動靜、虛實、剛柔、走黏、內外、上下、開合、快慢、提放、蓄發等等的對應關係，還要懂得這些對應關係及各種勁路在推手中相應變化的辯證規律，才算懂勁。

　　四是陰陽相濟為一體。「陰即是陽，陽即是陰，陰陽相濟，方為懂勁。」王宗岳這一懂勁的著名論斷十分深刻，又非常明確。它不是一般的所謂陰中有陽、陽中有

陰，而是說陰就是陽，陽就是陰，陰陽中和為一體了，進入了陰陽相濟的境界，方能稱為懂勁。

濟者，渡也。所謂相濟，就是彼此濟渡到對方裡面去，變為陰就是陽，陽就是陰，合成為一體。而這個「一體」又不是凝固不變的，它會隨著修練層次的提高，「愈練愈精，默識揣摩，漸至從心所欲」。

至於在臨陣用勁時，又因情況的瞬息萬變而要隨機應變，即「因敵變化示神奇」。如此看來，這「變」也屬於懂勁的範疇。

第四節 ◆ 「一羽不能加」

王宗岳拳論指出：「一羽不能加，蠅蟲不能落。人不知我，我獨知人。英雄所向無敵，蓋皆由此而及也。」

一羽不能加，既是一種比喻，又是一項要求，也是一種標誌。比喻練拳者的觸覺聽勁高度靈敏，連一根羽毛加身也能感應洞悉；要求練拳者懂得這一理法，並努力達到這種接近神明的境界，並把它作為衡量是否真正懂勁的一項標誌。

這種超乎尋常的感應，必須在至鬆至靜的虛靈狀態下才能獲得。懂得了「一羽不能加」的奧妙，就會在行功走架時放鬆入靜，及至進入虛靈佳境。

第五節 ◆ 懂勁的層次

懂勁不是一蹴而就的，它是從低到高、由淺入深、由

己及彼發展提高的。大致可分下列幾個層次：

一、未懂之前

起初，對太極內勁懵然不知。稍後，知其名但尚未知其實。

繼續習練，僅知一星半點皮毛，常犯「頂、匾、丟、抗」之病，不能謂之懂勁。

二、初懂之時

繼續進修，自以為懂勁，卻常犯「斷、接、俯、仰」之病。其實尚未真懂，處於似懂非懂之際、兩可之間，尚未掌握懂勁之準繩。

三、已懂之後

經明師指點，勤奮修練，揣摩體悟，以及同道研修，才能登堂入室，真正懂勁。真懂又有何準繩？

老拳譜指出：「胡為真懂？因視聽無由未得其確也。知瞻眇顧盼之視覺，起落緩急之所知，閃還撩了之運覺，轉換進退之動知，則為真懂勁！」（《懂勁先後論》）

四、與人懂勁

自己懂勁，只是一方，還有另一方，即由己及彼，與同道切磋，包括推手及研討哲理心法等，此謂與人懂勁。

老譜說：「於人懂勁，視聽之際，遇而變化，自得曲誠之妙形，著名於不勞，運動知覺也。功至此，可為攸往咸宜，無須有心之運用耳。」（《太極懂勁解》）

第六節　◆　生生不已

懂勁一詞，包括理法上弄懂以及實踐上掌握兩方面，兩者密切相隨，不可分離，須同時進行。

單就實踐上掌握來說，內勁的修練又經歷著出勁、長勁、蓄勁、用勁的過程，而且內勁的生長與蓄聚是生生不已、永無止境的，像太極圖旋轉不息、循環無端那樣。正如拳論所言「由懂勁而階及神明」。

按「生生不已謂之易」的易理來說，階及了神明，還要繼續修練，才能神而又明之。

第三章
混元本勁

第一節　◆　分清本勁與用勁

提起太極內勁，許多拳家可以一口氣說上很多很多。例如螺旋勁、纏絲勁、抽絲勁、懂勁、聽勁、接勁、黏勁、隨勁、走勁、引勁、拿勁、開勁、合勁、借勁、化勁、發勁、提勁、放勁、沉勁、長勁、寸勁、冷勁、截勁、虛領勁、彈簧勁、波浪勁等，加上太極八勁，不下數十種。這些都是拳家的體悟心得，言之成理。限於篇幅，諸家之說，暫不引錄。

綜觀諸家之說，太極內勁可劃分兩大類，即本勁與用

勁兩類。混元勁是本體之勁，可稱之謂混元本勁，其餘的都屬應用之勁。在應用範圍內，又因功用不同而出現了許多勁別名稱。其中有：

為首之勁（掤勁），內勁掤為首；

八方之勁（太極八勁），四正四隅，對應八卦之方位；

象形之勁（螺旋勁、彈簧勁、波浪勁等）；

臨陣應用之勁（聽、接、隨、黏、借、化、發等，以及相關的變勁）。

劃分勁別類型，可方便初學者弄清本勁與用勁的關係，眉目清楚，便於從本勁入手，步步深入。否則，面對琳瑯滿目的勁別，可能會因不知從何入手而感到迷惘。分清了體用，就可收綱舉目張、觸類旁通之效。如果把本勁比作樹根，那麼栽樹先培根，根深才能葉密。

第二節 ◆ 混元一氣

混元本勁，由混元一氣練成。

混元一氣，是指宇宙未成之前的混沌為一的太極一氣；比喻人體，則是人的先天元氣。人體的混元氣是由先天元氣與後天水穀之氣，以及天地靈氣化合而成。

簡言之，人體的混元氣，是天、地、人「三才」混渾為一的中和之氣，透過有效的修練法門，把體內的潛在能量開發出來，並蓄聚歸一，成為渾然一體的強大的新能量──太極混元勁，又稱太極混元本勁。

修練混元氣及混元勁的法門，有靜功與動功兩方面。

靜功，有太極靜坐法，以及無極樁、混元樁、兩儀樁、三才樁等樁功；動功，有基礎功及全套拳術招式。

換句話說，從靜功開始，直至全套拳術的每招每式，都是為了修練意、氣、神、勁、靈。這勁，就是混元勁；這氣，就是混元一氣。

第三節　◆　太極混元樁

修練混元內勁，以靜坐、靜站為基礎，其中以太極混元樁為先。「內氣篇」已介紹了混元樁的意義及行氣等法，此處側重介紹修練內勁的心法。

一、站樁姿勢

按「內氣篇」太極混元樁的站姿要求站立，此處從略。

二、內功心法

1. 靜能生慧

混元樁站定時，要全身放鬆，思想入靜。從初時的鬆靜，進入意靜、心靜、寂靜等層次，讓入靜逐步深化，乃至進入高層次的虛靜靜態，道家稱之為煉神還虛，即無意無為的虛明靜態。

「靜能生慧」，慧者，智慧與潛能的發揮。功到此時，由於大腦高度清靜虛無，所以無障無礙，無稽無查，使原來被壓抑的各種潛能，即潛意識領域中的潛在能量得以發揮，進入意識領域中，成為生命能量的驅動，於是人

體潛在的特異能量也得到驅動，被開掘和激發出來，形成新的能量——混元內勁。並在靜態中逐漸成長，以至「聚沙成塔」。

2. 抱元守一

在入靜過程中要抱元守一。抱元，即雙臂環繞著混元一氣的氣球，就是抱著天、地、人混渾為一的元氣。

守一，原指在入靜時意念集中守於身體某一部位的修練方法，此處指意守於太極一氣。

抱元守一，須在入靜狀態下進行。能守一，則能促進入靜的層次，所以守與入靜相輔相成。

3. 三氣共一

上述天、地、人「三才」之氣，在修練中要合而為中和一氣，即合為混沌元氣，「三一」又指精、氣、神的修練。《雲笈七籤·元氣論》說：「三一者，精、神、炁也。」《太平經》也說：「三氣共一，為神根也。一為精，一為神，一為氣。此三者，共一位也，本天、地、人之氣。神者受之於天，精者受之於地，氣者受之於中和，相與共為一道……三者相助為治。」（《令人壽治手法》）

所以站混元樁，要注意上丹田、中丹田、下丹田「三田」相通，以及前丹田（臍輪）與後丹田（命門）相會，合稱為三田相通、五田相會。其中關鍵是要存心，存心則存氣，存氣則存一，存一則混沌之氣不息。

4. 爭裏相摩

站樁時，相抱之雙臂要有相互爭裏的意氣，即吸氣時意想所抱的氣球向外膨脹，內氣從手背內側通向外側，有

爭突出去的意思（手臂不動，只是意念動），這是內爭。
同時意想體外的氣流向裡面裹，不讓內氣爭出去，這是外
裹。

當呼氣時，意想體外的氣流向裡面裹，而內氣卻向外
爭，不讓它裹進來，這叫做外爭內裹。

由吸氣時的內爭外裹及呼氣時的外裹內爭，構成了爭
裹相互摩合交感的內氣功能態。

5. 上下同息

調息以臍輪為中心，留心命門的出入。即吸氣時，由
臍輪吸氣，吸到命門；同時湧泉穴亦吸氣，吸至命門會
合，達夾脊，通於兩臂，向外爭去。

呼氣時，原路返回，至下丹田，分入於兩足湧泉，湧
泉穴暗暗地微微地踏勁。

此種上下同息法煉之日久，氣感與勁感會日益增強，
混元勁也會隨之悠然而生，漸漸成長。

6. 若有若無

以上幾點心法，修練時意念不可太強，只能若有若
無，即用文火溫煉溫養。如果用意過重，就會造成緊張，
過重的意念，本身就是緊張。

只有在完全放鬆的條件下，才能站好混元樁及其他樁
功，所以用意只能若有若無，有那麼一點兒意思，又似乎
什麼都沒有，朦朦朧朧，似有似無。

這實際上是心腦高度入靜、思想高度集中的境界，一
旦遭遇外界有什麼碰撞，立即有奇妙的反應，展觀李景林
描繪的「於無劍處，處處皆劍」的境界。

第四節 ◆ 總體修練

混元樁對於修練內勁的作用是非常明顯的。但是混元本勁的修練，不可能畢其功於一式，須總體一致努力。所以各個靜坐、靜站功法，以及拳術的每招每式都不可忽視。就拳架來說，不但一招一式都要注意修練混元勁，而且有些招式明顯側重於煉氣。

如預備勢、太極起勢、陰陽開合、劍形抱球等開頭四式，以及五氣朝元、十字還原等最後兩式，都有較多的煉氣練勁內容。試舉「劍形抱球」一式為例。

一、拳招釋義

這是本門太極拳的獨特招式，是李公景林把武當劍的神韻融於太極拳的突出一例。連同許多拳式的劍形劍意，使本門太極迥然不同。

抱球動作，在太極拳中不是可有可無的，而是極具深意、非常重要的，尤其是劍形抱球，不同於屈臂環形抱球，它要透過旋胯轉體、變換重心及內氣運轉所發出的螺旋勁意射向前方。而且它是混元一氣之抱球，而太極拳的整勁是以混元一氣為本的。其心法，可用始祖張三豐的一句話來描述，即：「內執丹道，外顯金峰」。

二、行功口訣

劍形抱球劍出鞘，
臍輪內轉煉丹道。
立體磨圈混元氣，

外顯金峰神光耀。

三、分解動作（見「拳術篇」）

四、內功心法

1. 全方位磨圈

抱球一式，是以有形的抱球動作修練無形的混元內氣。但是簡陋粗糙的抱球動作，無助於修練混元內氣，必須運用立體式的磨圈抱球才能奏效。

所謂立體式磨圈，首先在外形上要全方位磨圈。即在周身鬆沉的前提下，旋胯轉體，帶動兩手磨轉，並帶動踝關節意轉，使上、中、下全方位都要旋轉磨圈，僅是大圈、小圈、微圈的區別而已。

2. 內氣磨圈

在外形磨圈過程中，意想臍窩內轉，而且由臍至命門的前後左右皆要立體式的內氣運轉，促動體內的陰陽氣以及外界的靈氣做球形旋轉，使之中和歸一，日久生效。

3. 向外擴散

練至一定階段，還要意想內氣向外擴散，周身上下似乎正在出現一道氣牆，而且雙手還抱了一個氣球，進入「人在氣中，氣在人中」的境界。

4. 分清勁意

在磨圈抱球過程中，要明白勁意所在。平磨時，掌心含鬆沉沾黏之勁；及至劃弧抱球時，劃弧下抱之手含捯採、捲繞乃至掀掌之勁意；兩手相抱前伸時，在上之手含掤擠之意，在下之手含掀推之勁。

5. 揚眉劍出鞘

　　劍形抱球顧名思義，兩手抱合前伸時，要充滿「揚眉劍出鞘」的意、氣、神，雙目神光燦燦，拳意劍神相得益彰。

　　此「劍形抱球」一例，表明拳架的一招一式都要圍繞著修練混元氣、混元勁而展開。

第五節 ◆ 勁由圈中生

　　師門傳授，煉氣練功要在螺旋走圈中進行，即「勁自圈中生，勁自圈中發」。上述混元椿及劍形抱球，僅是二例而已，所有的功法與拳式，都要在圈中進行，無一例外。

　　「勁自圈中生」的法則，不是平白無故冒出來的，而是循著正確的原理、規律產生的。其原理就是太極學說中的太極圖旋轉不息之理，其規律則是太極圖標示的旋轉規律，其法則有形體與內氣之圈、有形與無形之圈，以及變異的橢圈、弧圈、曲線等等。從內勁的生長說，是「勁走螺旋」，從用勁來說，是「螺旋寸勁」。

　　鑒於螺旋走圈的重要性，特設一章專論之，詳見本篇第八章「螺旋寸勁」。

第六節 ◆ 混元勁的功用

　　混元勁作為太極內勁之本，內涵是豐富的，功用是全面的，集中體現在「內執丹道，外顯金峰」上。

一、修道煉性

太極拳是性命雙修之學，修練混元勁的過程，就是修煉丹道、性命雙修的過程。性者，心也、神也；命者，氣也、體也。

按現代的說法，即身體、心靈（靈魂體）整體健康。俗語說：「心寬體胖。」沒有心靈的淨化，就沒有真正的健康，更遑論完善的人生。

二、常保青春

混元勁的修練，須在放鬆安靜、內外走圈中進行。可使筋骨舒展，脈絡暢通，內氣運轉，內臟復元。

尤其是鬆腰開胯、旋胯轉體的動作，以及臍輪調息，命門飽滿，更能直接使命門添火，溫熱腎水，壯腎益肝，常保青春。

三、防邪氣入侵

混元勁煉至功深，身體周圍可以感到若有若無的氣牆出現，有利於抵禦風濕、寒暑、燥天等邪氣入侵。當然，這並不是武俠書中所寫的可以刀槍不入的護體罡氣，那是小說的虛構。但太極混元氣防止邪氣侵入，提高免疫能力，卻是完全能達到的。

四、開發潛力

混元內勁的修練到了一定火候，便能把人體的潛力（智能與體能的潛力）開發出來，激活出來，變成一種超常的新能量，稱作混元內勁，是太極拳的本勁。

由本勁而衍生為首之勁、八方之勁、象形之勁、臨陣使用之勁等各種用勁變勁。

第四章
掤勁為首

第一節　◆　掤字的含義

掤勁的「掤」字，拳家讀音習慣不一，有的讀近似「捧」音，有的讀如「朋」音，有的讀似「膨」，還有的讀「崩」。另有人讀古代音「兵」。（《辭海》1979 年 9 月版，載明漢語拼音：ㄅㄧㄥ）

掤（兵），指古代箭筒的圓形筒蓋。太極先賢把它移植到拳術中來，作為太極內勁的一種專用術語，肯定具有深意。掤字的深意何在？它似乎在說，從人體潛能中開發出來的新能量，積累已久，已堪使用，於是好比揭開筒蓋，從內取出利箭，挽弓放射，內勁一射而出，一箭中的。而且還比喻掤勢手臂似弓把，能受力，有彈性，可放射。總之，掤字之義，喻示掤勁具有能蓄聚、能受力、能彈發，又善變化等功能。

由掤字而至掤勁，最重要的一點是，掤勁是混元內氣內勁的向外爆發。先師教授掤勢時，再三督促我們，要修練好混元氣，使身體像打足了氣的大皮球，彈性足。先師還風趣地伸出右手，二指在左掌心上彈兩下，笑著說，要

彈得嘣嘣響。所以我們有時把掤讀作「崩」，暗喻山體內部的能量盈足已極，終於山洪暴發，一瀉千里。

諸多拳家，對掤字的含義有不少解讀。或說掤乃捧也，捧物之意。或說掤乃膨也，如氣球之膨滿而已。或說掤乃烘托也，向前上方斜線（弧形）承托而起，禦敵來手。或說掤乃非抗也，手向外掤，意卻黏回。或說掤乃喻兩臂似圓球，具圓撐力。或說掤乃彈簧之意等等。

總之，太極之掤字，與說文解字有所不同，是太極拳的特殊用語，內含太極內勁及拳勢拳法之意。

第二節 ◆ 掤，位列太極十三勢之首

「太極拳，一名長拳，一名十三勢。長拳者，如長江大海，滔滔不絕也。十三勢者，分掤、挒、擠、按、採、挒、肘、靠，此八卦也。進步、退步、左顧、右盼、中定，此五行也……合而言之，曰十三勢。」（王宗岳《太極拳釋名》）

註：上世紀 70 年代《張三豐煉丹秘訣》問世，其中有太極拳釋名的內容，與王氏此文基本相同，僅少數修飾文辭不同，故有學者認為該文非王宗岳著，王僅是傳承。是王著，還是王傳，可留待考證。

筆者認為，即使是王傳非著，也是創造性的繼承發揚。如果沒有王宗岳筆之於書，可能在上世紀 70 年代以前的相當長的時間內，世人還不知道有此太極拳經。所以把它看成張、王並說，也不為過。

張、王所說十三勢的「勢」，與人們常說的太極八勁

的「勁」，以及太極八法的「法」是何關係？

勢，指總體而言。太極拳的拳勢總體上只有十三勢，其餘的許多招式，例如 37 式、72 式、108 式等，都是十三勢的變化。

勁，指太極內勁，主要有混元本勁以及掤、捋、擠、按、採、挒、肘、靠八勁。

法，是勢與勁的使用法，如太極八法等。假如從體用的角度說，則勢是本體，勁與法是應用。

三者的關係，也可以理解為是一個整體。說「勢」的時候，包括了勁與法；說「勁」與「法」的時候，亦包括「勢」在內，三者時時合在一起。

這篇《太極拳釋名》，實際上是透過釋名，對太極十三勢給予明確的定位。大家可以從上述引文中看到，掤，赫然位列十三勢之首位。

第三節 ◆ 掤，對應後天八卦的坎位

前引用《太極拳釋名》時，省略了幾句，補錄如下：「掤、捋、擠、按，即坎、離、震、兌，四正方也；採、挒、肘、靠，即乾、坤、艮、巽，四斜角也。此八卦也。進步、退步、左顧、右盼、中定，即金、木、水、火、土也，此五行也。合而言之，曰『十三勢』。」

首先要說明一點，過去由於王宗岳此文流傳的版本較多，不同的版本，對太極八勁與八卦的對應位置也不一，為了方便分析，須有一個準繩。

我們現今採用的，是《張三豐太極煉丹秘訣》中的相

關經文，並對照人民體育出版社 1991 年出版的《太極拳譜》中王宗岳的經文，兩者關於八勁與八卦對應位置的表述完全一致，故以此為準進行分析。

在上述經文中，張三豐、王宗岳把太極十三勢與八卦、五行一一對照定位。其中掤勁的對應卦是坎卦，而坎卦排在首位，所以掤勁列於眾勁之首。把坎卦列在首位，是後天八卦的排列法，先天八卦是乾卦排在首位的。什麼是先天八卦、後天八卦，需要介紹一些基本常識，才能敘述下去。

先天八卦相傳為伏羲氏作，後天八卦是周文王所製。先天八卦代表宇宙本體法則，後天八卦根據宇宙法則，應用於萬事萬物，前者是本體，後者是應用。本原法則是不變的，應用之法可以變。

茲將先天八卦、後天八卦列圖於後：

先天八卦圖

後天八卦圖

上述兩圖，說明先天卦與後天卦的卦位順序不同。先天卦的第一卦是乾卦，而後天卦的第一卦是坎卦。它還說明卦位排列的方向也不同，先天卦的四正方是乾南、坤北、離東、坎西；而後天卦的四正方是離南、坎北、震東、兌西。

上圖還表明，先天卦代表的天、地、日、月、山、澤、風、雷八種自然現象是不變的，所以後天八卦不能改變先天的屬性。

張三豐、王宗岳採用後天八卦排列法，並沒改變先天屬性，如坎卦仍然代表月亮，雖然在六十四卦中的坎卦其象為水，但水月同屬陰柔。

那麼，為何要採用後天卦呢，目的是為了太極拳的應用，便於標明太極內勁的屬性。

除了用後天八卦對應外，還要與五行、乃至天干、地支對應，才能完整地看出內勁的屬性。所謂五行及干支，也是宇宙變化規律的符號，或稱代號。

　　五行，即金、木、水、火、土，它們代表天體的五個星球，即太白金星、歲星、辰星、熒惑星、鎮星。

　　天干，指上述五大星球所發射的功能，不斷地對地球進行干擾。這種干擾的性質，就稱之為「天干」，分作甲、乙、丙、丁、戊、己、庚、辛、壬、癸十項。

　　地支，指地球本身的放射能，其代號稱作「地支」，分子、丑、寅、卯、申、酉、戌、亥，十二個時辰。

　　五行，也有東南西北的方位，它是古人按八卦原理排列的，即金—西方，木—東方，水—北方，火—南方，土—中央。茲列圖如下：

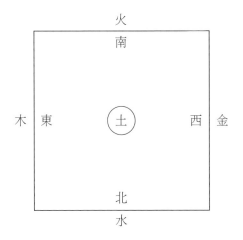

　　從兩幅八卦圖及五行方位圖，可以看到太極八勁的方位、各自對應的卦位、屬性。

　　以掤為例，掤勢對應後天八卦的首卦坎卦。坎卦的卦象為月，主陰柔；卦位在北方，五行的北方為水。所以掤勁的屬性屬水月，主陰柔。

　　從這裡，我們可以領會到張三豐、王宗岳把掤勁排在

後天八卦首位的用意了，也可以知道為什麼太極拳是專氣致柔的拳術了。

第四節 ◆ 掤，雄踞太極內勁之首

掤勢、掤功、掤法，在太極拳中穩坐「三首」之位，不僅位列十三勢之首，對應後天八卦之首，而且雄踞太極內勁之首，在太極拳中擁有特別重要的地位。

確立太極八勁以掤為首，不僅僅因為它排在首位的緣故，而主要因為掤並不限於一招一式，而是貫徹於各招各式之中，而且灌注於身體的任何部位，渾身皆具掤勁之意、氣、神，故太極八勁以掤為首。

之所以如此，是因為掤勁是由混元內氣（混元一氣）煉成的。

混元之氣，是指天地未分之時，宇宙未成之前，是混沌為一的太極之氣（又稱太極一氣）。比喻人體，則是人的先天元氣，但由於後天失調，元氣日衰，故要透過修練太極，培本固元，恢復元氣。

人體之混元氣，是由先天元氣與後天水穀之氣以及天地靈氣化合而成，簡言之，人之混元一氣是天、地、人「三才」之氣混渾為一之氣。

其修練法門，先師曾傳李公景林提煉的「天蒂合修法」，即通過臍輪（命蒂）調息與神（天根）聚於頂，修自身的陰陽中和之氣，並與天地靈氣中和為一，復歸太極混元之氣，從而煉出太極混元內勁，表現在拳勢勁路上首先是掤勁。所以掤勁又稱混元一掤。

這混元一掤，在不同情勢、不同方位、貫注於不同部位以及出於不同使用目的時，便變化成各具特色的太極八勁，而且也是所有內勁勁路包括用勁、變勁等等在內的勁路的本質與後盾。

換句話說，其他諸勁中都含有掤勁。例如捋、擠、按等勁均有掤勁貫徹其中，一旦喪失掤勁，則難有作為。假若捋中無掤勁，則有名無實；擠中無掤勁，則如無本之木；按中無掤勁，則似無根之萍。

先師經常提到當年先生（李公景林）的教導：「太極拳就是練的掤勁，它勁走螺旋，無處不在，無時不在。」就是說，修練混元一掤，體現了「萬法歸一」的原理，所謂得其一而能萬事畢矣。

混元掤勁並非虛無漂渺之物，而是看得見、摸得著的。它的特徵表現在兩臂上，則渾厚圓撐，外示柔綿，內寓純剛，靈活沉重，富有彈性，平時含蓄，一觸即發，形如彈簧，一彈中的，一放即蓄，生生不已。

掤，不僅是諸勁之首，而且是太極內勁之本。因為掤勁主陰柔的本性，就是太極拳的屬性。

第五章
掤勁的屬性

在《太極拳釋名》中，張三豐、王宗岳依據八卦五行的原理，對應太極十三勢的屬性，一一作了明確的歸屬。其中掤勁對應坎卦，屬性月亮，取象為水，主陰柔。這在

上文雖已提及，尚須進一步闡述，以明究竟。

第一節 ◆ 坎卦象徵月亮和水

八卦有先天與後天之分，先天八卦中的坎卦象徵月亮，居西方，順序號排在六位後；而後天八卦中，坎卦排在首位，居北方，取象為水。八卦兩兩重疊便演變成六十四卦，其中坎卦排在第二十九卦。

我們現在要介紹的就是六十四卦中的坎卦，卦形是☵，口訣是「坎中滿」。

六十四卦每一卦都有卦辭，總的解釋這卦的義理。還有爻辭、彖辭、象辭等文字，從各個側面闡發其義。

坎卦的卦辭說：「習坎：有孚，維心亨，行有尚。」

歷代學者對坎卦的義理作了許多精彩的註釋，藉以說明坎卦對人生的啟發。這裡主要說說坎卦取象為水與掤勁屬性的關係。

宋代大儒朱熹註釋道：「習，重習也，險陷也。其象為水。陽陷陰中，外虛而中實也。此卦上下皆坎，是為重險，中實為有孚心亨之象，以是而行，必有功矣。」（《周易本義》坎卦）

朱熹指明坎卦取象為水，與先天八卦說坎卦代表月亮、後天八卦說坎卦居北方屬水是一回事，說明六十四卦中的坎卦，既代表月亮，也象徵流水。

既然坎卦對應掤勁，掤勁的屬性當然是水、月了。

第二節 ◆ 掤勁如水負舟行

掤勁的性質屬月也好，屬水也好，均主陰柔。老子說：「天下莫柔弱於水，而攻堅強者莫之能勝。以其無以易之。」（《老子七十八章》）意思是說，天下萬物沒有比水更柔弱的了，但是所有的攻堅者都不可能勝過它，因為沒有辦法改變水那柔弱的本性。可見表面柔弱的水，內含無限強大的生機，是不可戰勝的，反而能夠弱勝強、柔勝剛。

所以，老子接著說：「弱之勝強，柔之勝剛，天下莫不知，莫能行。」雖然天下沒有人不知道柔弱勝剛強的道理，但沒有人能實行，因為人都爭強好勝。

從這裡我們進一步明白張、王二賢把掤勁與坎卦對應的目的，是為了讓練拳者懂得弱勝強、柔勝剛的道理，除掉爭強好勝之心。我們在「心法篇」中已提到要以恬淡平和之心練太極，只有這樣，才能練成像流水那樣柔弱而又莫之能勝的太極內勁。

老拳譜中對掤勁屬水有一生動的比喻：「掤勁義何解，如水負舟行。先實丹田氣，次緊頂頭懸。周身彈簧力，開合一定間。任爾千金力，飄浮亦不難。」比喻柔弱如水的掤勁，無論你是小舢板，還是航空母艦，都能載浮載沉，負之而行。這一比喻是何等的生動而恰當啊！

第三節 ◆ 掤勁屬柔，不屬剛

對於掤勁，常見拳家另有一比，叫做「似綿裹鐵」

「綿裡藏針」。這種比喻首先肯定了掤勁「似柔綿」的屬性，再用鐵、針比擬剛強。揣摩比喻者的用意，是表明外柔內剛、外虛內實的意思，所以也是通達的。問題出在流傳過程中，有的對「鐵」與「剛」的理解有異。這兩個字並非同義詞，用作比喻尚可，如果把它們等同起來，就會產生誤解，誤以為「掤勁屬剛，不屬柔」。這樣的表述實有商榷之必要。

柔與剛的命題，較早見於《周易》。在六十四卦及《繫辭上傳・下傳》和《說卦傳》《雜卦傳》中，多處直接提到剛柔命題。綜觀易說，柔與剛代表陰與陽。正如唐代大儒孔穎達所說：「剛柔，即陰陽也。論其氣，即謂之陰陽；論其體，即謂之剛柔也。」（《周易正義》）

八卦就是由陰爻與陽爻兩個符號組成的，再加以兩兩重疊而演成六十四卦。例如六十四卦的第一卦乾卦，六個爻都是陽爻；第二卦坤卦，六個爻都是陰爻。這一陰一陽組成的六十四卦，能夠推演出萬事萬物。其中最著名的論斷，是《繫辭上傳》第一章所言：「剛柔相摩，八卦相盪。」摩，即相互摩切、陰陽交感，萬事萬物都產生於陰陽交感。

所以，剛與柔在《易經》中是代表陰陽二氣交感變動的意義。同時，對於「剛」，《易經》還賦予陽剛誠信、剛健美德等涵義，但未見賦予「如鐵」意思。

因此，依據《易經》的原理、坎卦對應掤勁的定位，以及坎卦卦義的定性，掤勁的屬性應屬柔，不屬剛。

翻開張三豐、王宗岳等先賢的拳經秘訣，只說到「極柔軟，然後極堅剛」、「養氣者純剛」等語，未見比作

「鐵」的。即使武禹襄說到「運勁如百煉鋼」，其用意在「百煉」上，因為「百煉成鋼」這句成語，內涵很寬，應用範圍很廣，培養人才也可稱做百煉成鋼，所以無人因此而說掤勁屬「鋼」。

其實，太極拳的柔與剛有其自身的規律。老拳譜《太極下乘武事解》對剛柔關係有一段精妙的論述：「太極之武事外操柔軟，內含堅剛而求柔軟，柔軟之於外，久而久之自得內之堅剛。非有心之堅剛，實有心之柔軟也。所難者，內要含蓄堅剛而不施外，終柔軟以近敵，以柔軟而應堅剛，使堅剛盡化無有矣。」（轉引吳公藻《太極拳講義》）這段論述，對太極內勁的描述入木三分，尤其是「非有心之堅剛，實有心之柔軟也」，以及「所難者」句，更是發人深省，掤勁乃至太極內勁主陰柔的屬性便昭然若揭了。

第四節 ◆ 純柔者純剛

掤勁屬水月，主陰柔的屬性，還可以從另一個層面作探索與認識，即從防止產生「入於硬拳」的偏向上分析。

這個問題是《八五十三勢長拳解》中提出來的。該文說：「自己用功，一勢一式，用成之後，合之為長，滔滔不斷，週而復始，所以名長拳也。萬不得有一定之架子，恐日久入於滑拳也，又恐入於硬拳也。決不可失其綿軟、周身往復、精神意氣之本，用久自然貫通，無往不至，何堅不推也。」

這一拳論在解釋了何謂長拳後，更進一步闡述柔與硬

的問題，指出普遍存在的兩個偏向：滑拳與硬拳。特別告誡後學者「決不可失其綿軟、周身往復、精神意氣之本」，鼓勵習拳者只要堅持用久，就自然貫通，無往不至，何堅不摧。

所以我們行功走架時，要切切貫徹決不失其鬆柔及精神意氣之本，積柔成剛，達到「養氣者純剛」的境界。

純剛者，其本質屬性還是柔軟。譬如水，在涓涓細流或平湖秋月時，顯得恬靜、柔和、優美，但當它形成噴射的水柱時，柔和變成了剛強，衝擊力很大；一旦變成了暴發的山洪，那就更加至剛至強了。水柱也好，洪水也罷，它們仍然是水，水性未變。

正如太極拳積柔而成的剛，其本質屬性依然柔性，不過那已變成精柔、純柔的柔了。

武當丹派第十代宗師李景林認為太極拳是柔中之柔的拳術，此說與上述先賢所論吻合。李公說：「今人輒曰柔能克剛，又曰太極拳柔中之柔也。然柔何以克剛及意義何在，雖古人拳歌，與王宗岳先生亦曾言之，然初學之士，未必徹能領悟。」

先師在講授鬆柔原理心法時，一再提到李公關於柔中之柔的教導，並說本門煉功心法總訣的兩句話：「修陰陽中和之氣，煉天地至柔之術。」這至柔之術，就是純而又純的柔，其中一點點雜質也沒有，百分之百的潔淨，從而化合為純剛。所以純柔則純剛，剛者純柔，弱柔如水，莫之能勝。

（註：上述李景林所言，原載姚馥春、姜容樵著《太極拳講義》的「李景林序言」。李公此序寫於 1929 年 11

月 4 日，自云「序於武林容次」。該書 1930 年在上海出版。2000 年 8 月，山西科技出版社為弘揚國術、保存國粹，特予影印重新出版，可惜疏漏了「李景林序」）

第五節 ◆ 掤勁似挽弓滿月

掤勁對應坎卦，除給掤定位、定性外，還另有一些象徵意義。例如喻示掤勁如弓輪。

《說卦傳》第十一章對坎卦作了多種取象比喻，其中說：「坎為水……為矯柔，為弓輪……」《周易集解》引宋袁的解釋：「曲者更直為矯，直者更曲為柔；水流有曲直，故為矯柔。」又引虞翻註釋：「可矯柔，故為弓輪。」所謂「矯柔」「弓輪」，都是變異的形態，因為履險而變化自己的態勢，變成矯柔曲折、彎弓輪轉的象義，以利脫險。

用此坎卦象義對應掤勢、掤勁，恰如弓輪之象。

本門太極大架中的「上步掤勢」的螺旋橫掤、「金童推手」中的單手正掤和「攬雀尾」中的雙手正掤，方向態勢雖異，但其理則一。

即手臂圓撐如弓，像半月形，尤其是單手正掤，活像挽弓滿月；而且混元內氣鼓盈，如流水有恆，無往不至，氣與勁有盈滿外撐之感。

聯繫上章一節中關於掤字含義的介紹，推想太極先賢受《易經》坎卦象義的啟發，採用古音「掤」字作為拳勢的一個專用名詞，以示取出利箭、挽弓滿月、彈發而出的象義。

第六節 ◆ 修練掤勁，常保青春

坎卦對應掤勁，又有一個象徵啟示，即修練掤勁，可以補腎利肝，常保青春。

前已介紹，坎卦為水，正北方之卦，因此中醫理論把坎卦比作人身之腎水。《周易與中醫學》認為：「水為至陰，為生命之源，萬物之祖，故水為天之始數，腎水居北方屬坎卦。」「腎陰為五臟陰之本，腎陰關係著全身陰陽的平衡，因為水為天數之始萬物之基，故顧護腎陰（精）為永保生命的第一要義。」（楊力著，1990 年北京科技出版社第二版）

我們再看一看坎卦的卦形就更容易明白。其卦形上下都是陰爻，中間一個陽爻包於二陰之中，表明腎水並非純陰，而是陰中含陽，那寶貴的一點陽剛之氣，就是腎中之精，必須細心保養，決不能耗散。

不少人因腎虧而體質日降，青春衰退。而且從五行生剋關係說，水生木，木屬肝。所以養腎濟肝，是永保健康的第一要義。

中國醫學到明代有了新的發展。明末大醫家張景岳把坎卦既比作兩腎，又比作命門。他在《景岳全書》中說：「腎兩者，坎之外偶也；命門一者，坎中之奇也，一以統兩，兩以包一，是命門總主手兩腎，而兩腎皆屬於命門。故命門者，為水火之府，為陰陽之宅。」中醫史稱張景岳完備了命門元陰元陽和陰陽互根理論，將命門醫理的發展提升到一個新的高度。

張氏的高論，對發揮坎卦與掤勁的對應作用，從而促

進煉勁養生有著重要的啟示作用。

例如，李景林提煉的臍輪調息、命門相濟的內功心法，與張氏的命門醫理相通。其法在「內氣篇」中已有所述，這裡提示兩點：

一、練習掤勢時的調息法

以第四式「上步掤勢」為例。

在抱球蓄勢時，意想由臍輪吸氣，臍窩微微內斂，把氣一直吸至命門，使命門氣充盈飽滿；接著上步呼氣作掤時，意想氣由命門向前送注入下丹田：同時命門微微向下一坐，意想內氣及內勁貫注兩腎，佈滿雙臂，流及全身，並懸頭垂尾神貫頂。

這樣習之日久，便能鼓起命門之火，溫暖兩腎，活躍腎中之陽，從而補腎益精，常保青春。

二、行拳時意領小指

手掌五指，分別代表五臟，即中指代表心臟，食指代表肝，拇指代表脾胃，無名指代表肺，小指代表腎臟。

行拳時，意領小指運行，使之與腎臟及命門相合，以求水火相濟，補腎利肝。

可見坎卦對應掤勢掤勁，不僅定位定性，而且啟示多多。如果全面探討太極十三勢與八卦五行的關係及其啟示，那是另一個內容非常豐富的專題，有機會將另撰專著。

第六章
《易經》八卦與太極八勁對應的奧義

第一節 ◆ 八卦對應八勁的依據

在第四章和第五章，談到八卦與八勁的對應關係，但僅是圍繞掤勁而言的，現進一步從整體上分析八卦與八勁的對應關係。

首先要確定分析的依據。

由於《太極拳釋名》歷來傳抄的版本較多，八勁與八卦的對應位置也不盡相同，甚至同一門派的抄本也有出入。例如楊澄甫《太極拳體用全書》附錄的太極拳論中，關於八勁與八卦的對應是「掤捋擠按，即乾坤坎離四正方；採挒肘靠，即巽震兌艮，四斜角也」。（上海書店1986年影印版）

但是，楊澄甫的門生陳微明在他的《太極拳術》一書中所作的「太極拳論注」中，關於八勁與八卦的對應則是另一種說法。他說：「掤捋擠按，即坎離震兌四正方也；採挒肘靠，即乾坤艮巽四斜角也」。（中國書店1984年影印版《太極拳選編》）

顯然，楊澄甫轉錄的內容是先天八卦的排列次序，而陳微明轉錄的論注是後天八卦的次序。

以先天為準，還是以後天為準，這對太極拳來說關係重大。如果以先天為準，則掤勁對應乾卦，乾卦六爻皆

陽，乃盛陽全剛之體，這就牽涉到太極拳是柔性拳術，還是陽剛拳術的根本問題。

按照太極拳的哲理、特徵、心法要領以及先賢拳經分析，似應取後天八卦為準。但是，不同的版本，如何取捨呢？筆者選擇了兩個版本。一是《張三豐太極煉丹秘訣》，二是 1991 年出版的《中華武術文庫・古籍部》的《太極拳譜》。

前者是道學專家肖天石先生，為彌補道家經典漏散湮沒的缺憾，從民國初年起，踏遍名山洞府，參訪道佛名師，歷時五十餘年，得散佚的丹經秘藏八百餘種，經潛心整理，選刊《道藏精華》，並於上世紀 70 年代由台灣的自由出版社出版，其中第二集為《張三豐太極煉丹秘訣》，內載《太極拳法訣》的後半部分就是太極十三勢的內容，其關於八勁與八卦的對應，採取後八卦的次序。《張三豐太極煉丹秘訣》，已被收入《中國道教養生大全》《東方修道文庫》以及一些太極拳著作中，被認為是太極拳的珍貴史料。

後者是人民體育出版社為繼承發揚武術文化遺產，編輯出版了一套《中華武術文庫》系列叢書，《太極拳譜》是其中之一。

這一《拳譜》，由沈壽先生從事收集、整理、點校，歷時三年有半，共收各家太極拳古典理論文獻一百四十篇及有關序、跋、題記等七篇，是歷來收文最多、內容最為豐富的一部太極拳譜。其中王宗岳的《太極拳釋名》，關於太極八勁與八卦的對應，採取後天八卦的排列，並有編校者的「校記」說明。

　　這兩個版本，關於八勁與八卦的排列完全一致，比較可信。筆者以此為據，展開論述。

第二節　◆　掤勁贅言

　　由於掤勁在太極內勁中的突出地位，筆者已用兩章的篇幅作了詳論，說明它是混元一擁，雄踞「三首」之位，與坎卦對應。

　　其性水月，純柔純剛；其象滿月，可彈可承；其勁混元，周流全身；貫注拳招，無處不在，致有「太極拳乃掤勁」之說。

　　前面既已詳論，此處本來可以不列掤勁一節，考慮到作為太極八勁乃是一個整體，若不設一節，在體例上似有「缺角」之嫌。而且在練勁用勁上，還可作些具體發揮，所以設此一節，贅言幾句。

　　且不說一招一式內都會有掤勁掤意，就以身形動作來說，尚有許多變勁可舉。

　　例如，本套路第二式「陰陽開合」的開掤勁，以及「劍形抱球」中的擠掤、「玉女浣紗」中的挑掤、「風輪手」中的上捋掤、「雲開手」中的側上掤、「復勢穿梭」中的上穿掤、「搬攔捶」中的搬化掤，還有「十字手」的上叉掤，等等，加上以「掤」命名的三個招式，可謂變化多端。

　　如果仔細分辨，還有很多變勁可說。至於在推手中，掤勁的變勁就更多了，可詳為參悟。

第三節 ◆ 捋化捋發

一、捋字的字義

捋者，布也、舒也，意即舒散來力。例如對方擁我，我即向一側斜捋之，以舒散其力。

二、捋勁的卦義

捋勁與八卦中的離卦對應，其卦形是 ☲ ，口訣是：「離中虛」，卦象為火，為光明。

卦辭說：「離：利貞，亨。畜牝牛，吉。」何謂「離」？本卦的象辭解釋道：「離，麗也。」這個「麗」不是通常說的意義，而是附著、依附的意思。

所以，象辭接下去說：「日月麗乎天，百穀草木麗乎土。重明麗乎正，乃化成天下。柔麗乎中正，故享；是以畜牝牛，吉也。」

再聯繫本卦的象辭、爻辭及各家的解釋，離卦總的意思是，天地萬物必然依附著某種物體，才得以生存，如日月附在天上，百穀草木附著大地生長，但附著必須持守光明正道才能化成天下，必須具有溫順柔和的德性，才能享通吉利。人若要取得成功，或者陷落困境時，必須依附光明，附麗大人，中正柔順，才能脫險，獲得成功。

「依附」之義，與太極拳的沾連黏隨相符。它喻示，用捋動時必須附麗於擁勁這個「大人」，以擁為後盾，並柔順地依附著對方來勁的走向而動，才能捋化來勁，並乘勢發勁。

三、捋為柔化

捋勁，是太極拳中常用的一種化勁。凡順著對方來力的方向，向自己身側（或左或右）牽引，以化解來力，並乘勢進發者，謂之捋。

通常用法是，將自己雙手依附對方之上，即一手沾拿對方腕部，一手黏附對方肘部，由腰腹發動，順勢牽引，使來力落空，乘對方失空失中之際，迅速用擠、按等法發放，即所謂「引進落空合即出」也。

捋化成敗的關鍵，在於能否鬆柔沾黏，自己黏附於對手上的手腕等部，必須極為鬆柔溫順，不易為人察覺，加上善用腰腿之功，才能引進落而奏效。

四、捋能放人

捋勁不但主化，若得機而又得法，也能直接把人捋之前仆或下跌，關鍵在於柔、沉、正、變、滾、旋、掤等七字。即全身放鬆，兩手柔順，腰胯鬆沉，上體中正，變換重心，旋胯轉體，前臂滾翻，捋中含掤。這幾點要修練為一，渾然一體，到此地步，就能施出「引之使來，彼不得不來」的威力。

捋之放人，可舉二法。

1. 為滾肘捋

以右式為例：用黏附在對方肘關節上的我之右掌根（近尺骨處）做滾腕、滾肘狀，由腰胯旋轉突然向我左側方滾捋而去；同時我左手黏執對方手腕，乘勢向同一方向引帶，能將對方捋出。

2. 為下墜挒

以右式為例：右手掌黏執對方左手腕，左手掌黏執對方肘關節，右腳後撤一步，重心速移，向下坐身屈膝下沉，成左仆步；同時兩手乘下沉之勢，毫不滯疑地向下、向後墜挒，使對方傾倒。另一情況，在撤步墜挒過程中，我腰胯及丹田迅速內轉，用螺旋勁帶動兩手捲旋，若得法，可使對方滾翻倒地。

五、挒中含掤

挒中含掤，不僅因為掤勁貫注於各招各式之中，更因為掤、挒相通，挒勁相承於掤勁而來。當掤勁承接對方來勁之際，用挒勁牽引走化時，我兩臂必須充滿掤意，否則就會被對方「吃癟」，無法挒化，反被對方直入我胸部，把我發出。所以，掤勁是挒的前提，拳諺說「掤勁不可丟」也。

平時行功走架，就要本著掤勁不可丟的原則，明確挒中含掤。例如，本門復勢攬雀尾一式中，有斜上挒與平挒兩種，都要兩掌鬆柔，兩臂含掤，以掤勁為挒勁的後盾，否則將如無根之木，被人一碰則倒。

六、挒在掌尺

這是指使用挒勁時，我前面的手用什麼部位去黏附對手。如果用尺骨去黏挒，稱作「挒在尺中」；如果用掌心黏挒，稱作「挒在掌中」。

兩法均可靈活使用，前面說的挒化、挒發過程中，都有挒在掌、尺之意，不妨細察。

七、捋法多變

捋法不止一種，而是多種多樣。

從捋的方向說，有斜側捋、平按捋、橫向捋、側下捋、下墜捋，還有斜上捋等等。

從變勁說，有掤中變捋、按勢變捋、擠勢變捋等等，只要形勢需要，不少勁勢都可變成捋，所謂因時因勢制宜也。

八、坎離交泰保青春

中醫理論把坎卦比作人的腎水，把離卦比作心火，認為坎離交媾、陰陽交泰，能使人體水火相濟，祛病長壽。

道家修練內丹的坎離交媾，就是心腎相交，水火相濟，這是小周天的功夫，目的是培養元氣，返本歸原，常保青春。

我們練掤、捋兩勢時，可按坎離交泰的要求去做。

其心法是：以「右攬雀尾」為例，當右弓步掤時，意氣經命門向右腎轉行輸送；坐身回捋時，意氣由右腎經命門轉向左腎；當轉腰前擠時，意氣再由左腎轉至命門而達兩腎。

這種過程，是命門與左右兩腎的水火相濟以及心腎之間的水火相濟。

在行功練拳過程中，若能放鬆安靜，心火下降，鶴息歸臍，水火相濟，則可常保青春。

第四節 ◆ 擠勁若雷

一、「擠」字的字義

擠者，挑也、撞也、推也，以手向外擠物之謂。

二、擠勁的卦義

擠勁與八卦中的震卦相對應，其卦形是 ䷲ ，口訣是：「震仰盂」，取象為雷，象徵雷聲震動。原義喻示君主發令，震驚百里，莫不謹慎行事，保安其福，遂至笑語聲聲，得到整肅。又喻示要修身省過，開拓「享通」的境界。此卦義內涵「處危而後安」的哲理。

這一「震」字以及處驚不慌的風範，對修練太極擠勁有直接的啟示作用。

三、擠勁若雷

擠勁擠法是以進攻為主的招法，即在捋化得機得勢時，向前排擠、撞推（彈發）之法，乃是用自己的肱部（前臂）擠擊之法。其勁發出，要狀若奔雷，有震驚百里之勢。這是指臨陣使用時的意、氣、神、勁而言，至於在盤架子時呈現的則是一種暗勁，即有此意，並無此形，而在推手或實用時則要形神兼備，震雷而發。

其心法訣竅在於「外擠內掤」一訣。即外形是擠勢，而內在卻是掤勁。若無掤勁之爆發力，難以擠若震雷。

所謂盤架子時用暗勁，是指有此一念，初練時意念明確，功深後若有若無。以「攬雀尾」右式為例，當捋勢得

機時，迅即轉身搭手，自己的左手腕黏搭在自身的右脈門附近（右臂弧形橫排，左臂斜弧相搭），沉腰進身前擠時，意想掤勁像山洪暴發似地由兩臂噴射而出，即所謂擠彈勁也。

四、柔和合力

擠法，通常情況是雙手合力前擠，即後手貼在前手內側向前擠去，上節所舉「攬雀尾」右式，就是雙手合擠之例。若要合力得法，必須注意三點：

一是兩臂須圓撐似弓，貫滿掤勁。

二是前臂必須柔和溫順，宛似貼在對方身上的軟墊子，即使在彈發的瞬間仍然是鬆柔的。這樣既不為對方察覺，又能使內勁毫無阻礙的傾瀉而出。

三是前後兩手擠發的時間，表面上似乎是同步的，實際上有先後。應當後手先啟動，由後手促前手，不過時差微乎其微，外形上看不出先後，只有自己才知道。

為何要後手促前手呢？保持前手始終柔和如一，為了使前後兩手更能協調一致，產生「合力」的威勢。若是前手先動，由前手帶動後手，難免前後脫節，哪怕是微小的脫節，也會影響合力的效果。

五、加肘一擠

擠者，一般是雙手合力橫排前擠，而加肘一擠卻是單手臂向前上方斜直前擠。這是李景林在總結前人擠法基礎上的發展，也是李公及先師常用的一種擠法。其特點是在環手雲摩的過程中，前手於中途突然改變方向，以肘部催

動肱部（前臂）及腕掌向前上方擠出，具突然彈發之狀。

　　加肘擠，又名雲摩穿化擠。後面「拳術篇」中有兩處介紹加肘擠的練法。一處是第七式「雲擠手」，一處是「複式攬雀尾」中的「九勢穿化加肘擠」，有興趣者可參研。

　　這裡提一提其中的心法要點，主要是鬆沉、滾翻、穿擠三點。鬆沉者，即在雙手雲摩轉圈、化發得機之際，腰胯及肩肘要向下鬆沉；滾翻者，是在鬆沉的同時，右臂（右式為例）肘尖旋轉滾翻，帶動前臂及前掌翻轉，寓滾翻捋化之意；穿擠者，是在滾肘得機之際，以肘催肱，以肱催腕，以指領勁，向前上方穿擠彈發而出。

　　在此過程中，左手隨著右手雲摩劃弧；當右手前擠之時，左手在後助勢；定式時，右手仰掌在前，左手俯掌在後，前後陰陽相合。

六、捋擠相通

　　擠法一般相隨於捋勢之後使用。拳諺說「有捋必有擠」，可謂捋擠相通。

　　所謂捋中有擠通常有兩種情況。一是人捋我，我乘勢順勁化而擠之；另一種是我捋人，對方變勁時，我順其變而擠之。

七、善守柔中

　　所謂「柔中」，是由震卦第五爻的位置象徵引申而來的。由於第五爻所占位置是尊貴的居中要位，又是陰爻，故被稱為「陰柔居中」，又稱「陰柔居尊」。因此爻辭、

象辭都讚揚它有「柔中」美德，能以危惧之心慎守中道，故能「億無喪」（萬無一失）。

這一理義，喻示我們練拳為人應始終慎守中道，方能事事亨通。用之於擠勢，只要恪守柔中之勢，定保萬無一失。

擠勢擠勁的柔中美德，主要表現在三處：

一是就「柔和合力」而言，雙手合力橫平擠時，前手務必鬆柔，像墊在對方身上的軟墊子。

二是發揮鬆沉整體之勁。擠法不是用手臂之力，而是要用腰腿鬆沉發勁，以意領氣，以氣催勁。

這就要求身法中正，架式圓滿，內外一致，毫無棱角，顯出柔中美德。

三是擠勁的落點要對準對方的中軸線，一旦偏離中軸，勢必擠勁落空，反使自己陷於背勢。

然而對方的中軸線不可能待在那裡讓你去擠，總是在運動變化之中，所以我們說的中軸線是動態的中軸，非靜止的中軸。

如何才能對準中心點？先師曾秘授一法：發勁時，自己的眼神只要對準對方的喉頭或心窩，就能在運動中對準對方中軸。因為眼為心之苗，眼到心到，心到手勢到，內勁也隨之發向中心點了。

八、擠法多變

擠法的變化也是很多的。除上面說的雙手橫平擠、單手加擠外，尚有雲手擠、按化擠、穿掌擠、滾翻擠、鑽銼擠等十餘種。

還有一種少見的隔（夾）手擠，這是在推手中出現的、特定情況下的一種擠法。即在雙手合擠時，我兩手中間夾著對方的一條手臂；此時我的前手貼在對方身上，我的後手黏在對方手臂上，利用彼手瞬間緊張僵硬之際，合勁前擠之，等於借他的手臂擠他。由於這一手段隱蔽性、突發性較強，對方往往失察而被擠出。

第五節　◆　按勁主中

一、按的字義

按，抑也、止也、捺也。如對方擠進，即用手下按，抑制其攻，使其勁失效，並乘勢前按，謂之按。

二、按勁的卦義

按勁對應的八卦是兌卦，其卦形是：☱，口訣是「兌上缺」。其象為澤。

卦辭說：「兌，亨，利貞。」

彖辭說：「兌，說（即悅，下同）也。剛中而柔外，說以利貞。是以順乎天而應乎人，說以先民，民忘其勞；說以犯難，民忘其死；說之大，民勸矣哉！」

接著，象辭以及每爻的爻辭，從各個側面深入闡發兌卦的理義，揭示兌卦喻示「欣悅」之道。

先論兌卦取象為澤，兩澤相交浸潤，互有滋益，所以欣悅，可以亨通暢達。再指出正確的欣悅，應該是上順天理、下合人情的，君子大人要以身作則，百姓就可以人人

自我勸勉了。

不但要身先百姓，而且要堅持「剛中柔外」的原則，即剛為柔之本，悅不失正固，要秉持正德，警戒小人，決絕邪諂，才能成欣悅之至美。如果偏離正德，曲為欣悅，必將導致凶咎。

可見，兌卦闡述的欣悅之道，是立足於剛中柔外的正德準則之上的。這一準則，對我們為人練拳，同樣有指導意義。

三、按勁主中

主中，由「剛中柔外」的原則啟示而來。意思是運用按勁時，要剛正不阿藏於內，鬆柔和順現於外。

為了方便敘述，先介紹「剛中柔外」的來歷。所謂「剛中」，是兌卦第二、第五兩爻處於居中之位，又都是陽爻，陽為剛，故稱「剛中」。

所謂「柔外」，指第三、第六兩爻均處於外，且是陰爻，陰為柔，故稱「柔外」。

在易學文化中，居中的位置是尊貴之位，象徵事物守持中道，行為不偏。凡陽爻居中位，象徵「剛中」美德；陰爻居中位，象徵「柔中」美德。

古今易學對「剛中」之德作了不少闡述與運用，那是另一個專題，今後有機會再論。如今主要談按勁中的「剛中柔外」問題。

所謂按勁，就是遇有來力，迅速向下又向自身兩側（或左或右）鬆沉，邊鬆沉、邊引帶的弧形動作，或者弧形向前、向中或向左右按出的動作，均稱之為按。在太極

拳中，按是屬於進攻型的勁法。

「按勁主中」的法則，主要表現在腰腿功夫上。主宰於腰，是眾所周知的太極要領，拳諺又說：「按在腰攻」，這些都充分體現了腰腿功夫在按勁中的作用。順便提一句，「按在腰攻」的「攻」字，如果是指腰腿功夫在「進攻」中的決定性作用，那「攻」似乎可以改為「功」比較確切一些，即按的關鍵在於腰腿功夫。

腰腿功夫的核心在於外柔內剛，不失其中。其要義是靜、鬆、柔、沉、變、中，前面五字都是為了實現一中，無論是鬆靜柔和、腰腿靈活、變化虛實、前後左右，萬變不離其中。

在持守剛中的情況下，運用至柔至剛的混元整勁按化按進。其向前按進的形狀，好像是推車上坡，手推車輛負荷很重，單靠兩臂難以上坡，必須全身協調，渾然一體，中心一線，雙腳蹬勁，腰腿發勁，勁由腳起，才能奏效。如果失中，必然周身渙散，勁力流失，陷於被動。

四、雙掌柔和

兌卦的「剛中柔外」，還體現在按勢的雙掌上。我們再看一看兌卦的卦形，兩個陰爻在外，象徵兩手在前，此為「柔外」；四個陽爻在內，象徵混元內勁在中，此為「剛中」。

當按勢向前按去時，主要靠腰腿之功向前按去，並非靠兩手之力，兩手只是發揮傳送帶的作用。

因此，向前按出時，在周身放鬆的前提下，兩臂從肩到指都要鬆柔。具體說，肩要鬆而微沉，肘微屈肘尖向地

面下垂，手腕鬆而微坐，手掌、手指舒展，尤要注意掌心虛空，觸覺靈敏。

當接觸對方人體時，兩掌鬆靈柔和，似沾似黏，聽勁敏捷，能及時聽出對方種種應變情況，從而隨變而變，變中得機，剎那間腰腿發勁，莫不奏效。

五、按前有柔化

發放按勁之前，必有一瞬間的柔化。例如定步四正手推手，通常情況下（變化者例外）從捋勢轉為按時，中間有腰胯鬆沉內轉及兩手翻腕向前的小幅動作，這就是瞬間的柔化。這是按勢不可或缺的前提。

按前柔化的拳式，莫過於復勢攬雀尾中的環手前按了。假若對方下按我右手，我隨其勁而旋胯轉體，帶動右手環形劃弧化其力而按發之。此式練法詳見「拳術篇」復勢攬雀尾介紹。

六、轉斜為正

上文所說按勁主中還有另一種情況，即轉斜為正，斜進正出。

主中、守中，並非呆板的中正，而是動態中的得中。因為人非木石，對方無論遇到什麼他總是要變動的，要在變動中持守中正，才是難能可貴的，這就叫做轉斜為正。

通常情況下，捋化轉為正身前按的過程，就是轉斜為正的過程。在某種情況下，身法尚未轉正，但已經得勢，就可在按的過程中轉正，一邊轉正一邊按，此為斜進正出之法。

尤其要警惕對方引誘你失中。兌卦的卦義中也有這一喻示。兌卦第三爻與第六爻的爻辭、象辭都提出警告，要警惕小人諂邪求悅，引誘他人相與欣悅。這一卦義用之於按勢及其他各勢，都有重要的現實意義，喻示我們要時時戒備，決絕引誘，一旦發現上當，立即轉斜為正，持守剛中，則能萬無一失。

第六節　◆　掤捋擠按須認真

上述掤、捋、擠、按四勁四法，在太極拳中具有舉足輕重的位置，稱為太極四正手。練太極，首先要把掤捋擠按練好，才能觸類旁通，全盤皆活。所以老拳譜說：「定之方中足有根，先明四正進退身，掤捋擠按自四手，須費功夫得其真。」

修練四正手，先要一招一式地分清。所謂「掤捋擠按須分清」，不能含糊其辭，馬虎滑過，要認認真真地練。然後要把四正手聯貫起來練，例如拳架中的攬雀尾，可以抽出來單獨訓練，按照「掤進捋退，擠按相隨，進退往來，週而復始」的要求修練。

在此基礎上，進行定步四正手推手訓練，它更能訓練掤捋擠按、循環無端、沾連黏隨、隨變應變的勁意，以期把一身練成渾圓為一的整體。古人說，得其一，則萬事畢矣。

所以王宗岳告誡後學：「掤捋擠按須認真，上下相隨人難進。任他巨力來打我，牽動四兩撥千斤。引進落空合即出，沾連黏隨不丟頂。」（《打手歌》）

老拳譜又指出：「掤進捋退自然理，陰陽水火相既濟，先知四手得來真，採挒肘靠方可許。」

第七節 ◆ 採勁得實

一、採的字義

採，摘也，取也，擇而取之也。

太極拳中的採，還含拿的意思，是拿的一種技法，那是從武術擒拿法中衍化而來的。在訓練與實用時，採與拿時分時合，視情勢而定。本門傳授的「復勢攬雀尾」一式中，就有採與拿二勢，詳見「拳術篇」中介紹。

二、採勁的卦義

與採對應的是乾卦，卦形為：☰，口訣是「乾三連」。列六十四卦之首，象徵天，但在後天八卦中，乾卦位列西北，所以採勢為四隅之一。

乾卦與坤卦是六十四卦的門戶。易學家認為，如果弄通乾坤兩卦，《易經》也就通了。本書非易學專著，只能就勁說卦，以卦說勁，擇要述之。

卦辭說：「乾，元，亨，利，貞。」這一卦辭，不能作為一句話來讀，每一個字都有它的獨立意義，要一字一句地讀。

乾是卦名，象徵天，天是由乾代表的純陽（六個爻都是陽爻）之氣積聚而成的。乾是宇宙的本體。元，啟元也，初始的、第一的、為首的，就是說宇宙萬物都是乾元

創造的。亨，通也，無往不通，無處不達，毫無阻礙。利，義之和也，各物之間的物性，彼此和諧，沒有相反的，互不妨礙，所以各得其利，無往不利。貞，正也，完整的、不可受破壞的，引申為操守、原則等。

孔子對乾卦及坤卦特別重視，既作《象傳》，又撰《文言》，進行專題研究，用人文觀唸作了獨到的闡發。孔子在《文言》中對「元，亨，利，貞」的精彩闡釋是：「元者，善之長也；亨者，嘉之會也；利者，義之和也；貞者，事之幹也。」朱熹在註釋孔子的《文言》時，把元、亨、利、貞比作仁、義、禮、智四德，後發展為仁義禮智信五德，作為儒家的道德標準，千百年來影響深遠。

「天行健，君子以自強不息」這句膾炙人口的格言，來自乾卦的象辭。它勉勵人們傚法「天」的剛健精神，奮發向上。

如何奮發呢？要依照「陽剛」之氣自身發展的規律，步步前進。於是，乾卦的六個陽爻，擬「龍」作為象徵，從「潛龍」「見龍」「君子」「飛龍」到「亢龍」「群龍」，層層推進，形象地揭示了事物從萌生、進長、盛壯，乃至衰退消亡的變化過程。喻示在人生道路上，既要胸懷大志，自強不息，又要認清形勢，安排自我，找準自己的人生位置，該「至」則奮發至之，該「終」則急流勇退，才是君子風範。

乾卦的理義，深邃而又廣泛，涉及到人生的方方面面。那麼太極先賢為何要把乾卦對應採勁呢，我想原因有兩方面。

首先，我們太極人士應毫無例外地按照乾卦的人生哲

理和道德標準來規範自己的行事為人。

其次，要修練純陽之氣，懂得亨通利和之道，明白進退得失之道，用於太極採勁採法。

三、十指亨通

採拿之法，在外形上都是手指與手腕的動作，即以自己的手腕執彼之手腕或肘，往下向一側沉採之，屬於制約、封拿、牽引之法，並與相關的勁法配合運用，如採挒、採捌、採按等，也有撤步墜身下採的採跌法。

所以拳諺說：「採在十指。」意思是採法的奧妙在於十指運用的巧妙，要注意修練手指的功夫。為此要吸收「元亨利貞」的精神，放鬆十指（包括掌與腕），當黏上對方肘腕時，有和諧之感，才能亨通而續以相應的勁法。例如，本門「復勢攬雀尾」的「一掤外撐氣騰然，二勢刁拿把腕纏」，這刁拿的手指必須輕柔和諧，切忌拙力僵硬，才能起到「軟繩捆硬柴」的作用。

四、採勁得實

採勁的十指不但要輕柔和諧，而且要得實。這得實的「實」，是實實在在、踏踏實實的意思，與虛實的「實」有所不同。此處的實與浮相對，要有踏踏實實的感覺，切不可輕浮。用僵硬的拙力固然不可，浮光掠影也非上策，必須黏得實實在在，才算得實。

如何黏之得實，主要是手掌鬆沉，意氣敷蓋彼身。乾封啟示我們，純陽之氣能使萬物各得其利，又因時空的不同而呈現生機。因此必須用意氣敷蓋彼身，才能黏得踏

實，才能隨著自己的心意與機勢，達到採拿、牽引、發放
的目的。

但是，得實並非呆實。必須實而不呆，鬆沉靈活，隨
勢而變，才能為我所用。

五、回採肘引

回採者，就是沾黏採拿得實之際，重心後移坐腰向自
身側後牽引，或撤步坐身向後下採。此時，要在充分發揮
腰腿勁的基礎上，應運用「肘引法」回採。即以肘領臂，
以臂領手，用肘部領著前臂及手掌向側後沉採，使對方失
中，此法往往奏效。

「復勢攬雀尾」的第六勢就是後坐雙手回採的生動一
例，口訣說：「鬆沉退圈六勢採，七勢前按攻腰腿，肘引
肘發隨機使，得其環中不可呆。」

六、採邊拔根

上文說到採法是向自身一側鬆沉下採，這就是採勁歸
邊法，以牽引對方重心於一邊。如果雙邊採，對方可乘機
進中，我反遭其害，所以只能採向一邊；即使上述雙手肘
引回採時，也應左右手各有輕重及身法微向側轉，仍然是
採邊之法。

採法的作用，一是採而離之，順勢變勁發放。一是將
人採跌而出。無論哪一種採，都要把對方腳跟拔起，至少
要使其腳跟動搖，才能變勁發放或直接採跌。

拔根之竅，在於整體鬆沉下採。所謂整體，即周身一
家，內外合一，意氣敷蓋彼身，由腰腿發勁沉採，並非手

採，若手採，僅是局部拙力，收效甚微，甚至反為對方所乘。

拔根之心法要訣，還有重要一點，即要眼神下視。當向下（向後、向側）沉採之際，眼神要意注對方腳跟，能收奇妙之效，但不可低頭下視，只能意念下視，神光關注。

這眼神視向的心法，不單用於採勁，在所有發勁中都應該運用。記得先師教授發勁時，曾示範上、中、下三路視向：眼神向下，可使對方拔根騰空跌出；眼神向前，可使對方雙腳離地，向右直線跌去；眼神向上，可使對方仆倒在地，或仰面跌倒。這一心法，在以下相關章節中繼續介紹。

七、知進退得失

與採勁對應的乾卦，雖是純陽之卦，但陽氣自身有其萌生、成長、興旺、衰亡的規律，用之於人文思想，則啟示人們要知道進退得失。我們運用太極內勁，也情同此理。

因此在使用太極內勁（不單採勁）時，要權衡利弊及進退得失，該重則重，該輕則輕，該進則進，該退則退，絕不可滯疑猶豫，萬不能意念偏執，更忌一廂情願。要權衡機勢，隨機應變，該採則一採到底，猛勁抖發，不遺餘勁。若不能採，即隨勢而變，變挒、變擠、變按、變捌等，在變中求勝。

八、採挒相隨

採勁往往與挒勁相隨互動，有時前後呼應，有時左右

逢源。例如本書介紹的「採挒手」一式，即以腰胯旋轉為軸心，以湧泉入地為立樁，以重心變換為樞機，左採右挒、或右採左挒，靈活變化，相隨互動。

採勁不僅與挒勁相隨，與擠、與按、與掤等皆相隨相通，主要視情勢而變通。

拳架中有不少動作含有探法。如「上步掤」的一手下探，一手上掤；「玉女浣紗」環手劃弧時，後手含探意；「野馬回頭」的下面一手為探；「龍捲手」中的後手為捲採；「琵琶手」中的後手為纏腕採拿，前手為黏肘揉拿，等等，盤架子時可細心體會。

第八節 ◆ 挒勁若飛輪

一、挒的字義

挒，可能是同音的捩字的別寫。拗也，捩轉也；轉移、扭轉之意。太極拳以轉移來力，還制其身，使對方身體旋轉而去的勁法，謂之挒。

二、挒勁的卦義

挒勁與坤卦相對應，卦形是 ☷ ，口訣是「坤六斷」，使對方身體旋轉而去的勁法，象徵大地，於人象徵女性。

卦辭說：「坤，元亨，利牝馬之貞。君子有攸往，先迷後得，主利。西南得朋，東北喪朋。安貞吉。」

明白了乾卦的卦辭，這坤卦的卦辭就不必註釋了。這

裡要說明的是，坤卦也有「元、亨、利、貞」四德，但有兩點不同：

一是乾德以「統天」為本，坤德以「順承天」為前提，所以乾剛健，坤柔順。

二是乾四德無所限制；坤四德則限於牝馬（母馬），安順守貞，就獲吉祥。

《彖辭》接著闡發大地的美德，讚揚它配合「天」開創萬物，順從並秉承「天」的志向，普載萬物，溫和柔順，使福慶長久。《象辭》進一步發揮說：「地勢坤，君子以厚德載物。」如果說乾卦引申出「君子以自強不息」的理義，坤卦則引發出：「君子以厚德載物」的意義。這「厚德載物」後來發展成儒道兩家的高深學問。

接著坤卦的六爻，就六種不同的情況，進一步闡述坤陰在服從乾陽的前提下，發展變化的規律，體現陰陽互動的辯證關係，表明陰陽兩種力量的相互作用，是宇宙萬物變化發展的源泉。

坤卦與乾卦一樣，其理義深邃而廣泛。孔子特撰《文言》，專題揭示與發揚隱藏在坤卦裡面的人文哲學及行事為人的準則。此處不作全面展開，僅略舉一二而已。

三、柔順轉移

捋勁是轉移對方來力、還制其身並使其旋轉而出的內勁技法。那麼如何旋轉對方來力呢？

主要是「柔順」二字。柔順是大地的美德，也是太極內勁的本質。為此必須周身放鬆，尤其雙手要柔和地黏貼在對方相應的部位上，順著對方來力的方向而轉動。這樣

既柔又順，對方不易察覺，自己也沒有把柄留在他手上，他也難以逃脫。於是旋胯轉體，帶動兩手弧形旋轉，在旋轉過程中，把對方加在自己身上的著力點轉移掉，好像投在飛輪上的物件被旋飛而出。如拳諺所說：「挒勁何義解，旋轉如飛輪。」

四、持正立椿

飛輪旋轉，必須有緊固而又靈活的軸承依託，否則轉不起來。以右「野馬分鬃」為例，當右臂外挒時，要立身中正，腰胯鬆沉旋轉，活如車輪；同時兩腿兩腳要似木椿入地。如卦辭所言「利牝馬之貞」，既柔順又守持正固，不受任何歪邪影響。

所以兩腿雙腳在旋胯轉身挒勁時，不能受牽連而晃動，小腿必須像立椿入地，大腿如大樑橫架，穩如泰山。這表明，挒勁與採勁，都不是靠手去挒去採，主要靠意氣及腿腰之勁。

五、採挒相輔（力偶效應）

以「野馬分鬃」為例，雖以訓練挒勁為主，但必須輔以採勁，採挒相用，才能使被挒者身體旋轉被拋或傾倒。這一心法，符合現代力學原理，凡是兩個平行的力，其大小相等、方向相反者，稱作「力偶」，力偶能使物體旋轉。挒勁與採勁相輔，就合乎這一力學原理，並兼具合力與慣性等作用。

因此在修練此式時，下採之手，與上挒之手，其勁必須大小相等、方向相反，兩者同時發揮作用：但上下兩端

之勁要相互錯開，以免自身兩勁抵消。

六、驚雷一捌

《周易‧文言》說：「坤，至柔而動也剛。」意思說，坤卦雖然至柔至陰，但如果陰盛返陽之時動起來，就很剛強。老子引用這個觀念，說「柔之勝剛」。

此說用於太極捌勁，就要在柔順旋轉得機時，以迅雷不及掩耳之勢，突然迅猛一捌（外捌與內捌），勢若驚雷，所謂「捌要驚」也。

這是指實用時的發勁而言，至於在盤架子時，可以有此意而無此動作。如「野馬分鬃」外捌時，在沉腰進身捌發的瞬間，雖無外形上的驚雷之勢，應有意念上的驚雷一捌。再如「採捌手」內捌的瞬間，同樣要如此，這是練暗勁、意勁。當然，也可以把「野馬分鬃」「採捌手」抽出來單式訓練，那就可以練明勁了。

第九節　◆　肘勁整如山

一、肘的字義

肘，原為名詞，指手臂中部彎曲處外側的尖骨，名肘。武術中的肘法已引申為動詞使用了。

太極八勁的肘法，與一般拳術的肘法有所不同，主要的區別在於一般拳術大都用肘直抵對方胸、腹、肋、腋等處，而太極拳的用肘，則有柔化、引帶、發放等多種用法。

二、肘勁的卦義

與肘勁對應的是艮卦，其卦形是 ☶，口訣是「艮覆碗」。取象為山，取義為止。

《卦辭》說：「艮，艮其背，不獲其身；行其庭，不見其人。無咎。」

意思說：「艮」象徵為山，有靜止、抑止之意。喻示人事，則謂抑制人的邪慾。「艮其背」，是說制止邪慾應當在其人尚未覺察到是「邪慾」時，就不知不覺地抑制掉了，好比抑制於「背後」。

以下幾句是申發「艮其背」的理義，在其尚未面向邪惡時就被制止，謂之「不獲其身」，即止欲於萌芽狀態。好比被「止」者行走在庭院裡，也是背對背，互不見到對方的邪惡，所以「無咎」。寓防微杜漸、自我修養的深意。

接著，卦中六爻，從不同角度揭明「制止」的得失狀況。至於彖辭、象辭則闡發當止即止、當行則行、適時而用、適可而止，以及「止於邪惡、止於正道、止於本份」的含義。止是為了正確的行，含有「行正」必先「止邪」的義旨。

「止邪行正」的理念，同樣要作為我們練拳為人的準則。把它們用於肘法，則以山為象，適時而用，知止而止。

三、用肘不越山

從防身角度說，手是人的第一道門戶，肘是第二道門戶，俗稱「二門手」，宜在近距離使用，故有「長拳近肘

貼身靠」之說。

　　二門手的範圍有一定的限度。好比自身是一座山，用肘不能超越山界，無論是弓步、馬步，都要保持「外三合」，尤其要注意肘與膝合，如果肘關節超過膝尖，遠離身體前伸，就是「越界」犯規。因此用肘時，特別是用肘進攻時，務要立身中正，穩如泰山，暗合艮卦以山為象之義。

　　肘不越山，還含適可而止的意義。用肘進攻時，思想上不能有貪慾之念，自以為肘擊凶猛，就不問當與不當了，貪功冒進，反被人乘。

四、適時而屈

　　太極拳任何勁路拳法，都應遵循適時而用的原則，作為與艮卦對應的肘勁肘法來說，更具重要性。因為「二門手」不能輕易出山，應嚴守《艮卦・象辭》所言「時止即止，時行則行，動靜不失其時，其道光明」的原則行事。

　　例如拳諺說「肘在屈使」，即肘要彎曲起來使用。這是一般原理，如何使用，則要隨勢而屈。不能預先把肘屈起來，在那裡等候使用，應隨著對方來力的變化而屈肘，當行則行，不當行則止。

五、整體一肘

　　用肘進擊，既不能超越山界，又不能單肘匹敵，而要整體行動。如果以山為象，那麼不僅是一峰一嶺，而是整座山嶺的神情氣概。

　　以「拳術篇」介紹的「連環三肘」中的旋身馬步肘為

例。當旋身 270°、右上步、左跟步、進身馬步右頂肘時，要注意上、下、內、外的整體性。

在上，要虛領頂，舒胸擴背，腰胯鬆沉，鬆肩屈肘，雙臂橫向，上體中正。

在下，要尾閭下墜，馬步沉穩，鬆膝活踝，腳踩湧泉，五趾貼地。

在內，要以心內令，臍輪調息，氣貫丹田，命門發動，氣行背脊，氣透兩肘，凝神隨視。

如此上下左右、內內外外，整合為一，體現出「如山之整，似岳之威」。

六、肘法廣泛

用肘之法，比較廣泛。

首先在概念上要擴大「肘」的範圍。太極拳的肘，不單指肘關節的肘，它包括以肘尖為中心的周圍相關部分，即前臂與上臂近肘的一部分都在內，這是太極八法的「肘」的含義。

同時，肘的使用範圍也比較廣，有頂肘、挑肘、橫肘、撅肘、截（切）肘、繞肘、沉肘、滾肘，以及化勁時以肘領化，發勁時以肘送勁等等，而且使用方向可以上下、左右、前後施為，不拘一格，隨時隨勢而用。

頂、挑、橫、截、撅等，皆是順勢進擊之法。例如「馬後揮鞭」拳式中暗藏頂肘、橫肘，「壓肘搬攔捶」中的壓肘，「大捋靠」中的肩靠肘打，「閃切按」中的截切，以及「連環三肘」中的頂肘、折肘反打、挑肘、繞肘、撅肘、沉肘等，詳見「拳術篇」相關拳式介紹。

其中的「以肘領化，以肘送勁」，為本門極為重視的
心法。例如，推手時，對方雙手黏按我右臂並進身按來
時，自己向右側轉化之際，如果用「以肘領化」的勁意，
則能收事半功倍之效。再如「雲擠手」及「復勢攬雀尾」
中的「加肘擠」，是先師常用的「以肘送勁」的典型一例。

若再講一步剖析，肘勁與上述六勁相通，稱為「肘通
六法」。有拳諺說：「六勁融通後，用肘始無窮。」

第十節 ◆ 靠勁宜順正

一、靠的字義

靠，依也，依倚於他物也。用於太極拳，指乘人捋己
之時，順勢進身用肩靠擊其胸部，所謂「貼身靠」、所謂
「靠在肩胸」是也。包括肩靠、胯擊、肘打、臀靠等，都
屬於「靠」的範圍。

二、靠勁的卦義

靠勁對應的八卦是巽卦，其卦形是 ☴ ，口訣是「巽
下斷」。取象為風，其義為順、為入。

《卦辭》說：「巽，小亨，利有攸往，利見大人。」

《彖辭》解說：「重巽以申命，剛巽乎中正而志行，
柔皆順乎剛，是以小亨，利有攸往，利見大人。」

《象辭》闡述：「隨風，巽；君子以申命行事。」

上述三辭及以下六爻，從不同角度闡述巽卦取象為風，
其義主「順從」，即陰順陽。總的看，主要有三點含義。

一是巽為象風之卦，風行天下，無所不順，無所不入，施之於人事，能謹慎小心，謙遜待人，可致亨通，行必有利，利見大人。

二是喻示君臣之道，即臣順君，下從上。「君子」要傚法風行之象，申命於眾（君子以申命行事），行事天下。而上要以「順」治下，上下相輔相成，以體現「巽」之義。

三是順從不是「屈從」。順從本於陽剛之氣，即「剛巽乎中正而志行」。

無論是下順上，還是上治下，都要持正不阿，有所作為，以便順利地「申命行事」。

三、靠宜順入

當對方用大捋法捋我時，可用順勢進步插襠肩靠法反擊，其中關鍵在於「順入」二字。

順者，謂陰順陽。對方捋我為陽勢，我被捋為陰勢。按照《易經》的陰陽變化規律，陰必須順從陽。所以自己被捋要順著對方捋勢而走，要像風那樣順風順勢，不前不後，恰到好處。

入者，像風那樣逢隙即入，絲絲入扣，恰入對方胸口，沉身一靠而出，即可見效。

假若不是順勢進入，而是急躁冒進，或是遲疑猶豫，則反被對方所乘。

還要注意一點，在順勢進步肩靠時，若是右臂肩靠，則左手必須附於右臂的肘彎處，與肩靠同時同步行動，以防對方搣臂反擊，或擊我臉部。

四、靠勁中正

上述《彖辭》所言「巽乎中正」句，猶言「以中正之德被順從」。喻示靠勁何嘗不是要以「中正之德」行事。

仍以上述對方用大捋法捋我為例。當我順勢順步肩靠時，必須保持身法中正。

此處所說的中正有三個內容：

1. 肩的中正

靠勁發出時，肩不能出格，肩與胯必須相合，保持身中垂直線，切忌斜著肩膀向前撞擊。否則易犯頂抗之病，必為人所乘，所以無論是插步靠，還是套步靠，都要持守中正。

2. 中正下沉

進步肩靠，既要進身向前，更要向下鬆沉，不能單單進身向前，那樣會造成撞肩的缺憾，所以必須鬆沉進身，用下沉之勁催送肩靠。

3. 沉身踏勁

在中正下沉、發出靠勁之際，要意念腳掌踏勁，用湧泉穴（地面）反彈之勁發出靠勁。這樣的靠勁，既猛且穩，可顯示出「靠要崩」的氣勢。尤其在已經與對方貼身、似乎勁被閉塞的特定情況下，更要用沉身踏勁法，仍然能把勁發出。

這三個內容合而為一，即靠勁要中正安舒，體現「巽乎中正」的要義。「太極人盤八字歌」唱道：「八卦正隅八字歌，十三之數不幾何，幾何若是無平準，丟了腰頂氣嘆哦。」（中華版《太極拳譜》）其中的「平準」是何等

的重要啊！

▌第七章
用勁種種

　　用勁是在懂勁的基礎上，對上述本勁、首勁、八勁的靈活應用。由於情況不一，用法有異，才產生了諸多的勁別名稱。

第一節　◆　聽勁四感法

　　太極聽勁的「聽」，並非通常用耳朵去聽的那種「聽」，而是雙方接觸時的感覺、感知、感應，是太極拳特有的專用名詞。如何去「聽」呢？可透過四個途徑去感知，稱作聽勁四感法。

一、皮膚的感覺

　　無論是推手還是散手，雙方一經搭手，就立即要透過皮膚肌膜的感覺，聽清對方的勁路走向。有人聽得清，有人聽不清，關鍵是皮膚是否鬆柔，思想是否入靜。越鬆越靜，越能感覺靈敏。若練到「一羽不能加，蠅蟲不能落」的高峰境界，就能聽得清清楚楚。

二、雙目的視覺

　　雙方接觸時，要凝神注視對方的眼神。「眼為心之

苗」，從眼神中探知對方的內心祕密及其動作意向。

三、進退的動感

即在轉折進退、閃轉騰挪的運動過程中產生的感覺感知。由於是在運動過程中，所以要有「雖動猶靜」的功夫，在動態中靜心細心地去感知，不可「馬大哈」式地一晃而過。

四、內氣的氣感

不論對方內氣修為如何，其氣勢總會或多或少地外溢，這是權衡對方功力及意向的重要窗口。可以用「以氣測氣，以勢衡勢」的心法去感受。具體說，即「敷、蓋、對、吞」四字。

首先是敷，以自身的氣，敷體在彼勁之上，從中感知對方氣勢的強弱，測量其氣勢的動靜。所謂氣勢，是精神、內氣、內勁及意志的合成，是衡量功夫深淺及當時意向的重要標誌。

五、綜合效應

聽勁是在懂勁的基礎上，諸多因素的綜合效應。

例如，若不能「沾、連、黏、隨」，無從接觸，就難有感應。

再如，若不能至鬆至靜，消除僵硬拙力，就好比耳目塞聽，如何能聽。

所以要全面修練，包括拳架及推手，務求著熟而懂勁，愈練愈精，遂至從心所欲。

第二節 ◆ 接勁如接球

一、第一道防線

從推手與散手來說，接勁是第一道防線。

推手之初，彼此相互搭手，看似未曾攻防，實則已接入彼勁，已在聽其勁權衡應策了。所以接勁並非單指散手而言，推手也包括在內。

散手更須講究接勁。若有人一拳打來，如何接手接勁，接得好，取得順勢，從容應付，甚至能收「接入彼勁，彼自跌出」之效。但若接得不好，則陷於背勢，甚至被一擊而敗。所以接勁是一種契機，順背立判，必須潛心修練。

二、接勁如接球

接勁頗有難度，常見數年純功，一接勁即為人所制。究其原因，在於頂撞所致。譬如打籃球，新手一接球，球就碰飛而去。蓋其不是接球，而是碰球、撞球，所以無法接獲。而熟手，舉手一撈就把球吸住，其間區別，在於硬撞與柔接。

此接球之理，與接勁頗為相似。須周身鬆柔，意氣領先，手臂手腕鬆沉圓活，掌握輕重緩速，注意沾黏聽勁，在接觸彼勁的一剎那，意念上要似黏似吸，意氣接入彼勁，不能有絲毫的碰撞念頭，自身也沒有被猛烈撞擊的感覺，才能接勁入筍，恰到好處。

三、接勁半邊空

要用手的一個側面去接勁，不是正面去接。這樣，接實來勁一半，另一半使其落空。此時要抓住這稍縱即逝的機會乘勢發勁，不可坐失良機。

但是這側接法並非預先擺好了架式去接，而是要轉腕旋膀，滾翻圓轉，在滾轉中接其半邊勁，空其半邊勁。

四、接勁不過尺

接勁的接實處不能超過尺骨，最好的部位在手腕，退而求其次，在腕與尺骨之間，以便由腕關節的旋轉滾翻引化來力以及發放。

接勁不過尺，通常是指散手臨陣時的接手用法，至於推手應用則另當別論。

五、中節接梢節

這是推手中出現的一種接勁法。肩是手臂的根節，肘是中節，掌指是梢節。「中節接梢節」，就是用我之肘去接對方的掌指。不過，這是在推手過程中順勢應用的一種技法，並不是在搭手之初就用肘去接，那樣就會鬧笑話。

當然，「中接梢」若得機得法，既可延伸手臂功能，又能伺機用滾肘、繞肘、挑肘、攧肘等法發勁。曾見先師與一名家推手，對方欲黏拿先師雙肘，先師當即用肘接勁繞化，同時散開雙手，在對方臉前、胸前滾轉揮灑，暗藏迎面掌、雙按胸、滾肘擠等法，對方頓感情況不妙，迅即撤去拿勁，但已陷於背勢，露出敗象。

六、接勁與發勁

接勁不是目的，它只是創造一種契機，目的是乘機發放。通常有三種情況：

一是直接放擲，即在接入之際，抓住瞬間柔化的契機，迅速打回頭，所謂「打回勁」。

二是牽引發放。

三是黏拿發放。詳見以下相關用勁介紹。

第三節 ◆ 黏勁與走勁

一、沾黏勁的特徵

沾黏勁是「沾、黏、連、隨」四勁中的前二勁。

沾，猶如濕手插進麵粉裡，沾上了甩不脫。黏，比沾更進一步，像膠漆那樣，黏得很牢，比喻黏貼著對方，纏繞不脫，掌握順勢。可見，沾黏勁的特徵是不脫、不頂、不離，隨機應變。

二、沾黏的功用

沾黏勁的功用，大體有三：

一是為聽勁服務。如果黏不著對方，無從聽起。

二是為接勁服務。假如不用黏勁，接勁之手硬邦邦的，怎能接入契機。

三是為走勁化勁服務。所謂「黏即是走，走即是黏」也。

三、黏走即陰陽

拳論所說「黏即是走，走即是黏」，是作為懂勁的一個內容提出的，所以接著說：「陰不離陽，陽不離陰，陰陽相濟，方為懂勁。」就是說，黏與走是陰陽相濟的關係。黏，主靜，為陰；走，主動，為陽，兩者要相互濟度，才算懂勁。不能黏歸黏，走歸走，而應黏中有走，走中有黏，才為得法。

具體說，如果黏著對方之處感到有重力時，迅即不頂不抗，順其方向走化，此謂「避實為虛」，使對方處處落空，為我所制。

雖說「走」是陽動，但手勢不可僵硬，應當陽中有陰，走中有黏，走即是黏，兩者不可分離，應相濟圓通。

四、樞機在腰腿

無論是黏還是走，形體上雖然用手在黏、在走，實質上是腰胯的旋轉及重心的變換帶動著手勢黏連。所以黏走的樞機在腰腿功夫的深淺，即「主宰腰胯」也。

第四節 ◆ 隨勁為順勢

一、隨勁的含義

隨者，從也、循也、順也。

隨勁是「沾、黏、連、隨」四法的最後一法，前面三法都要落實到「隨」字上，所以隨勁集三法大成而用之，相當重要。

隨之前是「連」，即黏合的基礎上，把自己的勁與對方的勁連接起來，接入其間。

隨，即順從著對方的勁力，捨己從人地隨他而去，同時在隨的過程中予以引領轉化，使其勁力失空，入我陷阱。

二、隨勁與發勁為一體

隨，不是目的，目的是請君入甕。當其來勁被我隨引而空的瞬間，毫不停留地對準其焦點發放，莫不奏效。假如猶豫遲疑，對方必然變勁，反為其制。所以隨勁與發勁之間不能有絲毫間隙，應當嚴密合一。

當然，隨勁如果與引拿合用，也可拿而不發，點到為止，或一拿就發。那是轉為拿勁了，又當別論。

三、歌訣二則

「沾、連、黏、隨」的隨，是四法的終極效應，隨勁的修練，對養生和實用都有莫大的功用。隨勁的得著，不僅來自太極推手的磨鍊，平時行功走架也要細心揣摩，以不斷增強隨勁隨意。故而根據師門傳授及本人體悟，一時興起，撰口訣二則。

（一）

沾連黏隨隨他走，
鬆腰旋胯問剛柔，
命門添火溫腎水，
陰陽相濟何須愁！

（二）

捨己隨人非挨打，
隨空來勁是上策，
我順人背意先行，
借發引拿皆可成。

第五節　◆　化勁要真化

一、化勁的內涵

化勁，是在黏、隨、走勁的基礎上，進一步化去來勁，使其背勢，於是掌控在我，可拿可發。

化勁的內涵較為寬泛。從太極拳用勁的角度來說，也可以概括為兩大類，即化勁與發勁。為了後發制人，必須化勁化得好。為了化得好，就應把接勁、聽勁、沾黏連隨四勁、乃至引、拿等諸勁都處理得很好，才能化得恰到好處，化之得勢，為發勁創造良好的順勢條件。所以化勁是諸多因素的綜合效應，並非一招一勁之效，也是發勁的前提條件，其重要性要想而知。

二、隨感應而化

感應，是與對方接觸後，透過肢體感導而來的心理反應，可知悉對方的意勁、意向、意圖，然後隨著此種感應而走化，或進或退、或上或下、或左或右，都要隨感而化，要求達到絲絲入扣的境界。

具體說，感應幾許，就化去幾許；感應一分，就化一

分，多化則過頭，少化則不足，仍為人所制，所以必須隨感隨化，化至來勁將盡未全盡的最佳態勢。這樣的化勁，可稱之為「感化勁」。感化的效果如何，全賴綜合功夫的深淺。

三、化勁有真、假、巧、拙之別

真化：

用腰腿的進退轉換、往返摺疊，帶動手勢的運化，達到人不知我，而我獨知人。此謂真化。

假化：

不用腰腿，單用手臂去化，硬撥、硬拽，反為人制。此名為化勁，實為假化。

巧化：

隨感應而化，快慢相合，尺寸分毫，恰到好處。此謂巧化。

拙化：

化之過頭，或化之不足，甚至把退步逃避誤作化勁，是謂拙化。

四、以掤勁為後援

掤勁是諸多用勁的後盾，化勁尤其如此，所以在黏化時應內含掤勁。若無掤勁，則會被對方「吃癟」，或被發出，故曰「掤勁不可丟」也。

前面關於掤勁的章節中，論述了掤勁的屬性屬柔，但此種柔並非柔弱無能的柔，而是純柔則剛的柔。所謂化勁中要含掤勁，就是要合這種純柔之勁。如拳譜說：「以柔

軟而就堅剛，使堅剛盡化無有矣。」

第六節 ◆ 借勁為巧撥

一、借勁的含義

借勁者，借其人之力還諸其人之身也。它屬於發勁的範疇，是發勁中的上乘功夫。

功夫深厚者，能以弱小之軀抵禦強大之力，多半是借勁之功。如拳論所謂：「察四兩撥千斤之句，顯非力勝；觀耄耋能禦眾之形，快何能為！」

王宗岳《打手歌》又指出：「任他巨力來打我，牽動四兩撥千斤。」這是說，不管來力多大，能以自己的四兩之勁，撥去對方千斤之力。而借勁，就是用來牽撥千斤之力的勁法。

二、吞氣借勁

剛才說過，借勁是借力還力之法。當接入來勁之際，迅即把來勁化入我勁，借給我用。就像《四字密訣》中的「吞」字訣：「以氣全吞而入於化也。」所以借勁是把來勁吞而入之、借我所用的一種勁法。

吞，即意吞、氣吞、勁吐。此種吞氣借勁功夫，初聽似乎玄奧，待功深後就會逐步有所感覺。

三、牽而順撥

牽者，譬如牽牛鼻子，憑藉「四兩」之繩能牽走千斤

之牛。若不牽牛鼻，或牽牛角、牛腿，非但牽不走，反會遭蠻牛的攻擊。

借勁牽撥，情同此理也，要牽得準、牽得法，順其來力的走向而牽之。如果來的是直劫，則順其來勁斜牽之；牽開來勁的著力點，使其落空，彼必失中，我即乘勢撥發。此謂借勁順撥之法。

所說「四兩」，僅是形容詞，並非真的四兩重，只是形容自己的牽力比對方的巨力要小得多，是不即不離的黏隨牽引。

至於撥千斤的「撥」勁要多大、撥的最佳時機在何時，也不是言語能確切說明的，因為那是一種感應，是意感、氣感、體感、神感，在感應中權衡而撥之。對於撥發的時機，也是感應到來力已空、對方已經入筍之機，是撥發的最佳時機。

四、牽而反撥

反撥的方向與順撥相反，順撥主要是順其來向而撥，反撥則是順其去向而撥。

當對方發覺其勁被我牽走，迅即變勁回退之際，我即順其回勁去向而撥發擲放，此謂反撥法，亦稱「打回頭」「打回勁」。

假如對方欲退尚未退、出現瞬間停頓的剎那，我迅即發勁，此謂「打頓勁」「打停勁」，也屬反撥之列。

五、借勁又借手

借勁，不僅借他的來勁（吸、吞、蓄、牽），同時還

要借他的手臂，作為我手的延伸，這樣就可以既借他的勁，又借他的手，把他發出去。

例如，對方兩手按我雙臂，我在鬆沉借勁的同時，把對方的雙手借為己用，乘勢進身發放。

此時我兩手並未接觸其上體，僅僅手指虛虛指向他胸前的焦點，他已跌出。

六、隨借隨還

這種用勁，與牽而撥發相比，更直接、更敏捷。一經接著來勁，迅即反彈而出。此時，對方來勁將要展開但尚未展開，已被彈出，往往迷惘不解。

先師傳授此法時，常說當年李公與人推手時，一沾上手，就哼聲一彈，對方莫不應聲跌出。

這沾手就發的勁法，從借勁還勁的角度講，是隨借隨還、即借即還、毫不遲疑地一借就還的勁法，外形上似乎沒有牽化借勁的過程，實際上有一短暫的、瞬間的借勁還勁過程，因其快如白馬過隙，一時看不出來。

此極為短暫的即借即還的過程，有兩點需要注意。

1. 借還的時機

最佳時機就是剛才說的對方來勁將要展開但尚未展開、其勁將要吐出但尚未吐出之際。

2. 發勁的心法

主要是以心為令，主宰腰胯，周身渾然為一，用意氣發放，依照「九一」心法，似彈簧一彈而出。其法詳見以下相關介紹。

第七節 ◆ 發勁如彈簧

一、發勁簡說

太極內勁，無論是本勁、首勁、用勁以及變勁，其功用除了修性養生、常保青春，就是發勁制人、自衛防身。從臨陣用勁的角度講，發勁是內勁的終極運用，前面所說的懂勁、聽勁、接勁、沾連黏隨以及化勁等等，都要落實到發勁上來。所以發勁之道，不可忽略。

但是，實踐中往往出現善於化勁而不善於發勁的現象，主要有性格及修為兩方面的問題。有的性格內向，不習慣於「出手」，有的則歡喜「出手」，因此修練的效果就不同，造成了善化不善發的問題，這不符合太極拳「萬法歸一」的整體要求。

就拿攻防來說，如果只化不發，固然功深者能常常使對方失誤而取勝，但在千變萬化的回合中難免為人所乘。因為你不發勁，就會留給對方一點迴旋餘地，哪怕很微小的一點，對方就有機可乘，反被其發出，所以「善化不善發」並非上上之策。

當然，練太極拳主要目的是性命雙修，在明明德；練推手防身，也不是逞強好勝，但也不能授人以柄，自取敗道。應當全面發展，攻守兼備，德藝並進。

二、功分三乘

一般說，發勁就是把內勁由內向外發出去，以制人為目的。太極拳的發勁與眾不同，它是遵循圓形運動的原理

把內勁發出去的，即半圈化勁、半圈發勁。化勁呈圓形，發勁則順循圓周切線呈直線發出，發出後又回歸圓周運行，即所謂「圈中化、圈中發」是也。其圈行的大小，標誌著功夫的深淺，一般分為初、中、上「三乘」。

初乘者，所磨圓圈較大，其半圈化、半圈發的軌跡很明顯，這屬於大圈化發的那種發勁。

中乘者，所磨圈形較小，雖然也能看到半圈化、半圈發的軌跡，但圈形要小得多，這屬於小圈化發的發勁。

上乘者，則為無圈之發勁。功夫越深，越不見其圈，似乎只發不化，其實發中有化，化即是發，是化發合一的發勁。

三、有圈與無圈

太極圈分為有圈與無圈兩類。有圈者，即有形之圈，看得清的圈，如初乘之大圈、中乘之小圈，皆為有形之圈，屬有圈一類。

無圈者，指外形看不見的圈，只是意念上有圈，所謂「有圈之形，無圈之意」也。意圈雖屬無圈，實為有圈，因為一點也是圈。那種一觸即發的「觸」，一拍一彈的「拍」與「彈」，都是使的點圈、意圈。這屬於化即是打，打即是化的高超境界。

有圈與無圈，還可用一句名言來印證分析，「引進落空合即出」，是拳家常掛嘴邊的一句格言。此話概括了引化與發放的過程及其方法。過程有長有短，可捷可緩。過程長、速度緩者，是有形的大圈；過程稍短、速度稍快者，是有形的小圈；那種看不見過程的、快捷的，就是意

圈、點圈、無形之圈。

四、得機得勢

發勁必須得機得勢，認準方向，才能立竿見影，否則徒勞無益，甚至弄巧成拙。

得機，即對方失中失重，露出焦點之機。

得勢，即彼受制於我，我順人背之時。

方向，發勁的著落點，無論上下左右、高低正隅，都要認準焦點方向發出。

五、意氣發勁

發勁，並非單靠肢體動作，更要用意氣發放，即以意領氣，以氣貫勁。一般情況是，化為吸氣，發為呼氣；開為吸氣，合為呼氣；升為吸，降為呼；提為吸，放為呼，以及進退轉換過程中的小呼吸。

以走圈而言，即半圈吸、半圈呼，隨著圓圈之大小，調節呼吸頻率。那點圈、意圈的呼與吸，都在一點一念之間完成，稱為拳勢呼吸。

發勁時內氣運行的心法，本門傳有兩種：

一是臍輪吸氣，通達命門，再由命門呼氣（須命門微微一坐），氣貫四肢，發於兩臂，形於掌指。

二是吞氣發勁。即臍輪吸氣時，意念透過與對方接觸的兩手，將其內氣吸入我體，再由命門發動，氣由兩臂通出，返還給對方，這是借勁還勁的內氣運作法。

但此法掌握不易，必須透過盤架子、推手，乃至靜功打坐等途徑，持之以恆，才能到手。例如靜功一道，要長

期修習太極靜坐法，當練至內部氣機發動，並由自發抖動上升為自覺抖動時，才能由意念自覺控制。例如兩手平伸，意想從指尖、手掌吸吞來氣，一念及此，兩手就會彈發而出。有興趣者不妨一試，不過要堅持不懈才能見效。

六、整勁彈發（三層彈簧）

太極發勁不是局部的勁道，而是整體內勁向外彈發，俗稱整體彈簧勁，或說彈簧整勁。其核心是一個「整」字，即外在的形體動作與內在的精、氣、神、勁練成一家，渾然一體。

整勁發出時，要具突發性、爆發性，故有「發勁如放箭」「發勁如彈丸」之說，像彈簧那樣一彈而出。

彈簧勁的彈簧安在何處。師門傳授安在三層，下層在腳底湧泉，中層在命門，上層在肩窩。發勁時，腳底踏勁，命門坐勁，肩窩吐勁，三層彈簧同時彈發，專注一方，一發無遺。

第八節 ◆ 多種發勁

太極用勁的名稱較多，除上述諸勁外，尚有寸勁、踏勁、倒捲勁、冷勁、截勁、開勁、合勁、拍勁、斷勁、崩勁、引勁、拿勁、沉勁、波浪勁、提放勁、鑽勁、滾勁、鏵勁等等。限於篇幅。僅說數勁。

一、寸勁

李景林在傳統的基礎上，提出了「勁走螺旋，源於丹

田，起自命門」的用勁新說，因其發勁時命門微微下坐寸許，稱為螺旋寸勁，又稱命門寸勁。詳見以下章節介紹。

二、倒捲勁

有撤步倒捲及退身倒捲兩種。前者即「拳術篇」中「倒捲手」的拳招用法，後者在基礎功「倒捲柳」及推手中練習。其關鍵在於旋胯轉體及重心後移（變換虛實），帶動滾肘（順向）旋腕、翻掌向後倒捲，這是關鍵中的關鍵。例如，有人執你右手腕，只要依照上法倒捲，對方必被捲向我右側傾倒。

三、銼勁

接上述倒捲勁。假若對方發覺你倒捲而欲向後退化時，可迅速順勢滾肘（逆向）翻掌，前臂向前一銼，同時重心前移，命門坐勁，腳掌踏勁，推動肘臂銼勁奔瀉而出。

四、滾勁

即單手或雙手沿著圓形軌跡滾翻旋轉的意思。滾勁常常與其他勁路混合使用。例如右弓步捋，我之右手黏著對方左肩附近，左手黏拿其左腕作斜捋時，右手滾肘滾腕，用滾肘協助捋勁，稱為滾肘捋。

五、拍勁

此乃用手掌拍擊之勁，像拍皮球那樣拍發，若得法，能拍得對方跳起來。其要點是，在施用「九一」心法發勁

時，最後用手掌一拍，即告成功。（九一心法見下章介
紹）

由於要用手掌，所以要求腕關節十分鬆活，才能使內
勁由肩而肘而腕，直通掌指，拍發無遺。聞李公與人推
手，常常一沾手（接勁），就一抖一拍一彈，對方莫不應
拍即跌。然此種功夫，非經明師口授及長期修練難以掌
握。

第八章
螺旋寸勁

第一節 ◆ 寸勁新說

螺旋寸勁，是武當丹派突出的內功心法，也是李公練
勁用勁的絕學之一。李公在傳統的基礎上，提出了「勁走
螺旋，源於丹田，其根在腳，主宰腰胯，命門啟動，發於
兩腿，通於背心，敷於兩臂，形於手指，一彈而出」的螺
旋寸勁新說，把太極內勁的修練與發放推進一步。

筆者 1987 曾在《武當》雜誌發表論文，介紹過李公
的這一新說。

所謂寸勁，並不是說內勁只有一寸長，而是指發勁時
走圈的幅度很微小，幾乎看不見圈，但勁意卻很深長；又
由於發勁時須命門下坐寸許，一彈而出，故比喻為螺旋寸
勁、命門寸勁。

螺旋寸勁，是意、氣、神、形、勁渾然一體的整體效應，故又稱整勁。由於它是一彈而出的，形象化說法叫做彈簧勁。又由於它是在至鬆至柔的前提下彈發的，又稱鬆彈勁或抖彈勁。無論怎麼稱呼，其實質是太極螺旋勁，而「寸勁」之說，只是發勁時的一種形象比喻，快速短捷，形如彈丸。

第二節　◆　螺旋圈的原理

螺旋寸勁，是在螺旋形走圈中產生和發展的，而螺旋之圈並不是平白無故出現的，自有它的來龍去脈。

螺旋圈的哲學源頭，源自古代太極圖標示的旋轉不息、循環無端的原理。

本書「哲源篇」已詳細介紹太極圖所象徵的螺旋運動，是宇宙萬物包括人體生命活動的普遍存在的運動形式。無論是周敦頤太極圖的十個圓圈，還是古太極圖的雙魚形曲線原理，都反映了宇宙萬物螺旋形旋轉不息的本質規律。從而啟示和決定了太極拳是奇妙的圓弧形螺旋不息的組合運動，太極拳的修性養性及練勁用勁，都要在螺旋走圈中產生和應用。

第三節　◆　內外都要走圈

螺旋走圈，在平時行功走架中如何修練？師門傳授，要求形狀動作與內在意氣都進行走圈，並且內圈與外圈要合而為一。

形體動作走圈分上中下三路。

上路為轉腕旋膀，雙掌磨圈；

中路為腰胯鬆沉，旋胯轉體；

下路為旋踵碾足，湧泉意圈。

這外在的三層圈，要以腰胯旋轉為中心，帶動上下運行，形成全身皆圈。

內在意氣的走圈，要以心為令，指揮形體與意氣同時走圈。內在走圈，是意守臍輪，以心行氣，臍輪內轉，命門飽滿，氣注丹田，氣遍全身，最終使意氣走圈與形體走圈內外一致。內在走圈的中心，是意念引導下的臍輪內轉，帶動周身氣機旋轉流暢不已。

但是應當指出，形體與意氣合而為一的走圈，必須在至鬆至靜的條件下進行，才能把隱藏體內的潛在能量逐漸開發出來，聚於丹田，散佈四肢，再歸復丹田，如此循環不已，積聚成勁，日積月累，內勁日深。此即謂「勁由圈中生」也。

因此，內外走圈，是上述三層彈簧發勁的能源、動力，寸勁就是在此基礎上產生及發出的。它透過中心旋轉，命門啟動（命門向下一坐），一彈而出。此即謂「勁由圈中發」也。

如何發出寸勁，詳見以下「九一心法」介紹。

第四節 ◆ 走圈的軌跡

走圈的軌跡，上一章「有圈與無圈」一節中已經作了介紹，現在再作一些補充。

圈形有大有小，其大無外，其小無內，一點也是圈，謂之點圈。還有無形圈與有形圈、進圈與退圈、平圈與立圈、弧圈與圓圈、陰圈與陽圈、外圈與內圈，以及轉換之圈等等，組成了旋轉不息的螺旋形走圈。

其實，太極圈無處不在，例如太極八勁，就各有其一圈。掤圈、捋圈、擠圈、按圈、採圈、挒圈、肘圈、靠圈，皆各有其妙，各有其變。

肘圈，就有滾肘圈、頂肘圈、繞肘圈、沉肘圈、銼肘圈等。

靠圈，有走化時的圈及進靠時的圈；進靠時腰胯微圈，帶動肩的點圈。

再以手腕來說，腕節的靈活旋轉，也呈現出內圈、外圈及進圈、退圈等圈，不過那必須由腰胯圈及滾肘圈帶動下協調進行。弄懂有形圈與無形圈的關係，至關緊要。

有形之圈，雖是形體動作之圈，但它是由意氣之圈所驅使，是從內到外施展出來的，也可以說是意圈的外在顯露。再說，有形圈的幅度較大，一眼就能看到，往往誤認為那僅是形體動作走圈，忽略是意圈的外在反映，以致影響形圈與意圈合一的修練。指出這一弊病，目的是要重視意圈（無形圈）的修練，不能停留在有形之圈上，要從有形進入無形之圈。

不論有形圈，還是無形圈，其實質都是虛實互換，化發相變，陰陽相濟。一圈之中有虛有實，有陰有陽，有開有合，有化有發，變在其中，唯變是適。

當然，初學要從有形入手，先求開展，逐步緊湊，由大變小，由小變無，進入「有圈之形，無圈之意」的高層

功夫。「無圈之意」，就是意圈、點圈。

前文「借勁」一節中提到李公「隨借隨還」，沾手即發，就是用的點圈。

先師經常講：當年先生（指李公）喜用點圈發人，只見他一沾手，腰胯一旋，命門一坐，腳掌一踏，雙手一彈，對方應手即仆。

第五節 ◆ 九一心法

螺旋寸勁，如何由中心旋轉，三層彈簧發彈而出？師門傳有「九個一」的發勁心法，即腰胯一旋，命門一坐，意氣一轉，尾閭一墜，重心一移，腳掌一踏，背心一撐，肩窩一吐，兩臂一彈。

1. 腰胯一旋

須立身中正，周身鬆靜，用「腰胯鬆沉旋轉法」一沉、一旋。所旋之圈是點圈、意圈，而且是鬆沉下旋的螺旋形圈，旋速飛快。

2. 命門一坐（寸勁）

在腰胯一旋的同時，命門同步鬆沉下坐，坐幅寸許，乾淨俐落。此謂命門寸勁說，是中層彈簧的發彈。

3. 意氣一轉

在腰胯與命門將發之際，臍輪一吸，已發之時，內氣一吐，貫於全身，透於背脊，發於兩手，同時專注一方，凝神前視。

4. 尾閭一墜

墜尾一法，太極拳中稱為秤陀功，在此時有三點功

用。

一是與命門關連，若不墜尾，命門就坐不好；命門若不下坐，墜尾也墜不好。

二是作為腰胯旋轉的準繩，在腰胯一旋時，需要意念尾閭下墜且旋轉，這樣腰胯就能輕鬆自然地旋轉。

三是尾閭下墜，能促進懸頭垂尾神貫頂。

5. 重心一移

隨著上述四點發動，身體重心迅速地鬆沉前移。說「一移」，表示速度很快，與「九一」諸勁同步進行，不可有絲毫遲疑。發勁固然是內勁向外發放，但身體重心的變移也是整勁的重要部分。

6. 腳掌一踏（踏勁）

在重心前移的同時，前腳掌（湧泉）向地面一踏，意想內勁從腳底而起，緣脊而上，直通兩臂兩掌發出。

踏勁要義有三：

一是須由重心前移推動，腳掌乘勢一踏。

二是腳掌肌肉放鬆，腳心貼地踩踏，切忌腳底僵硬。

三是五趾也要鬆柔，自然貼地，不可硬抓地面。

這樣，才能使勁路暢通，體現「其根在腳」的原理，這是下層彈簧的彈發。可參見「拳術篇」相關拳式的心法介紹。

7. 背脊一撐

在腳掌一踏、內勁由下而上至背脊時，意念背脊心微微向外一撐，助長勁路暢通到肩窩及兩臂，即所謂「勁由脊發」。但要注意，這是一撐的「撐」，並非躬背的「躬」。撐，是由內向外擴撐，是微微的意念上的一撐；

而躬，則會淪為凹胸駝背的敗筆，不足取。

8. 肩窩一吐

肩窩是上層彈簧所在。當內勁由下而上直達肩窩時，要立即由肩窩輸送出去，送至兩臂兩掌，即所謂「肩窩吐勁」也。這一心法，全是意氣的作為，外形上僅僅看到兩臂前伸，肩窩毫無痕跡。換句話說，是有此之意，無此之形。但是，若沒有肩窩吐勁之意，則勁路受阻，吐勁不暢，甚至徒勞無功。

9. 兩臂一彈

此處所說的「臂」，包括肩、肘、腕、掌、指在內的整條手臂。兩臂一彈，就是在鬆肩、垂肘、活腕、舒掌、展指的前提下，肩一鬆，肘一射，掌一按，指一伸，整條手臂一彈而發，內勁如丸彈出。

10. 九九歸一

上述九點，皆用「一」字表達，其義有三。首先表示速度快，同時表示幅度小，最後表示「九九歸一」。

太極拳萬法歸一，一即太極，太極即一。九個一，名為九，實為一；分開來說是九，發勁時則合為一。

九九歸一，體現了「月映萬川，萬川一月」的太極原理。所以運用「九一」法發勁時，在時間上要同時（不可早晚）、同步（不可先後）一氣呵成。

第六節 ◆ 至尊一式

「雲摩彈」，是本門太極拳中獨有的招式，是李公將武當劍法融入於太極拳的一個典型招式，集劍韻拳勁於一

爐，太極內功心法大多包羅在內，是李公發放螺旋寸勁的慣用絕學之一，稱為本門練勁、用勁、發勁的至尊一式。故先師常告誡我們：「再忙，每天也要擠時間摩上幾圈。」

修練「雲摩彈」，分云摩訓練、拳招訓練及彈發訓練三個層次進行。前者係基礎精功的推摩式及「一指通玄」式，拳招訓練即拳架中的雲摩彈，後者即發放螺旋寸勁的「九一心法」，三者均見本書相關章節介紹。因它是本門太極的至尊一式，故在此特別集中提出。

綜上所述，太極內勁並不神祕，並非高不可攀，只要按照太極拳心法潛心修練，細細體悟，就能懂勁，就能登堂入室，邁向高峰境界。

導引養生功

全系列為彩色圖解附教學光碟

張廣德養生著作　每冊定價350元

 疏筋壯骨功
 導引保健功
 頤身九段錦
 九九還童功
舒心平血功

 益氣養肺功
 養生太極扇
 養生太極棒
 導引養生形體詩韻
 四十九式經絡動功

輕鬆學武術

 二十四式太極拳
 四十二式太極拳
 八十六式太極拳
 三十二式太極劍
 四十二式太極劍
 二十八式木蘭拳

 三十八式木蘭扇
 四十八式木蘭劍
 簡化太極拳
 楊式太極拳
 競賽套路太極拳
 陳式太極拳

 太極劍
 太極劍

太極跤

 太極防身術
 擒拿術
 中國式摔角

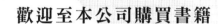

歡迎至本公司購買書籍

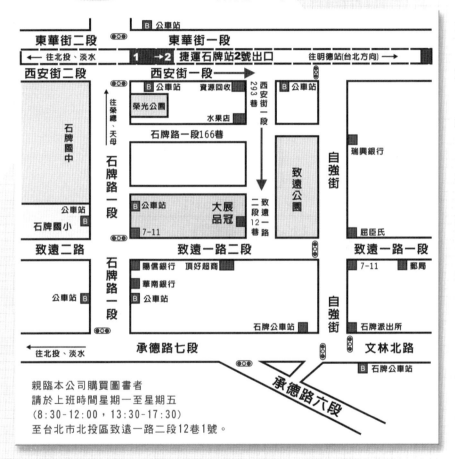

親臨本公司購買圖書者
請於上班時間星期一至星期五
(8：30-12：00，13：30-17：30)
至台北市北投區致遠一路二段12巷1號。

建議路線

1. 搭乘捷運

　　淡水信義線石牌站下車，由月台上二號出口出站，二號出口出站後靠右邊，沿著捷運高架往台北方向走(往明德站方向)，其街名為西安街，約80公尺後至西安街一段293巷進入(巷口有一公車站牌，站名為自強街口，勿超過紅綠燈)，再步行約200公尺可達本公司，本公司面對致遠公園。

2. 自行開車或騎車

　　由承德路接石牌路，看到陽信銀行右轉，此條即為致遠一路二段，在遇到自強街(紅綠燈)前的巷子左轉，即可看到本公司招牌。

國家圖書館出版品預行編目資料

太極內功心法全書（上卷）/錢惕明著.
——初版——臺北市，大展，2019 [民 108.10]
面；21公分—（武術特輯；160-161）
ISBN 978-986-346-264-4（上卷：平裝）
ISBN 978-986-346-265-1（下卷：平裝）
1.太極拳
528.972　　　　　　　　　　108013136

太極內功心法全書 上卷

著　　者/錢惕明
責任編輯/張建林
發 行 人/蔡森明
出 版 者/大展出版社有限公司
社　　址/臺北市北投區（石牌）致遠一路2段12巷1號
電　　話/（02）28236031，28236033，28233123
傳　　真/（02）28272069
郵政劃撥/01669551
網　　址/www.dah-jaan.com.tw
E-mail/service@dah-jaan.com.tw
登 記 證/局版臺業字第2171號
承 印 者/傳興印刷有限公司
裝　　訂/眾友企業公司
排 版 者/菩薩蠻數位文化有限公司
授 權 者/北京人民體育出版社
初版1刷/2019年（民108）10月

定價/450元

大展好書　好書大展
品嘗好書　冠群可期

大展好書　好書大展
品嚐好書　冠群可期